究

叢書・知を究める 5

堀河天皇吟抄

院政期の雅と趣

朧谷　寿［著］

ミネルヴァ書房

はしがき

堀河天皇は嘉承二年（一一〇七）に崩御されているので、平成十九年（二〇〇七）は崩御から九百年という節目の年となった。

堀河天皇が二十九歳という短い生涯を送った十一世紀終わりから十二世紀初めは、さまざまな意味において歴史の転換点であった。九世紀後半からみられた律令政治の最初の変容ともいえる摂政・関白による天皇の後見政治は、十世紀から十一世紀にかけて盛期を迎えたが、十一世紀中ごろには政治的求心力を弱めながら、これと入れ替わる形で太上天皇（上皇）主導の政治、すなわち院政の開始となる。

それは応徳三年（一〇八六）のことで、創始者は白河上皇（一〇五三～一一二九、在位一〇七二～八六）であり、時の天皇が皇子の堀河天皇（一〇七九～一一〇七）にほかならなかった。つまり堀河天皇は院政期初代の天皇ということになるが、残念なことに八歳で即位した堀河天皇は在位二十二年の壮年期に二十九歳で崩御してしまう。

四百年続いた平安時代最後の一世紀は院政下にあったが、この時期は、天皇としての制約を解かれて自由な立場で行動した上皇により、文化・芸能面において壮大で力強いものが登場する破格な時代と評され、そこに根ざしたものが時代を経ながら昇華され、世界に誇る芸能として後代に結実するのである。

堀河天皇は、政治よりも文化面で大きな足跡を残した天皇といっても過言ではなく、博学多識な公卿、藤原宗忠をして「絃管・歌詠・野遊、天性授くるところ往古に愧《は》じず」（『中右記』嘉承二年七月十九日条）といわしめた天皇と管絃との関わりを、可能な限り歴史の中から切り取って述べてみたい。

本書では、行幸、行啓、御幸をはじめ重要な行事や神璽宝釼の移動などについて、その経路に拘わったところがあり、その何件かは歩いて見た。当然のことながら風景などは偲ぶよしもないが、距離などは実感できて楽しかった。原風景を消し去って、往時の町並みや通行人を脳裏に想像しながらの追体験も一興かと思う。

堀河天皇吟抄——院政期の雅と趣

目次

凡例

一　堀川天皇、法王＝引用史料はそのままとした。

二　史料の読み下しは現代仮名遣いとした。

三　史料の文章化を控えて読み下しを多用したのは、臨場感を出したかったことによる。

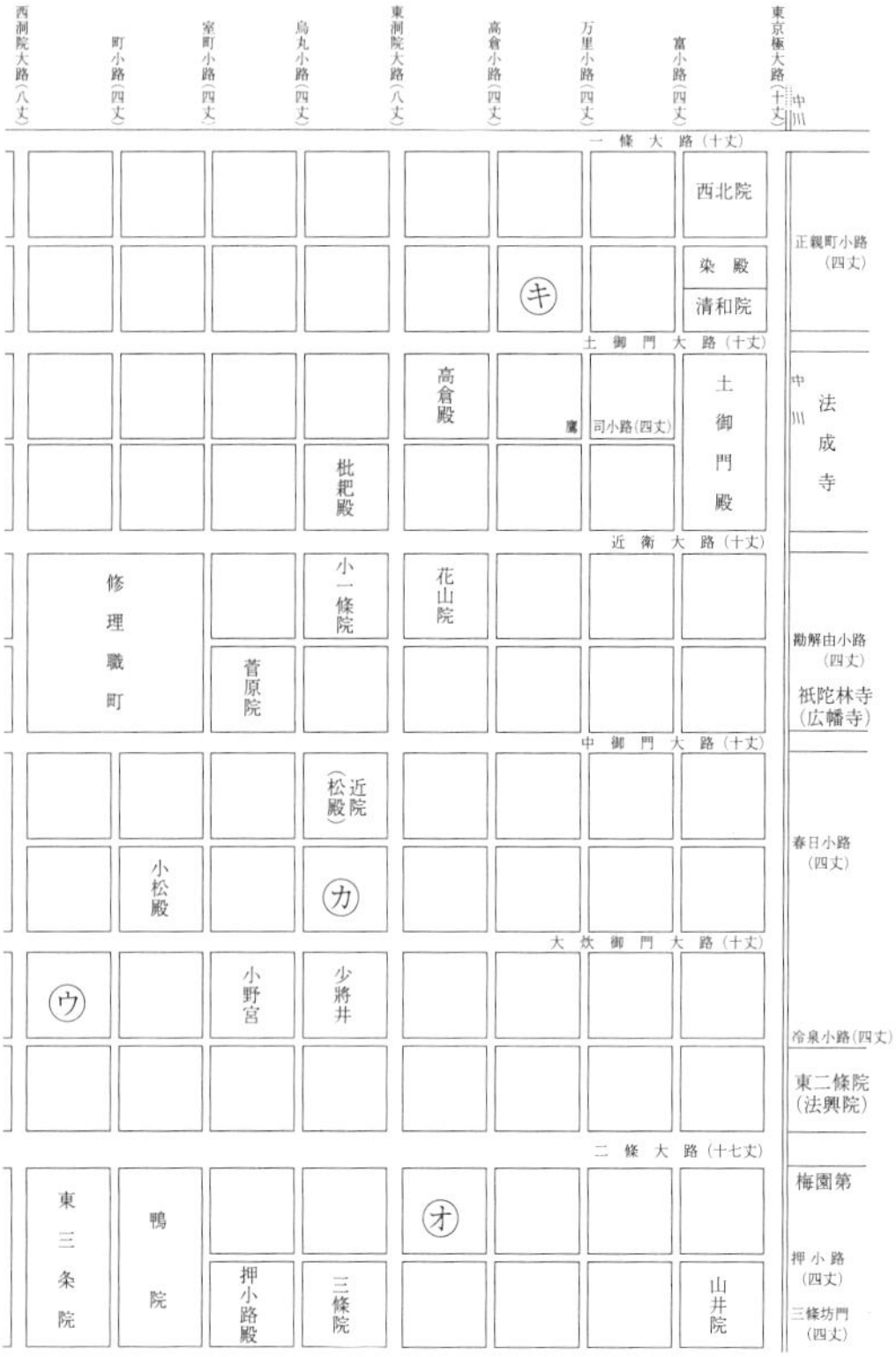

（左京上部）

㋕ 大炊殿 白河上皇御所……長治元・12・27 上皇，土御門邸→新造大炊殿〈造営・家具調度一切を伊予守藤原国明が奉仕〉（『中右記』）……嘉承２・正・15 法皇及び東宮，土御門邸→大炊殿（『中右記』『殿暦』） 嘉承２・７・19 東宮践祚（『中右記』）

㋖ 土御門邸（内大臣源雅実邸）……白河上皇御所 長治元・12・27 上皇，土御門邸→大炊殿 嘉承２・正・15 法皇及び東宮，土御門邸→大炊殿（『中右記』） 具平親王以来の村上源氏の本邸，師房…雅実－雅定…通親

㋗ 令子内親王（前斎院）御所……長治２・６・８「堀河院北町」御所造営（播磨守藤原基隆） 嘉承元・３・２ 前斎院，藤原有佐宅（三条町尻）→二条堀川第，「今上同産姉，偏我君殊所令沙汰申御也，一事以上蔵人弁為隆沙汰也」（『中右記』『殿暦』）

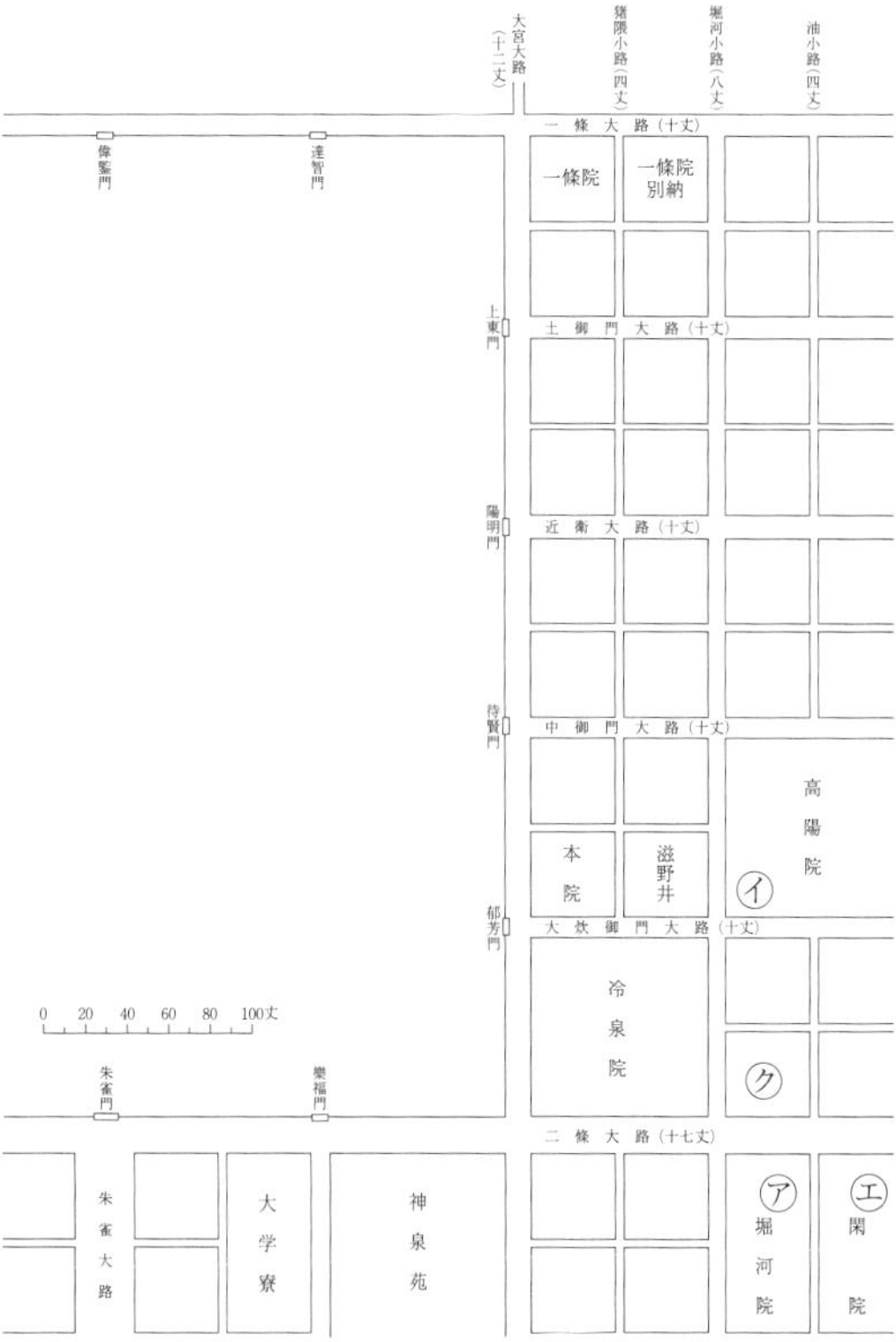

平安京図

㋐ 堀河殿 内裏……嘉保元・10・24 堀河殿焼亡→高陽院馬場殿→大炊殿行幸（『中右記』）

㋑ 高陽院……嘉保元・10・24 堀河殿焼亡→高陽院馬場殿→大炊殿（『中右記』）承徳元・10・11 関白師通二条邸→新造高陽院〈師実造営〉

㋒ 大炊殿 白河上皇御所〈寛治5年まで〉……寛治2・8・7 堀河殿→朝覲行幸（『中右記』） 嘉保元・10・24 堀河殿焼亡→大炊殿（『中右記』）

㋓ 閑院……嘉保2・11・2 大炊殿→閑院〈上皇御所〉（『中右記』）

㋔ 二条邸（関白師通邸）……承徳元・9・23 閑院→二条邸〈高陽院へ遷御のための方違え〉（『中右記』）

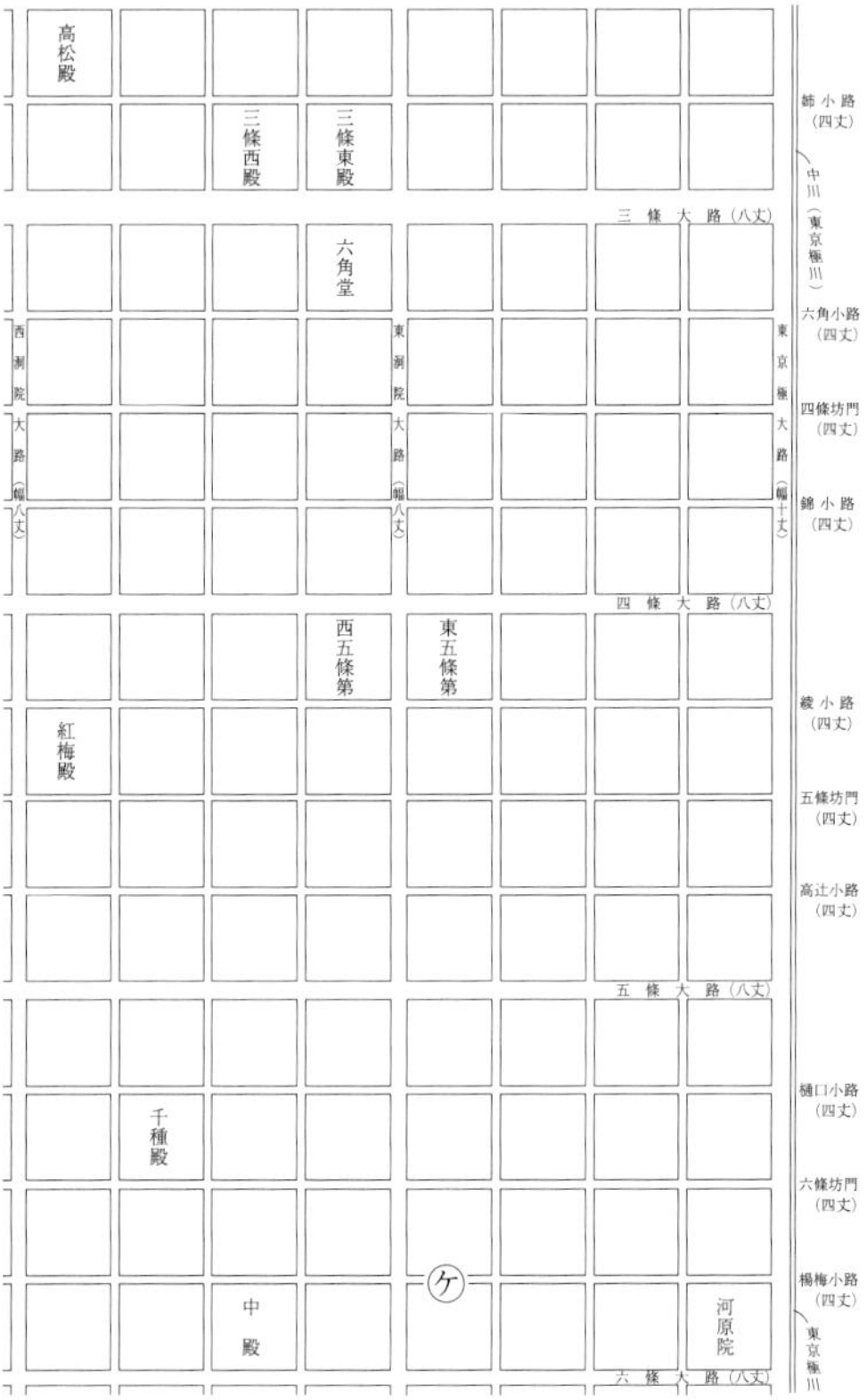
高松殿
三條西殿
三條東殿
姉小路（四丈）
中川（東京極川）
三條大路（八丈）
六角堂
六角小路（四丈）
西洞院大路（幅八丈）
東洞院大路（幅八丈）
東京極大路（幅十丈）
四條坊門（四丈）
錦小路（四丈）
四條大路（八丈）
西五條第
東五條第
綾小路（四丈）
紅梅殿
五條坊門（四丈）
高辻小路（四丈）
五條大路（八丈）
樋口小路（四丈）
千種殿
六條坊門（四丈）
楊梅小路（四丈）
ケ
中殿
河原院
東京極川
六條大路（八丈）

(左京下部)

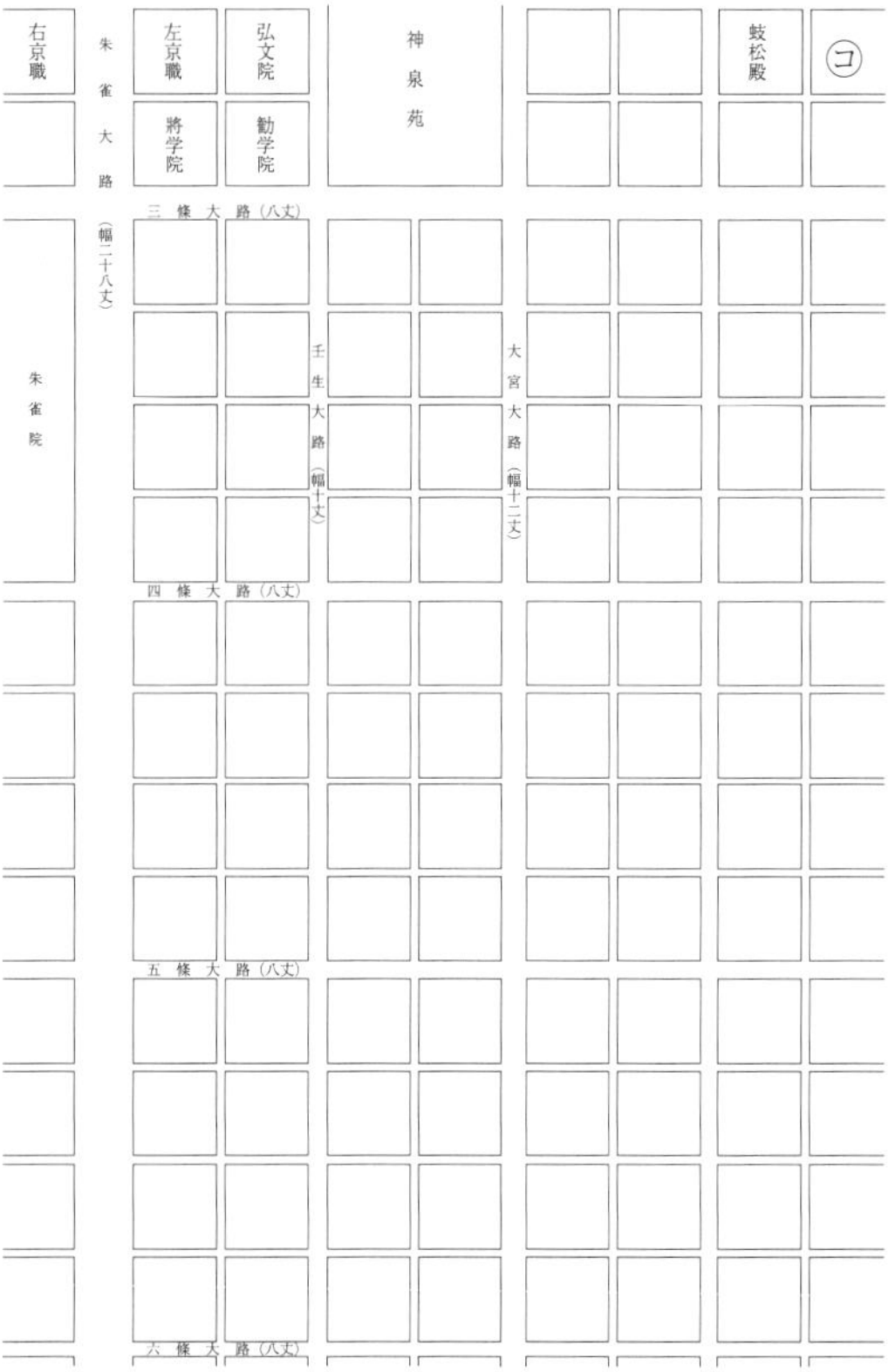

平安京図

㋘ 六条殿 白河上皇御所……寛治６・２・29 堀河殿→朝覲行幸（『中右記』）
㋙ 藤原基隆の直廬　造棺所

序章　雅と趣の天皇

管絃に秀でる

病から脱して新年を迎えた十五歳の堀河天皇は、元日の早朝から深夜まで動きづくめであった。夜明けとともに四方拝《しほうはい》（天皇が清涼殿東庭に出御し、属星・天地・四方・山陵などを拝して宝祚長久を祈る元旦の年中行事）を行い、夜には小朝拝のため南殿に出御されて関白はじめ上達部、殿上人から年賀の拝礼をうけられ、引き続いての元日節会にも臨まれ、夜も更けてから本殿（西の対か）に還御されている（『中右記』嘉保二年正月一日条）。

翌二日には父の白河上皇に拝賀を申すために院御所の六条殿へ朝覲行幸されたが（『中右記』）、おりしも六条殿には実姉の郁芳門院も滞在中であった。正午に大炊殿の南殿を出立した天皇の御輿は、唐車の大殿（藤原師実）、騎馬の関白（藤原師通）以下を従えて西門から出て北の大炊御門大路を東へ、東洞院大路を南下して西門から六条殿へ入られたが、このように両殿下が供奉することは前例がないようで「珍重の事なり」と記述者の藤原宗忠は述べている。御輿を西中門に寄せ、天皇はひとまず西小寝殿に入られ、暫くして寝殿に出御された上皇と南面して坐され、拝謁が行われた。その後、座を移して上皇・天皇はじめ大殿・関白以下の公卿らが出席して宴がもたれ、公卿に祿が与えられた。天皇が大炊殿に還御されたのは夜の十時ごろであった。

天皇は正月恒例の白馬節会や踏歌節会には顔を出されていないが（『中右記』正月七・十六日条）、それは御物忌によるものであって、病んでいたわけではない。そのことは夜遅くから中宮方に赴かれて夜通し筝を弾いて興じられた、「深更に及び内に参る。宮御方に於て終夜、主上筝を弾かしめ給う。束帯を改めず祗候す。頗る屈し了んぬ」（『中右記』二月十一日条）の記事から知られる。

堀河天皇が筝に卓越していたことに関しては十三世紀後半に僧隆円が著わした楽書『文机談』に一文がある[1]。それは「文武天皇よりこのかたの御門、紫竹に御心をそめけるは、柏《かしわ》原と中は桓武の御事にや」という書き出しで、七世紀末の文武天皇から一気に平安遷都を敢行し、新たな時代を切り開いた桓武天皇に続き、天皇は筝に長けていたという。その間の奈良時代の天皇は一人も挙げておらず、桓武以降で糸竹つまり筝、琵琶、笙、笛などに心を染めた天皇を列挙している。

皇子の嵯峨天皇は笛と舞を極め、仁明天皇は遣唐使を介して琵琶をわが国に伝え、自らは和琴を嗜《たしな》み、清和天皇は笛と琵琶の両方を、宇多・醍醐天皇父子は筝を得意とし（醍醐天皇は左大臣藤原時平を師とする）、村上天皇は関白藤原実頼を師として筝を嗜んだ。天皇が芸能に秀でることは、取りも直さず王権維持の一要因であったといってよく、たしかに名君に値する天皇たちであった。村上天皇のことを述べて以下の文に続く。

堀川院の御時、道のすたれなんことを思し召し嘆きて諸道をみがゝれけり。宗俊の卿・政長の卿などこの御代に生れあひたてりて、あまねく探り広く求め給。京極大殿（師実）・後二条殿（師通）・桂大納言・又知足院殿（忠実）など、やう〳〵あきらかなる鏡にて渡らせをはします。楽所には太神の是季・元政、豊原の時元、狛光秀などいふ物ども候ひけり。又僧には院禅・長慶・覚暹などいふ法師すきものまでも、あふにあへる御世なりけり。この一道にもかぎらず、神楽の秘曲は助忠討たれにし後、多氏にも絶えにけるを、御門御説を、弓立・宮人以下の曲、三男近方にくだされて、いまに恵命をば告げるとかや。この曲をば多助忠小庭にめされて申上ける時は、中納言師時卿小板敷（清涼殿の殿上の間南面にある狭い板敷）に候て伝奏せられけり。ありがたくやさしき御事どもなり。白川院は明君にて御世も久しく保たせをはしましけり。二代の御門（堀河・鳥羽）、御子《をんこ》・御孫にて世を継がせをはしましければ、天下たゞ法皇（白河）の御まつりごとなりけれども、管絃の御沙汰はこの御世（堀河）にはをよばせをはしまさず。鳥羽院この御世を受け継がせをはしまして、いみじく世をさまりけり。御笛は宗輔公にならひきこしめす。御楽などことにしたゝかに遊ばされけり。仁平の御賀（鳥羽院五十の賀）などいひて、いまゝでもいみじきためしに申めり。これは院の御賀、御門は近衛院、殿は法性寺（忠通）などにて渡らせをはしましけるやあらん。後白河院の御代又いみじき明伶おほく、天の下に聞こえさせ給。君は御笛・御今様、世にすぐれさせをはします。（下略）

糸竹の衰えを憂いた堀河天皇はその再盛を願い、糸竹すべてに秀でた権大納言藤原宗俊と源政長の努力により、摂関の藤原師実・師通・忠実父子、大納言源経信ら公卿が嗜み、笛の大神《おおが》是秀・元政父子、笙の豊原時元、舞の狛光秀ら多くの伶人（楽人）が輩出し、それは俗人のみならず琵琶の院禅など僧界にも及んでいる。源政長は天皇の笛の師として知られる雅楽家であり、そのことは後に述べる。また公卿として名が挙がる桂大納言こと源経信（一〇一六〜九七）は「三事兼ねたる人」と言われ、詩歌管絃の三才を兼備しており、とりわけ琵琶に秀で、「三船の才」の逸話をもつ（『古今著聞集』巻第五「白河院大井川行幸の時帥民部卿経信三船に乗る事」）。

さらに天皇は舞人の多助忠（資忠、佐忠ともいう）から神楽の秘曲を伝授されたことや助忠が殺害された時、天皇がその後の相承のことを案じられた話が見え、その場所にも触れられている。同じ話が『古事談』（第六）にも見え、それには「堀川天皇、神楽を習はし給ふ時、天皇は御倚子《いし》に御《おは》し、助忠は小庭に候し、師時朝臣は小板敷に候す。秘曲を伝へ申さしむる時、萩戸の方において直《ただ》に奉ぜしむ、と云々」とあって、天皇は清涼殿の殿上の間の御倚子に、その南の小板敷には源師時（俊房の子）、その前の小庭には伶人の地下人、多助忠が坐したこと、秘曲伝授の際には夜御殿の北の萩戸で行われたことなど詳しい。

なお、神楽の秘曲とは神前で奏される神楽歌と舞中心の「弓立」「宮人」を指し、これは助忠以外に知る人がなく、堀河天皇に伝えられたのである（『古事談』第六、『続古事談』第五）。そして「右舞一の者」と称され、堀河天皇の師でもあった多助忠は女婿の山村正連から秘曲の伝授を乞われたが、拒んだために長子ともども殺害されたのである[2]。

清涼殿

前掲の『文机談』の終わりの方で、政《まつりごと》はもっぱら白河上皇の独壇場であったが、糸竹については口を挟まなかったとあり、この分野においては天皇の采配が発揮されたといってよい。堀河天皇以降について鳥羽・近衛天皇父子、そして平安期の天皇として芸能者の頂点を極めた後白河院の今様にまで及んでいる。

笙を楽しんだことをはじめ天皇が中宮のところを訪れる時には芸に興ずることが多く、乞巧奠《きっこうでん》つまり七夕には数名の伶人を召して夜明けまで中宮とともに管絃を楽しんでいる（『中右記』嘉保二年七月七日条）。一ヵ月前には「近日、夜ごとに樂人を弓場殿に召して小音楽あり。樂所始めらる後、当番の樂人ら宿仕の時、必ず弓場に召し絃管の興あるなり」（『中右記』六月九日条）とあるように毎夜音楽に興じていた。このように天皇の管絃の遊びは夜通しということが多かった（『中右記』承徳二年正月十一日条ほか）。

笛の名手

天皇は笛にも秀でておられた。康和五年（一一〇三）秋の一夜、二十五歳の天皇は紫宸殿において趣味の笛を楽しまれた。その様子を藤原忠実は「神妙なり。此の間、月鏡の如し」と記し、三ヵ月後の夜にも天皇は藤原宗輔らを召して笛に興じられた（『殿暦』八月十一日、十一月十二日条）。天皇が箏と笙に親しまれたことは前に述べたが、笛に通じていたことは以下の文からも知られる（『今鏡』「すべらぎの中第二 玉章」）。

この帝、御心ばへあてにやさしくおはしましけり。その中に笛を優れて吹かせ給ひて、朝夕に御遊びあれば、滝口の名対面《なだいめん》など申すも、「調子高う」とて、暁になる折もありけり。その御時、笛吹き給う殿上人も、笛の師なども、皆「かの御時給はりたる笛なり」などいひて、末の世まで持ちあはれ侍るなる。時元といふ笙の笛吹き、御覚えにて、夏は御厨子所に氷召して賜ひ、おのづから氷なき折ありけるには、「涼しき御扇なり」とて給はせなどせさせ給ひけり。宗輔の太政大臣、近衛のすけにおはしけるほどなど、夜もすがら御笛吹かせ給ひてぞ明かさせ給ひける。

朝な夕なに笛を嗜まれた天皇は、名代面をする滝口の侍にも、笛に合わせて「調子高く申せ」と仰って、何度も奏しているうちに暁に及ぶこともあった。名対面とは亥の刻に宿直勤番の侍臣が点呼のため氏名を問われて名乗ることである。

天皇の寵愛を得ていたという「笙の笛吹き」の豊原時元は前述の『文机談』にもその名が挙がり、この道の第一人者であり(3)、また藤原宗輔は夜どおし天皇の笛の相手をしたという。天皇の笛、時元の笙、宗輔の箏、頭弁源基綱の琵琶、宗忠の拍子による御遊が夜明けに及ぶということもあった（『中右記』承徳二年四月二十九日条）。

ここで天皇の笛を中心とした管絃にまつわる話を見ておくことにする。

すでに指摘したように天皇の笛の師と目されるのが源政長(4)である。この政長が邪気に取りつかれて六十歳で死去するが、そのことを伝える藤原宗忠は「累代の業を伝え、管絃の道に長ける。寛治元年以来、当時の御笛師として常に龍顔（天皇）に近く」と讃え、その経歴から地方官と京官を兼務する有能な官僚であり、堀河天皇と白河上皇の殿上人であったことがわかる（『中右記』承徳元年閏正月四日条）。

いっぽう後年のことであるが、藤原（九条）兼実は日記に次のようなことを書き残している。高倉天皇は父の後白河上皇の御所、法住寺殿へ朝観行幸された時の御遊で笛を吹かれたことがあった。そのことについて「主上御笛を吹かしめ給うこと近古の例、寛治三年正月十一日、堀河院御歳十一、始めて御笛事あり。政長朝臣御師匠と為す」と記している（『玉葉』承安五年正月四日条）。事実、寛治三年（一〇

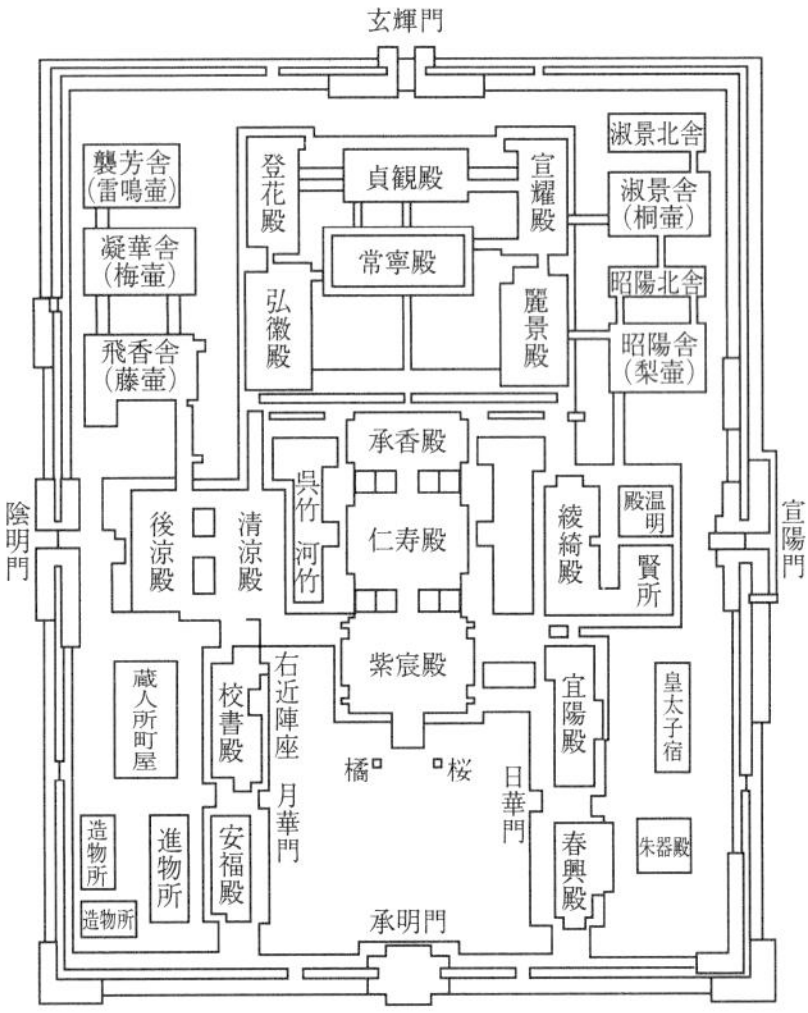

内裏図

八九）正月十一日の『中右記』に「御元服後、初めて院に行幸」とある。つまり堀河天皇は十一歳の元服の一週間後の朝覲行幸の日から習い始めて十年近くの間を源政長に師事したことになる。

　天皇の肝いりで清涼殿の周辺で管絃の遊びが行われることが多く、嘉保二年（一〇九五）の晩夏には清涼殿東南の弓場殿において「管絃興」が毎夜、催されている（『中右記』嘉保二年六月九日条）。ある夜などは清涼殿北の黒戸の場所で藤原宗忠ら五名ほどが召されて「御遊」があり、それは「先ず舞、律呂、催馬楽、其の後、大曲を盡さる。団乱旋・春鶯囀・蘇合・竜王・納蘇利を歌わしむ。法の如く次第に盡すの間、すでに暁更に及ぶ。四大曲一時に吹き盡す。未だ此の御遊に逢わず」というもので、一時に四つの大曲を吹くなど夜明け近くまで行われ、宗忠は日記の末尾に「勝事により記し置く所なり」と記している（『中右記』長治元年正月二十四日条）。

　ここに見える「御遊」について豊永聡美氏は次のように分析されている。天皇や王卿侍臣が奏者となり儀式の饗宴など公的な場で管絃や歌い物を演奏することで、その語が記録に頻繁に見られるのは円融・一条朝からであり、その所作人も音楽を相承する特定の血筋に固定化していく、と。(5) そうであれば堀河天皇の時代にはすでにその傾向にあったことが察せられる。

管絃の遊びは夜に始まって夜明けに及ぶことが多かった。「夜に入りて内に参る。黒戸の方に於て小御遊あり。女房、簾中に於て筝・琵琶を弾く。雲客両三輩、宸（天皇）遊に候す。下官笙を吹く。終夜祇候す。……暁更退出す」（『中右記』嘉祥元年五月十八日条）、「管絃の遊あり。或は朗詠、或は雑芸、すでに暁更に及ぶ」（同、二年三月七日条）がその証左である。また、その場所として清涼殿の北に所在の黒戸の部屋が用いられることが多く、「黒戸の方に於て種々の雑御遊あり。人々祇候す。神楽・今様・朗詠、頗る遊興に入り、すでに夜半に及び、仍りて宿侍す」（『中右記』康和五年十二月十二日条）、「終日内に候し、夜に入りて退出す。今日、二間の方に於て楽あり。雲客五、六輩宸遊に候す」（『中右記』長治元年五月九日条）がその一例である。

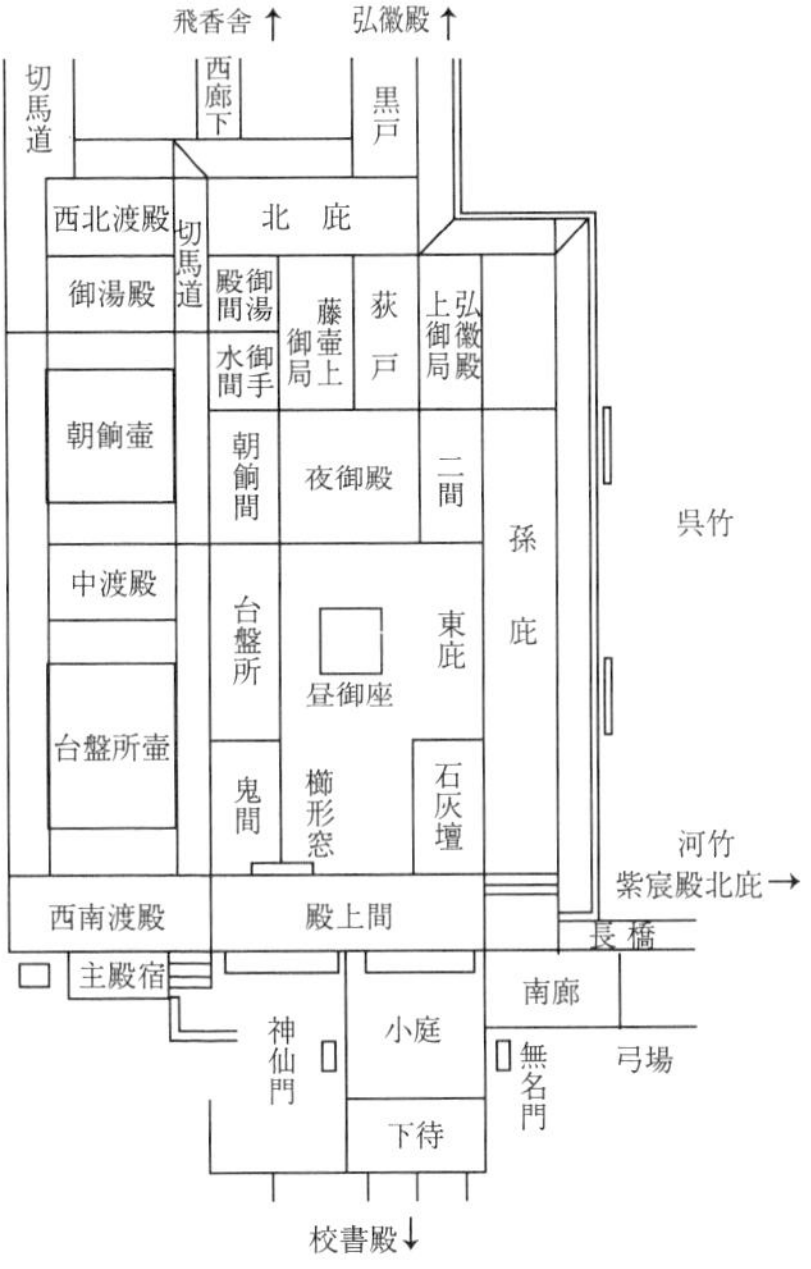

清涼殿図

ところで『殿暦』康和三年（一一〇

二）十二月二十五日条には「辰の刻ばかり御前に参る。御笛を見るに其の中、葉二、是の笛の名なり。他に勝る。右大弁宗忠朝臣・四位少将宗輔朝臣・余、御前に候す。御前の御笛の声、実に以て神妙なり」とある。内覧で右大臣藤原忠実は天皇のところで数本の笛を拝見し、その中に「葉二《はふたつ》」(6)と称する名笛があった。忠実は藤原宗忠、同宗輔とともに天皇の笛を拝聴し、その音色は人知を超越していたという。

天皇は崩御の年まで笛を楽しまれた。嘉承二年（一一〇七）の春、鳥羽殿に朝覲行幸された天皇は、和歌会を催された後に管絃の御遊があり、天皇の笛、関白藤原忠実の箏、中納言藤原宗忠の拍子、中納言源基綱の琵琶をはじめ笙・篳篥《ひちりき》・和琴なども加わってさまざまな催馬楽ほかが演じられた。それを白河上皇は簾中でお聴きになり、感興のあまり、密々に中納言源顕通以下を召して盃酌、朗詠・今様などを行っている。そのさまは「今夜、御笛双調、調子実《まこと》に以て不可思議、神妙なり」というものであった（『殿暦』『中右記』嘉承二年三月六日条、『古今著聞集』巻第六「管絃歌舞」）。

こんな話もある。あるとき南都の僧侶を召して御読経を行った際、その中に明暹という僧がいた。堀河天皇がさまざまに調子を変えて笛をお吹きになると、明暹もそれに合わせて経をあげたので天皇は不思議に思って彼を呼んで「笛や吹く」と問うと、「何とか吹きはいたします」と応じた。それではと、笛を与えて吹かせると、万歳楽を見事に吹いたので、感嘆された天皇はその笛を賜ったという。明暹はその笛を「般若丸」と命名して秘蔵したという(7)。

また、あるとき蔵人藤原為隆（為房の子）が重要案件を奏上したのに堀河天皇は笛を吹いていて返事がなかった。そこで為隆は白河上皇のところへ行って「内裏には御物怪が起こっていますので御祈を始めては……」と申し上げた。上皇は驚いて内侍に問うたところ、「さる事、夢にもはべらず」とのこと。上皇が為隆に糾したところ、「天皇が御笛を吹かれていて勅答がなかったのでてっきり御物怪がついていると思って申し上げました」との返事。これを天皇に申し上げると、「さる事侍りき。たゞのことにはあらず。笛に秘曲を伝て、其曲を千遍吹きし時、為隆参て事を奏しき。今二三反になりたれば、吹きはてゝいはんと思ひしほどに、尋しかばまかりいでにき。それをさ申ける。いと恥づかしきことなり」との仰せであった。天皇の笛に対する熱意のほどが伝わる話である（『続古事談』巻第一「堀河帝、末代の賢王ぶりの事」）。

雅楽家として知られる多助忠は神楽歌と右舞を世襲し堀河天皇の師範をつとめたことは前にふれたが、子の近方は幼少であったため父から神楽歌を伝授されていなかった。ところが、前述のごとく助忠が殺害され、この道が絶えることを憂いた天皇は、近方を近衛陣（紫宸殿前庭西の月華門にあった右近衛陣か）に呼び、萩戸（清涼殿の夜御殿の北の部屋）に召し入れて、助忠から伝授していた神楽歌を近方に伝授した。それは「御口ウツシニモノヲハ、仰ラレスシテ、師時卿シテツタヘ仰ラレケレハ……」というやり方で三年間に及んだという。「御口ウツシニ物ヲハ一度モ仰ラレサリケリ、古躰ナリカシヤ」ともあるように元来この類の伝授が口伝であったことも知られる(8)。

堀河天皇の御笛について、藤原宗輔は「シタ、カニテ、ウツクシカリケリ」、元政は「音ト云、息ト云、人ノシワサトモヲホヘスマシ〳〵シ事ナリ」、藤原忠実は「近来ノ上手ハ堀河院ニ御ナリ、全ク比類ナシ、誠ニ言語ノ及フトコロニアラス、笛ニ息吹入ケル笛吹ハ、堀河院ニ御ス也」とか「堀河院ハ笙ノメテタキ上手ニテ御シケルナリ、然トモ笙ヲ吹ハ、息ノ失ルト聞召テ、アソハサス」と評している。(9) 天皇は笙も好《よ》くしたが、息のことを考えて笛に専念したようで相当な達人であったらしい。三十路を待たずに彼岸へと旅立った天皇が心底寛げたのは管絃の遊びではなかったかと思う。その天皇が政治とどのように対峙したのか、以下に見ていくことにしよう。

注

(1) 岩佐美代子『校注 文机談』(笠間書院、一九八九年)巻第一。理解し易くするために漢字に改めるなど原文に手を加えている。なお承徳元年(一〇九七)のこと、元真が進上の篳篥譜を天皇の閲覧に供したところ「頗る御感あり」(『中右記』十月三日条)というのも天皇の関心の高さを示すものである。

(2) 『国史大辞典』(吉川弘文館、一九八〇年)「多資忠」(蒲生美津子筆)。康和二年のことで天皇の嘆きが大きかったことは『古事談』に見える。

(3) 豊原時元の楽人としての活躍は、角田文衞監修『平安時代史事典』(角川書店、一九九四年)の「豊原時元」(荻美津夫筆)参照。なお『鳳笙師伝相承』(『続群書類従』巻五百三十三所収)には昭宣公こと関白藤原基経を始点として「時元――堀河院」とあり、時元のところに「堀河院御師範たるにより北面に参上す」との書入れがある。

時元の子の時秋は幼少時に父と死別したが、時元から笙の秘曲を伝授されていた弟子の源義光は、その秘曲を時秋に伝えた話（『古今著聞集』巻第六「管絃歌舞」第七—二五）や笙や笛に優れていた右大臣源雅定（一〇九四〜一一六二）は豊原時元の音色をそっくり写し伝えていたという話（『今鏡』「村上の源氏第七　新枕」）などが伝わる。

（4）源政長は宇多源氏の出自であり、『尊卑分脈』第三篇「宇多源氏」の「政長」の尻付には「鞠　堀河院御郢曲御笛師　郢曲　和琴　笛　比巴」とある。「資通」のところにも「鞠　郢曲　比巴　和琴　笛」とあり、この管絃の才は曽祖父の大納言源時中に始まり、済政、資通そして政長、それ以降も嗣子相伝されている。

（5）豊永聡美「平安時代の宮廷音楽——御遊の成立について」（日向一雅編『源氏物語と音楽』青簡社、二〇一一年）。

（6）「葉二」に関しては豊永聡美『中世の天皇と音楽』（吉川弘文館、二〇〇六年）に詳しい。一条天皇が所持していた御物の中に「葉二」の存在が『枕草子』に見える。そして『御堂関白記』寛弘七年（一〇一〇）正月十一日条に「華山院御匣殿の許より、横笛を得たり。歯二、只今第一の笛なり」とあるので、この名笛は一時的に花山上皇のもとに移動していたようで、それを道長が譲り受けたことが知られる。思うに、一条天皇の即位は花山上皇を出家に誘い込んで退位させた結果として実現したもので、外祖父（故藤原兼家）のこの強引な策略に負い目を感じていた一条天皇が花山上皇に対して何かと心を砕いていたのではなかろうか。ことによると「葉二」は一条天皇が花山上皇に贈ったものかもしれない。その上皇も二年前に崩御しており、このたび道長が取得したという次第である。その目的は、四日後の外孫、敦良親王（娘の中宮彰子が産んだ一条天皇の第三皇子、のちの後朱雀天皇）の五十日の祝に際し一条天皇への贈り物のためにである。祝い当日の『御堂関白記』（裏書）には「御送物三種、笛御筥、笙・横長（笛）歯二、・新羅笛入」とあり、『紫式部日記』にも「御贈物、笛歯二つ、箱に入れてとぞ見はべりし」と記されている。

（7）『古事談』第六「明暹吹般若丸笛事」。明暹（一〇五九〜一一二三）は興福寺僧で、文章博士・大学頭藤原明衡の

子で『尊卑分脈』には「楽家の名師なり、笛の名人、碩才、三会の已講、楽譜・舞曲以下の明匠なり。抄物秘譜など多く以て書き出す」とある（第二篇「宇合卿孫」）。因みに藤原明衡は大江匡房とともに平安後期を代表する漢文学者である。

（8）『體源抄』十三（『大日本史料』第三篇之九所収）。多助忠は女婿から秘曲の伝授を乞われたが拒んだため怨まれて長男ともども殺された。助忠・近方父子は右舞の最高の技倆者をあらわす一者《いちのもの》に十数年も君臨した（『国史大辞典』「多助忠」〔前掲〕、『平安時代史事典』「多助忠」「多近方」〔荻美津夫筆〕）。雅楽全般については荻美津夫『平安朝音楽制度史』（吉川弘文館、一九九七年）参照。

（9）『體源抄』十五、『続教訓鈔』十一下（いずれも『大日本史料』第三篇之九所収）。

第一章　生い立ちと藤原苡子の入内

1　誕生、わずか八歳で帝位に

生母の家格

堀河天皇は藤原賢子（一〇五七〜八四）を母とし、白河天皇の皇子として誕生した。藤原賢子は、村上天皇曾孫の右大臣源顕房（一〇三七〜九四）を実父にもつ賜姓皇族、村上源氏の出自であった。この時代の村上源氏は摂関家と比肩するほどの家柄で、いっぽうで摂関家の覇者、藤原道長家との姻戚関係も強く（系図参照）、顕房の父、右大臣師房は道長の嫡男の関白藤原頼通（母は賜姓皇族で宇多源氏の源倫子）の養子となり、頼通の妹の尊子（母は賜姓皇族で醍醐源氏の源明子）を妻に迎えている。また師房の妹は頼通の実弟、教通に嫁しているが、そこに子はいない（『尊卑分脈』

第三篇、村上源氏）。
師房の子で、尊子所生の二男一女は大きな足跡を残している。次男の顕房が兄・俊房（一〇三五～一一二一）の左大臣昇任のあとを受けて右大臣になってから他界するまでの十二年間、兄弟で大臣を独占し、左右の近衛大将を兼務したことで（同時期ではないが顕房が病を理由に右大将を辞去した一年後に俊房が左大将を兼務）、「左・右大臣、左・右大将、源氏同時に相並ぶ例、未だかつて此の事あらず。今年の春日御社頻りに怪異し、興福寺の大衆乱逆す。若しくは是れ此の徴《しるし》しか。加えて大納言五人の中、三人すでに源氏、六衛府の督、五人すでに源氏、七弁の中四人なり。他門まことに希有の例なり。藤氏のため甚だ懼《おそれ》あるの故か」と評された（『中右記』寛治七年十二月二十七日条）。

因みに藤原頼通のあと摂関となった師実、その孫の忠実は村上源氏の娘を妻に迎えて、そこに誕生

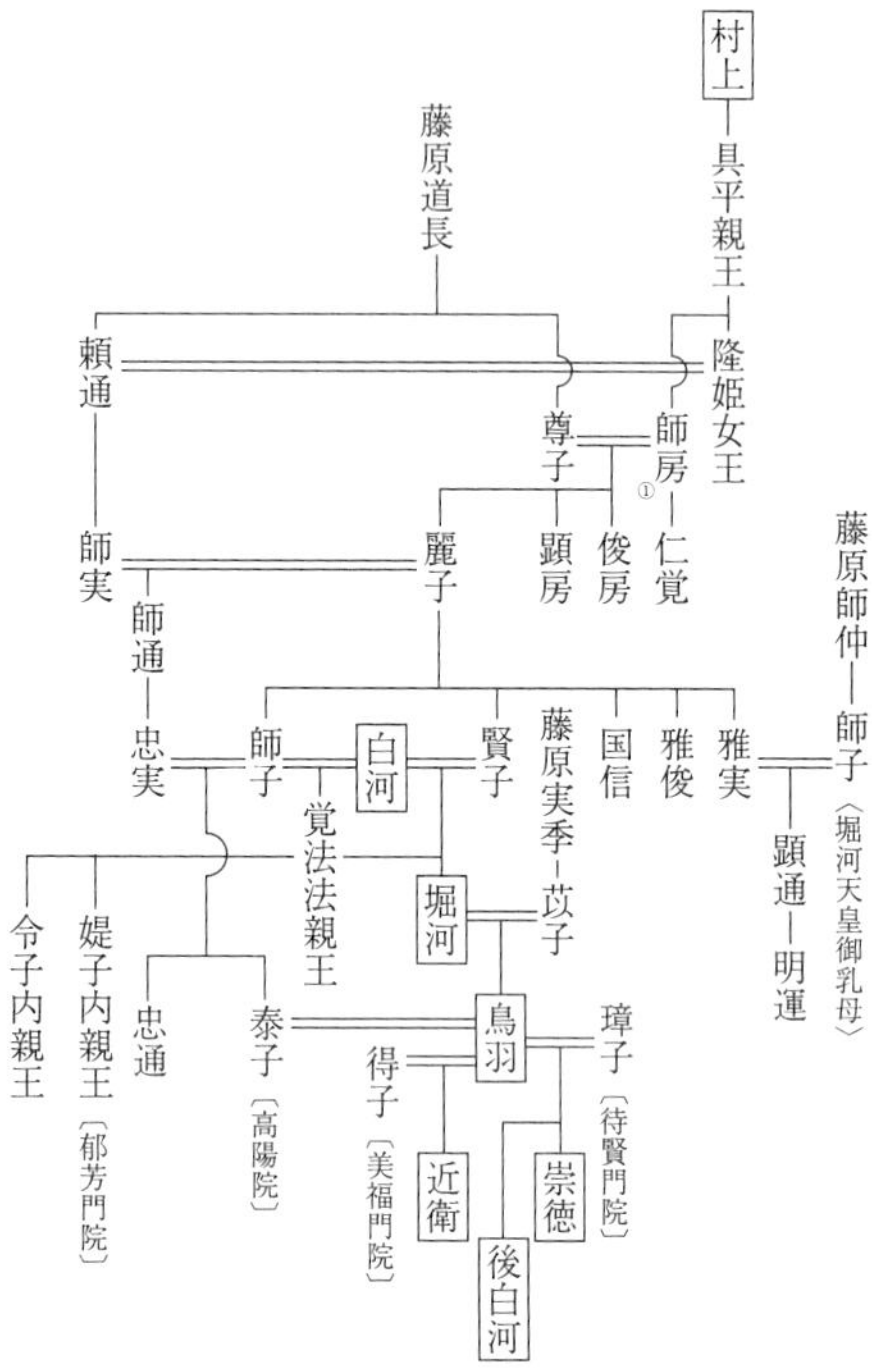

①師房は頼通養子

村上源氏系図

した子が摂関となるなど当時の村上源氏は道長流と密接な婚姻関係をもった。鎌倉時代の初期に成った最初の史論書と評される慈円の『愚管抄』（第四）では、藤原師実にふれて次のように述べている。

我ムスメハナカリケルヲ、（源）師房ノ大臣ノ子ノ顕房ノムスメ（賢子）ヲ乳ノウチヨリ子ニシテモタセ給ヘリケル也。宇治殿（頼通）ハ後中書王具平（村上天皇皇子で師房の父）ノ婿ニテ、其御子土御門ノ右府師房ヲ子ニシテヲハシケリ。コノユカリニテ宇治殿ノ御子ニシテ……。又コトニハヤガテ京極殿（師実）ハ土御門右府師房ノ第三ノムスメ（麗子）ヲ北政所ニシテヲハシケレバ、顕房ノムスメハ北政所ノメイナレバ、子ニシテヲボシタテ給ヒケル也。カヤウノユカリニテ源氏ノ人々モヒトツニナリテヲハシケル故ニ、ソノムスメ（賢子）ヲヒトヘニ我子ニハシテヲハスル也ケリ。

藤原頼通以降、婚姻を通して村上源氏は摂関家と強い繋がりを形成していったのである。そして十二世紀中期には村上源氏は「御堂末葉(1)」と認識されるようになる。「御堂」とは藤原道長を指す。このような経緯を考えると、右に掲げた『中右記』寛治七年の記事は村上源氏の躍進をいち早く物語るものであり、その間、藤原師実が一貫して摂関であったから一家で廟堂（朝廷）を牛耳っていたと言ってよい。顕房の娘の麗子は師実の妻となって師通を生んでいる。

俊房は薨去の八十七歳まで現任官であり、長寿もさることながら左大臣にあること三十九年に及び、平安時代では頼通の四十年に次ぐ長さであった。因みに十二世紀初頭の康和四年（一一〇二）堀河天皇治世の公卿界を見わたすと、二十四名のうち源氏が藤原氏を上まわり、そのうちの三分の二を村上源氏が占めている。その年の六月の臨時除目で源顕雅の任参議に触れて、参議藤原宗忠は「近代の公卿二十四人、源氏の人過半か。未だ此の如き事あらざるや。但し天の然かしむるなり」（『中右記』六月二十三日条）と記している。顕房の死から八年後のことであり、頂点にあったのは兄の俊房であるが、顕房の子が最多である。

延久三年（一〇七一）、十五歳の源賢子は東宮・貞仁親王（白河天皇）の妃となるに際して左大臣藤原師実の養女となっているが（源姓→藤原姓）、これは権威付けのためであろう。しかし、このことで外戚の地位を掌握したのは源顕房であった。

誕生と帝位への背景

白河天皇の後宮には十数名の女性の存在が知られるが、中宮になっているのは藤原賢子ただ一人であった[2]。賢子は延久三年（一〇七一）、白河天皇の東宮時代（貞仁親王）に妃として入り、即位後に女御（麗景殿の女御）、一年後に中宮に冊立された。

いっぽう藤原道子は賢子より二年前に東宮妃になっていた。父は叔父・藤原能信（道長の子）の養子となった内大臣藤原能長で、道子の結婚は能信が白河天皇の外祖父であったことによるのだろうか。天皇より十一歳年長ということもあって天皇の寵愛を得るに至らず、女御（賢子と同時、承香殿の女御と称す）となって里第《さとてい》で善子内親王を産んで以降は参内しなかったという。善子内親王が義弟の堀河天皇の即位に際して伊勢斎宮に卜定されると、道子は、この娘について伊勢に下向し、天皇の崩御により帰京、九十一歳の長寿を保ったが、決して幸せな生涯ではなかった。

中宮賢子は白河天皇との間に二男三女を産んでいる。第二皇子の善仁《たるひと》親王（堀河天皇）が里第の但馬守橘俊綱の東洞院四条坊門第で生まれたのは承暦三年（一〇七九）七月九日のことであった。なお『今鏡』が「二月十日生れさせ給へり」（第六「ますみの影」）とするのは誤りで、『御産部類記』（宮内庁書陵部編『図書寮叢刊　御産部類記上』明治書院）承暦三年七月九日条に「巳の刻、皇后宮大夫（源顕房）御宿所北舎西妻に於て食を羞《すす》めらる。人々の内に於て主上（白河天皇）胸を煩わしめ給い、幾程ならず落居せしめ給う、と云々。申の刻ばかりまた初の宿所に於て人々飲食の間、御産気あり、と云々。人々怱《いそ》ぎ南面に参り、緇素（道俗）群集す。御修法阿闍梨、各伴僧を率いて御読経を加持す。僧、読経を声にす。宮主庭中に於て御祓を勤仕す。陰陽師道言・道栄・国随南簀子にて御祓を勤仕す。内裏御使・殿上人・滝口らの参向隙《すき》なし。酉の刻、男宮誕生し給い了んぬ。宮中の歓楽、勝《あ》げて計《かぞ》うべからず」とある。この文献は校訂者も推量するように『経信卿記』つまり『師記』と見なしてよく、作者の源経信は大納言を極官とし、八十二歳で大宰権帥として任地で他界しており、詩歌管絃に秀でた文人官僚であったことは前に述べた。

堀河天皇の誕生に関して『為房卿記』（内閣文庫本）同日条には「今日、酉の刻、中宮御産し皇子降誕す御□□洞院宅」、『扶桑略記』には「中宮皇子を誕《う》む。是れに先んじて但馬守橘俊綱の里第に出御す」とあり、但馬守橘俊綱第の所在地は『帥記』承暦四年八月二十二日条の「東洞院四条坊門の但馬守の宅なり」から知られる。橘俊綱は藤原頼通を実父とするが、橘俊遠の養子となったことで橘姓を称した。善仁親王は誕生の四ヵ月後に親王宣下されている（『一代要記』）。

善仁親王より五歳年長の第一皇子、敦文親王は二年前に四歳で他界しており、それだけに白河天皇の第二皇子に寄せる期待も大きかった。誕生後の三・五・七・九夜の祝事が催され、月末には母子ともに天皇の待つ内裏に還御、一ヵ月後に内裏の藤壺（飛香舎）において五十日《いか》の祝いが行われている（『為房卿記』承暦三年九月五日条）。そして二年後の永保元年（一〇八一）十二月二日、善仁親王は高倉殿に移御されたことが『水左記』の次の記事から知られる（『為房卿記』同日条参照）。

未の刻ばかり博陸（関白）並びに左大将、高倉殿に参り給う。予参入す。今日、御渡りあるべきにより新作を覧らるなり。次いで予め土御門に坐し給い、同じく覧らるなり。やや久しくして帰られ了んぬ。秉燭の後、衣冠を着けて宮（土御門北、東洞院東）に参る。……戌の刻、宮並びに□御方、新作の高倉殿に渡らしめ給う。前駆は歩行、各宿衣なり。上達部・殿上人同じく歩行なり。西門より入り給う。……事おわりて予帰る。亥の終り、土御門に渡る。前駆、衣冠・布衣相交るなり。東門より入る。……車を廊北面の妻戸に寄す。

賀茂祭（物見車など見える）
（『年中行事絵巻』岡田元史画）

時に高倉殿は前年春の三度目の火事で西の部分を焼失し再建されたばかりで、その様子を関白藤原師実と権大納言左大将師通の親子が見て回り、俊房の土御門邸へも立寄って帰った。これに随伴した俊房は暗くなってから善仁親王のいる土御門東洞院第へ赴き、親王の高倉殿渡御に他の上達部らと随行している。高倉殿は南隣だったため上達部以下みな徒歩であった。三歳の内親王に同道した「〔前欠〕御方」とは、殿御方つまり祐子内親王（後朱雀天皇皇女、四十四歳）であろう。母は敦康親王の娘で藤原頼通の養女となった嫄子で、高倉殿に住まいし高倉宮御方などとも呼ばれた(3)。

即位前の善仁親王の動静はほとんど知り得ないが、次に引く『栄花物語』（巻第三十九）はそれを教えてくれる数少ない史料である。

二の宮の五つにおはしまししに、祭の桟敷にてもの御覧

れる）（『年中行事絵巻』）

ぜし有様のめでたさに、帰《かへ》さ御覧じに、またの日、紫野に渡らせたまひし御有様のめでたううつくしくこそ。北の陣に、大殿御唐車寄せさせたまひて、若宮抱かれさせたまひて、殿さしそひおはしますに、殿上人、上達部さるべきかぎり御供にさぶらふ。紫野のはるかに広きに、お供の人、皆下りて居並みたり。二の宮御車よりさし出でて御覧ずるたびごとに、見まゐらす人めでまうさぬなし。殿の御有様、常よりもいとめでたく見えさせたまふに、宮のさしならばせたまへることをぞ、行く末はるかに光添ひ出でさせたまへる御有様と、祭の帰さよりも心ことに御車のあたりを、めでたく世の人めでまうさぬなくなんありしとぞ申し伝へたる。

善仁親王が五歳の時というから白河天皇の永保三年（一〇八三）で、大殿こと藤原師実（四十二歳）は関白左大臣、供奉した子息の師通（二十二歳）は内大臣。この年の賀茂祭

賀茂祭（桟敷がのぞま

の行列を桟敷から見物された親王のご様子のすばらしさ、翌日には斎王が紫野の斎院に帰っていく還立《かえりだち》（帰《かえ》さ）の行列を紫野でご覧になったお姿はとても可愛らしくいらっしゃった。若宮は師実の車から見物されたが、車から身を乗り出してご覧になるたびに見物人は感嘆の声を発した。師実はいつもより立派に見え、若宮と並んだことで末長く光が加わったようなご様子であった。還立よりも若宮の御車のあたりを素晴らしいことと、感嘆しない者はなかったという。

この賀茂祭のことを当時の日記で傍証できないかと探ったところ藤原師通が日記に書き残していた。『後二条師通記』永保三年四月十六日条に「天晴、賀茂祭なり。今宮（善仁親王）桟敷殿に渡り御《たま》う。太閤（師実）、御車に候せしめ給う。前駈常の如し。中宮使大進泰仲、内蔵寮助有房、右近衛府少将宗忠、右馬寮助仲実、自余常の如し」とあり、善仁親王が師実の車で桟敷殿に渡って見物したことを記し、翌日の条に「天晴れ、今宮、御見物事あり。其の儀昨の如し」とある。
翌年の秋、六歳になった善仁親王は二十八歳の母と死別するが、白河天皇の賢子への寵愛は頗る篤く、崩御に際しての天皇の悲嘆は異常であった。『扶桑略記』応徳元年九月二十二日条に「卯の時、中宮源賢子三条内裏に崩ず。時に年二十八歳。主上悲泣し、数日御膳を召さず」と見え、二十四日条に「主上悶絶す。天下騒動、数刻を歴て後、尋常に復し御う。毎月二十二日、丈六弥陀仏各一躰を造立す。毎度曼荼羅供を修す。中宮職御菩提としてなり。周忌の間、天下の政、皆以て廃務。帝悲しみを含むにより、久しく世上の風波絶えず。誠に是れ希代の事なり」とある。『後二条師通記』九月二十二日条には「中宮極めて重く煩い給う。三条殿に於てすでに以て薨じ給う。満人泣悌止め難し」とあって、察するに余りある（『栄花物語』巻第四十参照）。

立太子と即位

善仁親王は八歳になった応徳三年（一〇八六）十一月二十六日、立太子ついで践祚（受禅）するが、『扶桑略記』同日条には次のようにある。

亥の時、践祚八歳。当日辰の時、親王車駕に従い、関白従一位藤原朝臣（師実）の大炊第より堀河院に御す。即ち関白車後《くるまじり》に祗候す。大納言以下の公卿、皆悉く前駆す。但し内大臣藤原朝臣師通、騎馬にて後陣に仕う。左・右大臣（源俊房・顕房）重服により供奉せられず。亥の時、神璽・宝剱を受け取る。其の儀式、三条院西門より堀川新内裏の東門に至る。掃部司筵道を大路に敷き、先帝の蔵人頭左近中将源雅俊、右近権中将藤仲実の二人、神璽宝釼を持して歩行、関白従一位藤原朝臣師実、内大臣藤原朝臣師通並びに大納言以下の公卿、近衛司ら皆悉く供奉す。即ち夜、太子授位宣命あり。関白、改めて万機摂政となす詔。

親王は立太子に引き続いて践祚のため大炊殿から堀河殿へ遷御され、神璽宝釼が齎《もたら》され、三種の神器の移動や摂政の宣命など詳細な記述が見える。なお即位の翌年に年号が応徳から寛治に改元されたが、左大弁と二人の文章博士がそれぞれ二、三の勘文を提出し、公卿会議で左大弁大江匡房の「寛治」が採用されている。そして二日後には「政始《まつりごとはじめ》」が行われた（『為房卿記』寛治元年四月七・九日条）。

堀河天皇は幼帝であったため白河天皇代に関白をつとめた藤原師実が摂政となった。践祚の当日、師通は譲位前の父を「関白殿」、以後を「摂政殿」と記している。なお善仁親王出立の日の早朝、大炊殿では泉が湧き、「吉事」と悦んでおり（『後二条師通記』応徳三年十一月二十六日条）、践祚の翌月には大極殿において即位の儀が行われた（『後二条師通記』十二月十九日条）。

父の退位の真相

時に白河上皇は三十四歳の若さであり、何故に譲位を急いだのであろうか。そこには後三条天皇の思惑を挫《くじ》く白河天皇の強い意思があったと考えられる。院政の創始者は白河上皇であるが、その父の後三条天皇にすでにその兆候があったと説いたのは「脱屣ノ後太上天皇トテ政ヲセヌナラヒハアシキ事ナリトヲボシメシテ、カタガタノ道理サシモヤハヲボシメシケン」と語る、摂関家出自の慈円であった（『愚管抄』巻第四）。

後朱雀天皇の第二皇子で、道長の外孫の禎子内親王（陽明門院、三条天皇皇女で母は道長娘の妍子）を母とする後三条天皇（一〇三四〜七三、在位一〇六八〜七二）は、四半世紀ちかい東宮を経て三十五歳で即位した。九世紀末の宇多天皇以来の藤原摂関家を母としない天皇の出現であり、それを強みに親政を目ざしたが、五年足らずの在位で第一皇子であった東宮の貞仁親王（白河天皇、母は藤原茂子）に譲位し、同時に二歳の第二皇子、実仁親王を東宮に立てた。実仁親王は藤原摂関家と縁の薄い源基子（三条天皇皇子で廃太子となった敦明親王〔小一条院〕の孫）を母としていたから、東宮の早い即位とその後見を意図し、その東宮には実仁親王の実弟の輔仁親王を立てるという皇位継承計画が後三条天皇の意思であり、それを実行するための譲位と見ることもできよう(4)。

後三条天皇の譲位について石井進氏は「天皇譲位の真意がどこにあったか、それを明証すべき史料はたしかに存在しない。しかし、院政創始の意図まではなかったとしても藤原氏の血縁者以外の子孫に伝えようとした意図は明瞭であり、その急死によって実現をみなかったとしても、場合によっては実仁親王系を庇護するための院としての活動が、のちの院政的な形態へと向かう可能性は十分にあったと考えるべきであろう」と指摘される(5)。

いずれにせよ後三条上皇は摂関家の束縛を解いて天皇親政の復活を意図したことは確かで、それが結果として院政という新形態の出現に繋がったといえる。

しかし後三条上皇は五ヵ月後に急病のため出家し、程なく崩御してしまう（享年四十歳）。この時点で後三条上皇の思い描いた皇位譲渡の夢は消え失せたといってよく、前に述べたように白河天皇に皇子が誕生したことで、それは決定的となった。加えて東宮の実仁親王が疱瘡に罹って応徳二年十一月八日に十五歳で急死してしまう。それを伝える『為房卿記』には「今日寅の刻、皇太弟……薨じ給う。……日来頗る疫発り御うを以て遂に薨逝せしめ給う。延長以後全く此の例なし」とあり、延長以後とは醍醐天皇代の延長元年（九二三）の保明親王（二十一歳）、同三年の慶頼王（五歳）の東宮の相つぐ死を指している。

東宮の死の翌年に白河天皇が八歳の善仁親王に譲位したことはすでに見たとおりで、ここに白河上皇による新天皇を後見しての院政が始まったのである。

ここに到って輔仁親王の芽は摘まれた格好になったが、祖母の陽明門院は高齢ながら健在で宮廷内での発言権も大きく、有能で人望も厚い輔仁親王を支持していたから、白河上皇も慎重に事を進めねばならなかった。後述するが、上皇が陽明門院の養女となっていた実妹の篤子内親王を堀河天皇の皇妃に迎えたのは陽明門院を説得するためであったという。この点について石井進氏は『台記』康治元年五月十六日条に着目されて以下のように説いている(6)。なお、この史料は後に引用して述べることにする。

それは、病弱な堀河天皇になかなか皇子の誕生がなく、天皇崩御の暁には後三条天皇の第三皇子の輔仁親王の即位が濃厚との世情を危惧した白河上皇は、万一の時には還俗して重祚も辞さないとの決意があったこと、しかし堀河天皇に皇子、宗仁親王（鳥羽天皇）が誕生した、という。そのことに関して輔仁親王の護持僧らによる陰謀事件が発覚し、輔仁親王や村上源氏の俊房流の政治生命は断たれたとのことである。

ところで慈円は『愚管抄』の中で、白河上皇は愛娘の郁芳門院（媞子内親王）が二十一歳で急死すると出家し、「堀川ノ院ウセ給テケル時ハ重祚ノ御心ザシモアリヌベカリケルヲ、御出家ノ後ニテアリケレバ、鳥羽院ヲツケ参ラセテ、陣ノ内ニ仙洞ヲシメテ世ヲバ行ハセ給ヒニケリ。光信、為義、保清三人ノ検非違使ヲ朝夕ニ内裏ノ宿直ヲバツトメサセラレケルニナン。ソノ間ニイミジキ物語ドモアレドモ、大事ナラネバカキツケズ。位ノ御時三宮輔仁親王ヲオソレ給ケルナドイエリ。行幸ニハ義家、義綱ナドミソカニ御コシノ辺御後ニツカウマツラセラレケレバ、義家ハウルハシク鎧キテサブライケリナドコソ申スメレ」（巻第四）と述べ、白河上皇に重祚の意思があったこと、在位中に義弟の輔仁親王の存在を危惧したことなど鋭い指摘を行っている。

外祖父の死

話を戻して陽明門院は八十二歳の高齢で崩御し、同じ年の秋に右大臣源顕房が赤痢に罹って他界した（五十八歳）。三日後には顕房に正一位が追贈されている（『中右記』）。

この外祖父の死に直面した堀河天皇は愁嘆のあまり食事にも出御されなかったという（『中右記』嘉保元年九月五日条）。十六歳の天皇は、父の上皇および半年前に師実の譲りで関白となった師通（三十三歳）の後見のもと政治を主宰する立場にあったが、何かと外祖父に頼むところがあったのであろう。外祖父亡き後の天皇は気鋭の師通と政治を遂行し、白河上皇は蚊帳の外の状態に追いやられた形跡がうかがえる。慈円の『愚管抄』（巻第四）には次のようにある。

白川院ハ堀川院ニ御譲位アリテ、京極ノ大殿（師実）ハ又後二条殿（師通）ニ執政ユヅリテヲハスル程ニ、堀川院御成人、後二条殿又殊ノ外ニ引ハリタル人ニテ、世ノマツリゴト太上天皇ニモ大殿ニモイトモ申サデセラルヽ事モマジリタリケルニヤトゾ申メル。

成人した天皇は意志強固な関白藤原師通と政務を遂行し、上皇や大殿の意見を聞かなかったらしい。このような状況を捉えて「法王すでに在り。世間の事両方に相分つの故なり」と言われたのかもしれない。この言辞は、白河上皇と堀河天皇の信任が篤く政務・有職故実・文化に通じた権中納言藤原宗忠（一〇六二〜一一四一、極官は右大臣）が堀河天皇の崩御当日の日記に記した感想である。天皇の生涯を知るうえで参考になるので、その部分を掲げておこう（『中右記』嘉承二年七月十九日条）。

そもそも大行皇帝八歳にて帝位に即き、九歳にして詩書を携え、慈悲稟性、仏法核心なり。凡そ其の在位二十一年間、罪を退け、賞を先とし、仁を施し恩を普くし、喜怒色に出さず、愛悪掲焉ならず。王侯相将より上下男女に至るまで各皆恵化に浴し、尭風に陶染す。此の時に当たり父母の喪の如し。我君の才智漸く高く、すでに諸道に通ず。就中、法令格式の道、絃管・歌詠・野遊、天性授くるところ往古に愧じず。少齢の日より大位の年に及び叙位除目、御意の及ぶところ道理を先と為すなり。ただ時世を恨むに末に及び天下頗る乱る。但し、是れ偏に一人の咎に非ざるや。法王すでに在り、世間の事両方に相分つの故なり。

大行皇帝とは崩御後まだ諡号のない天皇の呼称。亡き天皇の慈悲の心は天性のもので、仏法を敬い、罰することよりも賞賛することを旨とし、篤い思いやりで広く恩恵を施し、喜怒を顔に出さず、愛悪については穏便にふるまったので、上の者から下の者まで恩恵に浴し、天皇の死は父母を失ったようなものである。また天皇は、才智に長け、詩歌管絃に通じ、とりわけ笛を能くし、まさに名君といえる評価である。ただ時世が末に及んで天下が乱れたのは天皇だけの責任ではなく、父白河上皇の存在が影響している、と指摘する。

文中の、九歳にして「詩書」に親しむ、とあるが、善仁親王の御読書始に関しては寛治元年（一〇八七）に詳細な記事（『中右記』『本朝世紀』寛治元年十二月二十四日条）があるので見ておくことにしよう。[7]

式部権大輔藤原正家が侍読（『本朝世紀』では「博士」）、左少弁兼文章博士藤原敦宗が尚復（平安時代以後、天皇や東宮の読書始めの式に、侍読が教授した所の復唱などをつかさどる補佐役〔『広辞苑』〕）をつとめたが、これに備えて両名（「儒者二人」）は二日前に昇殿を聴《ゆる》されている。摂政藤原師実をはじめ諸卿以下が顔を揃えたことはいうまでもない。堀河殿の西の対の東面、母屋と廂・簀子を用いて行われ、母屋の一間に繧繝縁の畳一枚を敷いて御座とし、その前には黒漆塗りの机を据え、上に紙を敷いて『御注孝経』〔巻紙〕と點圖草紙一帖を置いた。時刻がきて直衣を身に着けられた垂髪姿の九歳の天皇が出御され、摂政ついで王卿らが座に着いた。そして侍読（博士）正家と尚復敦宗も着座したが、二人は笏と書巻を携えていた。ついで正家が天皇の御前の机のところまで進み出て、笏《しゃく》を置き、御書を取り、紐《むすび》を開いて少し巻き、座に戻った。この書は主殿頭藤原公経の手になるもので、青羅表紙の外題は治部卿藤原伊房（行成の孫）が書いた。この書巻は紫檀八角軸で上下は螺鈿を施したすばらしいものであった。さらに続く。

次に尚復称して曰く、文、呉音長、と。次いで博士・尚復ともに書を開いて置き、笏を執る。次に博士読みて曰く、御注孝経序、と。次に尚復曰く、ご、万天、と。次に尚復また読みて曰く、御注孝経序、と。主上読ましめ給い了んぬ。次いで博士退出し、次に尚復退く。次に公卿退下す。次いで主上入り御う。次に出居退出す。次に摂政・大臣以下殿上の饗に着く。これ内蔵寮設ける所なり。頭弁季仲、殿下に杯を勧むと云々。給祿の事なし。今日御書所を始められず。所宛、時すでに御書所別当を補せらる。其れ補する所の所なし。明後日始めらるべしと云々。事了んぬ。主上朝餉方に於て手を習い給う。内府参入し、子細を申さると云々。院奉る所の道風の手跡なり。

博士と尚復が書巻を開いて読みの模範を示し、その後で天皇が読まれたのである。ここにいう『孝経』とは孔子が孝道について門人たちに説いたものである。読書が終わると博士と尚復が退き、ついで摂政はじめ公卿が退下し、天皇が入御された。このあと摂政以下は饗宴の座に着いている。天皇は朝餉方において「手習」つまり習字を内大臣藤原師通（時に二十六歳）の介添えで行っている。この時に手本としたのは、父の白河上皇から贈られた三蹟の一人、小野道風の手跡であった。なお、御書所始は二日後に行われており、別当には博士の正家が任じられている（『中右記』寛治元年十二月二十六日条）。ところで『江記』寛治元年四月二十一日条に「堀河院西対南面又庇孫庇、外、東面又庇並以隔露板造之、広五尺許、を造らる。雨儀のためなり」とあるが、この西の対の普請が八ヵ月後の御読書始に備えてのものであったことはいうまでもない。

2　政治の後見としての摂関

堀河天皇政治の後見には、先にふれたように白河天皇の関白であった藤原師実が摂政となって当たったが、一方では新たに院政を目ざす白河上皇の存在があったから、従前の摂関に比して関わりが弱体化することは当初から予測された。因みに天皇の外祖父が摂政になった例は清和天皇の良房、一条天皇の兼家、後一条天皇の道長についで四人目である。

寛治元年（一〇八七）六月二十四日、摂政師実は三顧の礼のルールに則って上表文を提出した。当時は三度の上表を行い、そのつど慰留され、三度目に受けるのが慣例であった。摂政の命を受けてそれを取り仕切った藤原為房の日記には以下のようにある（『為房卿記』寛治元年六月二十四日条）。

　しばらくして若狭守正家朝臣、御表草を持参す。次いで為房を以て院に奏せられて云く、摂政上表、往古先ず上皇に献ず、次に主上に献ず、而るに寛和・長和・寛仁の三箇度、上皇に奉られず直ちに御所に献ぜらる、如何、供うべきや、と。院宣に云く、先例必ず上皇に献ずると雖も御所に進めらるべし、といえり。此の由帰参し執り申し了んぬ。……次に治部卿（伊房卿）御表（長和例、故権大納言清書之、）を清書す。

上表文の草稿を書いた藤原正家は、先に見た天皇の御読書始で侍読（博士）をつとめたその人で、歴代が文章博士を経験する学者の家系であり、大内記（詔勅・宣命などの起草に従事）を歴任するなど当代きっての碩学であった。いっぽう清書を担当した藤原伊房（行成の孫）は書家として知られる。注目されるのは、上表はまず上皇ついで天皇に献じられるというのが慣例であったが、一条天皇の時（七歳）の藤原兼家、後一条天皇の時（九歳）の藤原道長と頼通の際には上皇には奉られずに天皇に献じられたという指摘である。因みに兼家のときは円融上皇、道長・頼通のときは三条上皇である。これについて白河上皇は、先例では上皇に献じていたが、今回は天皇に献じればよい、と命じている。

師実邸である大炊殿の西の対で整えられ、柞木筥に納められた上表を携えた使者とその一行は西門を出て西洞院大路を北へ、大炊御門大路を西へ行き、郁芳門から大内裏に入って中務省へと向かい、上表は家司から中務省の官人に渡された。なお柞木筥に納められた上表文の室内での移動は大炊殿と同様に案(台、机)に載せて数人で舁いて行われている。

中務省に運ばれた上表は官人によって内侍所へと齎され、函から出して台盤所(清涼殿内の女房の詰所)に移され、掌侍平仲子(周防内侍)を介して天皇に奏覧、ついで頭中将によって白河上皇に奉られている。この上表は保管用として大内記の手で書写された後、師実に返されている(『中右記』寛治元年六月二十四日条)。

これを受けて六日後に師実は第二度の上表を頭中将藤原能実を使者として提出している(『中右記』七月一日条)。その上表文が冒頭欠ながら『本朝世紀』に載っており、末尾に「寛治元年七月一日　摂政従一位藤原朝臣上表　作者正家朝臣　清書公経」と記す。そこには「獲落の器、容れる所なく、凋零の材、採るべきにあらず。臣の器量、其の然らしめざるを。君縦え戚里に優るの恩を賜うとも臣何ぞ賢路を塞ぐの責に堪えん。休退の志、唯だ社稷の為なり」と身を引く事由を述べて「謹み重ねて表を奏す。陳譲り以て聞くに臣師実、誠惶誠恐頓首頓首死罪死罪謹言」で結んでいる。頓首、死罪(差し出がましさを詫びる気持ちで末尾に用いる語）ともに書簡や上表の末尾に置く字句である。文作成者は初度と同じ藤原正家、清書の藤原公径は能書家であった。

これを受けて「勅、従一位藤原朝臣、再び表を得てこれに具う」で始まる慰留の勅答も『本朝世紀』に見えるが、この方は後半が欠文となっている。そこでは「公累代の重臣、朕に於てまた外祖なり。軌範時を匡し、七政、克整のゆえんにして功績世に冠し、四海、其の由咸寧、上皇其の親戚の賢慮を察し、託愚昧の童蒙を以て須く万機を大麓に摂るべし」とあり、天下がよく治まっていると師実の功績を讃え、白河上皇が師実の賢慮を察して九歳の天皇（「愚昧之童蒙」）の政治の万機摂行を託していることをも述べている。なお「外祖」「親戚」の語があるが、堀河天皇生母の賢子は師実の養女で実父が源顕房、その妹の麗子は師実の妻という関係にある。

これを受けて寛治元年八月二十三日、師実は第三度の上表を提出している（『中右記』）。『為房卿記』同日条には上表・勅答の作成と一連の動きが述べられており、それらによると、草稿は前二回と同様に藤原正家（この上表文は『本朝続文粋』巻第四および『本朝世紀』に所収）が、清書は藤原公経が担当している。函に入れられた上表は天皇のところへ齎されたが、「院に齎し参るべし、といえり」との勅命により院の方へ齎された。しかし上皇はそれを許されず「早く勅答を給うべし、といえり」と命じている。そこで大内記菅原在良が認めた勅答の草稿が為房を介して天皇に奏上され、清書に回され、函に入った勅答は右近中将藤原仲実（寛治五年に蔵人頭、極官は権大納言）を中使（御使）として摂政邸に齎された。

上表文では、中国古代の賢帝の例を引くなどして先祖の功績を「そもそも臣一門より起こり、固く斯の遺跡あり。忠仁・昭宣の故事、人以て名望に叶うと謂う。天慶・長和の先蹤、世以て功労を賞すと謂う」と讃え、身を引く理由を「臣名望高からず、功労共に浅し。偏に家の余績を□、ただ国の重恩に浴し、退かんとするの思い、誰か餝譲と謂うか。伏して願う、陛下、遥かに匪石の懇志を照らし、早やかに摂録の重名を罷《やめ》んことを」と述べ、結びの言葉は第二度の時と同文である。

先祖として名の挙がる忠仁・昭宣公とは、人臣摂政の嚆矢となった良房と、その子（養子）で関白の嚆矢となった基経、天慶は朱雀天皇代の摂関忠平、長和は三条天皇代の道長を指しており、藤原北家の発展を考えるうえで何れも重要な人物である。

これを受けて「此の重表を披き、具に以て看るに遜退深に至る」で始まる同日付の勅答は大内記菅原在良の手になるもので（先に見た末尾欠の第二度上表の作者も在良と見なしてよい）、「つらつら公摂録の寄を憶うに、暫し朕負扆の儀に代り、宜しく憂国の思いを致し、以て済世の仁を施すべし……」と慰留を促している。所詮この上表は儀礼的なものであったから師実が受けたことは言うまでもない。

寛治元年も押し詰まったころ、陸奥守源義家は俘囚の内紛に関与して藤原清衡に与力し、苦戦のすえ清原武衡・家衡らを討ち取った（『本朝世紀』『中右記』寛治元年十二月二十六日条）。これをもって十一世紀中期から陸奥国で起きた反乱――前九年の役、後三年の役――に終止符が打たれ、清衡が奥州藤原氏の始祖となって奥州に、頼義・義家父子の活躍で清和源氏が東国に、それぞれ確固とした基盤を築くことになり、一世紀余り後の清和源氏による武家社会の開幕へと展開していく。

朝覲行幸

寛治二年（一〇八八）正月、堀河天皇は父の白河上皇を大炊殿に訪ねて年初の挨拶を行っているが、これが堀河天皇にとって初の朝覲行幸であった（『中右記』寛治二年正月十九日条、『後二条師通記』同日条参照）。

初めて院の大炊殿に行幸あり。今朝、雨雪粉々とし、庭上に粉を敷く。仍りて延引すべきか否かの間、時刻推移す。未の時、鳳輦を寄せ、鈴奏・警蹕常の如し。近々の間、行幸歩儀を用いらる。但し諸衛の次将、腋闕・平胡録・靴、随身、狩胡録例の如し。行幸事成る。西中門に於いて下り御い、西対を以て御休所と為す。此の間乱声。天皇南殿に進み、御拝あり。次いで御休所に還る。次いでまた南殿に御す。召しに依り公卿御前座に参り着く。……次いで舞曲を御覧ず。……地久（高麗楽）の間、秉燭。樂人・舞人に勧賞。（中略）今日、上皇の御装束青色御表衣。仍りて行幸に供奉の蔵人ら俄に之を改め着す。摂政殿、赤色御表衣、桜織物下重。

ここにみえる大炊殿は八月の相撲御覧で行幸された院御所のことで、堀河殿とは一町ほどしか離れていない至近にあり、「近々に依り歩儀を用いらる。……左近陣を経て左衛門陣より出て二条大路並

朝覲行幸（『年中行事絵巻』）
（紫宸殿を出発する天皇，階下には鳳輦，左手に承明門が見える）

びに洞院西大路を経て入御す」といわれる所以である（『中右記』寛治二年八月七日条）。前年の『中右記』八月二十八日条に「院並びに前斎宮、摂政殿の大炊殿に遷御す」とあって、白河上皇は皇女の媞子内親王とともに摂政藤原師実の大炊殿に渡っている。その場所については、後述するように六年後の嘉保元年の堀河殿焼亡に際して天皇が行幸された大炊殿について「大炊御門南、西洞院東」とあることで平安京左京二条三坊三町とわかる。

ところで『後二条師通記』同日条によると、朝覲行幸は大雪のため定まらず、午後になって決定したので内大臣藤原師通が堀河殿へ馳せ参じると、幼帝は南殿にいらっしゃった。その後、天皇は鳳輦で出立、これにともなって大刀契および三種の神器が移動している。そして「仰せて云く、御綱張れ、歩行一町ばかり停め警蹕」とあり、堀河殿から大炊殿の間は卿相以下が歩行で進み、その間の街路には綱を張り、人々の通行を制している。白河上皇の御輿は門の外に留めてあった。寝殿の母屋に天皇と上皇父子が座され、その簀子には右大臣以下の卿相が着座し、舞楽・贈物・叙位が行われたことが知られる。

これを嚆矢とする堀河天皇の朝覲行幸は以降、両者に忌みなど不都合な事態が生じない限り慣例となっている。ここで寛治年間の朝覲行幸を通覧しておこう。

三年は年明け早々の元服の六日後のことであり、午刻に出立し、前年同様に堀河殿から大炊殿へ行幸している（『後二条師通記』正月十一日条）。

四年は正月三日のことで「白雪紛々、院に行幸あり。午の時、鳳輦を寄す。鈴奏、少納言（藤原）公衡例の如し。東門より出御し、乗輿院の西門に入御の間、乱声を発し、御輿を西中門に寄せ、先ず暫らく西対に寄す。次ぎに寝殿に進み御拝あり。上皇、青色御表衣を着し御う。事了りて西の対に還り御う。未の刻ばかりまた寝殿に出御す。……次舞を奏し、……舞の間、主上暫く入御す。近仗座を立ち、また舞の間、御膳を供す。陪膳権大納言（源師忠）、……次いで院に御膳を供す。陪膳治部卿（源俊明）、……秉燭事了んぬ（給祿）。事了りて還御す。御輿を寝殿に寄す」と詳細な記述が見られ（『中右記』）、前年のように堀河殿から大炊殿への行幸で至近のため多くは徒歩であった。以降もほぼこの動きが踏襲されている。

五年の正月十三日は朝のうち雨だったが、巳時に晴天となり未の刻に南殿を出発している。大炊殿に到着すると上皇が御出され、天皇が寝殿に渡御されて御拝が行われた（『中右記』）。

六年の挙行は遅れて二月二十九日。そもそも正月二日に予定されていた朝覲行幸（『後二条師通記』寛治五年十二月十四日条）が取り止めとなっており（『中右記』）、その理由を前年末の大納言藤原実季（天皇の岳父）の頓死としている（『為房卿記』二月二十九日条）。この時の院御所は六条殿であり、堀河殿からの経路が知られる（『中右記』『後二条師通記』）。巳の刻に南殿を出御の天皇の御輿は、堀河殿の西門を出て堀川大路を南へ行き三条大路を東に折れ、東洞院大路を南下して六条殿へは西門から入っている。西中門を通り御所の西小寝殿に入られ、さらに寝殿に移られて上皇と対面された。その後、西小寝殿に還御され、寝殿の装束を改めて再度、上皇・天皇ともに御出、公卿は南簀子に伺候、童舞などがあり、御膳が供された。戌の刻には終って雨の中を天皇は堀河殿に還御されている。

寛治七・八年はいずれも正月三日に行われており、院御所は六条殿である（『中右記』）。

相撲

話を寛治二年に戻してその晩春、天皇は石清水社へ初の行幸を行い、翌日の還御の途中、新造の鳥羽北殿に立ち寄り、すでに渡御していた父上皇や妹の斎宮媞子内親王と対面し、舟遊びを楽しまれた（『後二条師通記』『中右記』三月九・十日条）。これに備えて白河上皇は四日前に皇女の斎宮、媞子内親王[8]と「鳥羽殿新御所」に渡御されている（『中右記』『後二条師通記』三月五日条）。

七月には相撲をご覧になっている（『中右記』）。二十五日の御前内取に始まり、二十六日の昼すぎから始まった召合では「勝負結番を見る、但し今日は右多く勝つ」の結果をうけて左方が抜頭、右方が納蘇利の舞楽があって日没前には終了している。二十七日は抜出・追相撲の後、乱声・振鉾・舞曲・

猿楽など夜まで続き、終って天皇は還御された。連日、朝夕の御膳が供せられたことはいうまでもない。

相撲節における左右近衛府の任務は大きく、その頂点にある左右大将の責任は重い。右大将の右大臣源顕房は事に当たっているが、左大将の内大臣藤原師通は金峯山参詣(9)で京を離れていたので、次位の右中将の参議藤原基忠が代役をつとめている。

石清水社

堀河天皇は八月の上皇御所、大炊殿への行幸の際にも相撲を観覧されている(10)。先にみた正月の朝覲行幸と同様に至近のため歩儀を用い、天皇を乗せた御輿は堀河殿の東門を出て大炊殿へは西門から入り、西中門を経て西の対で小休止、その後に寝殿に昇られて上皇と対面されている。次いで頭中将の促しにより、左大臣以下の公卿が簀子の座に着き、相撲が行われた。

この時は七番相撲で各左右の相撲人の名と結果が明記されているが、勝敗がついたのは左二勝、右一勝の三番だけであり、なかでも五番の取り組みは左が頻りに疲労を申し出たが免されず、万人が同情したけれど右が「立ちながら勝つ」つまり不戦勝というわけだ。そのほか勝負に到らなかった理由がそれぞれふるっており、一番は「最手為るに依り、各取合せず前に入られ了んぬ」（最手は「ほて」と読み、力士の最高位の人で後世の大関に相当）と立会いの前に引き下がり、二番は脇（「わき」、最手に次ぐ地位で関脇に相当）の取り組みで左が故障を申して姿を見せず、三番は左方の「顔色変えず、強壮と謂うべき者なり」に怖気づいた右方が「数刻勝負無く十余度障を申す。頗る屈気あり、敵うべからざるの由頗る申す。仍って入られ了んぬ。万人嘲哢す」、つまり、とても勝てる相手ではないと再三にわたり尻込みした挙句に引き下がって皆の笑いを買ったという、なんとも気の毒な話。このように今日の相撲では考えられないユーモアもあった。それは出居（審判）・相撲長（相撲人の監督）・立合（行司）などといった人たちの失態も観衆の物笑いをよんだ。平安時代、天皇と相撲の関わりは年中行事としての相撲節に端を発しており、その歴史は古い(11)。

元服

この年の十月には天皇の元服定めが内裏（堀河殿）に設けられた摂政藤原師実の直廬で行われた。『江記』寛治二年十月二十一日条によれば、日次について陰陽師の賀茂道言と安部国随らは吉日として「正月二日癸酉」と「五日丙子」を提案し、大江匡房は中国の皇帝の元服日を勘案して甲子か丙子を良しとして五日に絞った。いっぽう摂政は両日の前例を陰陽師に当たらせ、癸酉はないが丙子は醍醐天皇の例がある、との答申を得て卿相に問いかけた。右大臣源顕房は「縦え先例文書中に無しと雖も丙子を以て吉と為さば、何説を用いらるべきや。延喜聖主本朝の規範なり。異議あるべからず」と具申し、延喜の帝こと醍醐天皇をわが国の手本と位置付けている。摂政は、元服当日、次の宴日、その次の賀表恩詔日の三箇日は吉日でなければならないがそれは問題ないか、と尋ねている。これに対して、ある人が一条天皇の元服は正月五日（正暦元年）と言ったのを受けて、右大臣が「一条院また太吉の例なり」と語った。結果として右大臣の醍醐聖代観がものを言い五日の決定をみたのである（『後二条師通記』『中右記』参照）。

そのことを先祖に報告、十二月に入って元服に関する諸々の定めや予行演習を行っている（『中右記』『後二条師通記』『江記』十二月十六・十九・二十八日条）。『江記』の十二月十六日条には元服式に関わる書式スタイルの記載があるので掲示しておく。

日時事様
澤申　御加冠日時
明年正月五日丙子　時申二點
寛治二年十二月十六日陰陽師賀茂朝臣成平
主計頭賀茂朝臣道言
御冠師名簿を下され並びに御巾子名簿を作り、為房これを出納に下す、と云々、
御冠師　左兵衛府生伴則永　国季子、
御巾子作　正源法師子云々、

年が明けて寛治三年（一〇八九）正月早々に十一歳の天皇は元服式を迎えた。前日に摂政邸では「内々の習礼」つまり予行演習があり、そのために大江匡房が出かけようとしていた時、白河上皇から呼び出しがあったので駆けつけている。五ヵ月前に参議に任じられて公卿の仲間入りを果たした匡房は上皇の近臣であった。上皇は匡房に「明日、御元服、希代の事の上見奉らん。仍って内裏に参るべし。若しくは先例あるや」と仰せられ、匡房は「先例殊に候わず。また頗る事憚るや。内に参らしめ給う間、主上必ず迎え奉るべきか。頗る其の便宜無かるべし。また院何処に御はすべきや」と答えている。そして、先例として寛平つまり宇多上皇の醍醐天皇への参内を例示しながら上皇とやり取りのすえ、上皇の参内は忌むべし、と具申し、上皇も「然るべく停止すべき事、但し忌事披露すべからず。先例無きに依り停止の由風聞すべきや」と引き下がっている（『江記』寛治三年正月四日条）。

元服式は里内裏である堀河殿の紫宸殿において挙行されたが、その流れを日記を中心に、不祥なところを儀式書などで補足しながら見ていくことにしよう。

いずれも寛治三年正月五日の記事で、『江記』がもっとも詳細を極め、『後二条師通記』がこれに次ぎ、『中右記』は「天皇御元服あり申二点。事了りて本殿に還御す」とのみ記す。これは元服式に直接携わった前二者とそうではない『中右記』筆者の立場の相違によるものであろう。(12)

午後四時過ぎ清涼殿にて黄櫨染闕腋袍を着けられた天皇は十人の女房を従えて南殿（紫宸殿）に渡られ、北廂に設けられた大床子に着かれた。その様子を乳母、上臈女房以下が南殿の北廂から見物している。大床子の前に置かれた草墪（腰掛の一種）には能冠（理髪）役の内蔵頭藤原師信が召されて着座し、天皇の御髪を調えて空頂黒幘（天皇や皇太子が元服の式前に着ける冠）を着け奉って退下、天皇は冠座（加冠の御座）に入られた。ついで理髪役の左大臣源俊房は東壇の洗器所で手を洗い、内侍から受け取った唐匣（「櫛箱」）を携えて、天皇のもとへ進んで跪き、膝行で御帳に昇り御座の西端に置き、天皇の御幘《おさく》（神事用の冠）を脱がせ奉って唐匣の中に納め、膝行にて近くに待機。ついで西壇の洗器所で手を洗って控えていた加冠役の太政大臣（摂政）藤原師実が、内侍から受け取った御冠を持って天皇の御前の御帳の下まで進んで跪き、「祝云々、遠不聞、」つまり祝詞を奏上し（その声は少し離れた匡房のところまでは聞こえなかったという）、膝行で御帳に昇って天皇に着け奉り、膝行にて退き、左大臣が天皇の前に進んで膝行にて御帳に昇り、御冠を整えて退く。天皇は北廂の大床子に入られ、能冠役の内蔵頭が天皇の御鬢を整え、太政大臣、左大臣以下が退席して加冠の儀は終わった。

　続いて祝宴である。天皇は朝服に着替えて出御、手を洗って控えている左大臣が、杯を取って醴《れい》（甘酒のようなもの）を酌み、匕《さじ》（匙）を添える。これを受けた太政大臣は御前に進んで祝詞を奏上し（匡房は不聞）、跪き膝行して御帳に昇り杯をすすめて退き、天皇は受けた杯を傍らに置く。ついで左大臣から受け取った御肴物を祭った後に嘗められ、左大臣に授けた。ついで天皇は杯を取り、匕をもって醴を祭り、醴を啐め、匕を醴の上に立て傍らに置いて北廂の大床子に入られた。その後、清涼殿に遷御され御遊のことがあった。

春日社

なお元服の記事の中で『後二条師通記』『江記』では主上、天皇、皇帝の語が混用されているが格別の意味はなさそうである。因みに『西宮記』は天皇、『北山抄』『江家次第』は皇帝を用いている。

天皇元服の年齢は一条天皇以降は十一歳が多く、即位後の天皇の元服式の日は平安時代以降、例外なく正月一日から五日の間に行われていることが知られる[13]。二日後には盛大な後宴が挙行された（『江記』『後二条師通記』『中右記』寛治三年正月七日条）。

二ヵ月後の晩春、天皇は二日を費やして元服後初の春日社行幸を行っている（『後二条師通記』『中右記』三月十一・十二日条）。同行の内大臣藤原師通（二十八歳）は祓いをして日昇とともに参内（堀河殿）、陰陽師の賀茂道言の遅参により出立は辰の刻になった。北の二条大路を西へ、朱雀大路を南下して大和へと向かい、夕刻には春日社に到着、明かりが入って御禊を行った。このとき師通の子の忠実（十二歳）が『中右記』筆者の藤原宗忠と舞を奉仕している。翌日は終日雨となり、そんな中で一連の儀を済ませて還御となったが、

「終日風雨、万人苦気あり」とあるから悪天候に悩まされたようだ。

年が明け寛治四年（一〇九〇）正月元旦、天皇は初めて四方拝にお出ましになったが、元服前の天皇は四方拝は行わないという規定に則ったものであった（『中右記』）。その後に臣下から年始を祝う拝礼を受け（小朝拝）、元日節会が催されている。

鳥羽殿全景
（京都市企画・村井康彦編集『よみがえる平安京』淡交社, 1995年より）

初夏の小雨降る一日、白河上皇は鳥羽殿に御幸して午後二時ごろに馬場殿に渡られ、内々に競馬をご覧になった（『中右記』『後二条師通記』四月十五日条）。摂政師実と師通父子のほか九人の公卿と三十人の殿上人が顔を揃えている。七番勝負の予定であったけれど日が暮れたので五番で留めおき、騎手は左右近衛府の府生・番長で、勝敗は一番の引き分けのあと左右各二勝であった。その日に上皇は大炊殿に還御されている。

因みに鳥羽殿は白河殿とともに白河天皇が洛外の広大な地に後院として創建したもので、次代の鳥羽上皇が引き継いだことは天皇名からも察せられるところである。それは白河天皇の譲位直前に後院として備前守藤原季綱が献上した地に、讃岐守高階泰仲が舎屋を造進したことに始まり、上皇の移徙の初見は寛治元年であるから、馬場殿は建造されて程なくのことと考えられる(14)。

この上皇による内々の競馬御覧は「来る十九日の行幸の為なり」とあるように天皇を迎えるための試行であり、四日後には実現している(『後二条師通記』四月十九・二十日条)。初日は詩試が催されたが、上皇と天皇の前には硯と柳筥に入った陸奥紙、摂政以下には硯と柳筥に入った高灑紙が置かれ、大江匡房が認めた詩題が上皇、天皇、摂政以下の順で披露された。詩作のあと上皇と天皇は船に乗って離宮の池を回覧されたという(『扶桑略記』四月十九日条)。翌日の競馬御覧は日没により五番をもって終わり、以後は停止している。天皇の還御は二日後のことであった(『扶桑略記』四月二十一日条)。

二ヵ月後、天皇は左大弁大江匡房を召して『史記』「孝文本紀」の御進講を受けられた。その日の朝、蔵人頭を介して匡房に侍読に候するよう招聘していたのである。昼御座の前に机を置き、紙を敷いて御書(「孝文本紀」)があり、直衣姿の天皇が出御され、傍らの円座には摂政が控え、匡房が召されて御書を取り表紙を披いて天皇にお渡しになり、講読された(『為房卿記』六月九日条)。向学心の強い天皇の一面を物語るものであろう。

この年の十月、摂政藤原師実は初度の上表(左大弁大江匡房作成)を奉っているが慰留の勅答があった(『後二条師通記』『中右記』十月二十三日条)。これを受けて二ヵ月後に再度の上表(大江匡房作成)を奉り、勅答を賜っているが、『中右記』十二月二十日の記事には以下のようにある（『後二条師通記』参照）。

殿下（藤原師実）御上表、使少将（源）国信朝臣、左大弁作之、勅答あり。摂政を止めて関白と為すべきの由、使少将顕実朝臣、中使（勅使）参り来りて中門に至る。殿下自ら相逢い之を取り給う。次第は例の如し。但し殿下自ら拝舞し了んぬ。禄を中使に給う左衛門督（藤原家忠）取奉之、殿下自給之、。則ち重ねてまた万機に関わり白《もう》す詔あり。今日、初めて宸筆の御畫あり寛治四年十二月、已上八内記書之、廿日、此二字也、。

藤原顕実を使いとして齎された勅答は摂政から関白に転じるというものであった。その背景に前年の元服が介在していたことは言うまでもない。関白の職掌として指摘される「万機に関わり白《もう》す」の言辞がみえる。さらには三年後の寛治七年十月十日に師実が上表（作者は藤原敦基）を提出し、これに対して勅答（作者は大内記菅原在良）が出されたことが知られる（『後二条師通記』『中右記』寛治七年十月十日条、『本朝続文粋』巻第二）。師実の関白辞去の理由は「天台山幷興福寺大衆蜂起」「金峯山炎上」によるものと言い、興福寺は藤原氏の氏寺でもあり責任をとっての上表であったが、この後に上表の記事が見当たらないので慰留を受け入れたものと思われる。

因みに大江匡房の手になる摂政藤原師実の初度と二度目の上表文は『本朝続文粋』（巻第四）に収められている。

寛治八年は、十二月十五日に疱瘡流行を理由に嘉保元年に改元された（『中右記』ほか）。その嘉保元年（一〇九四）、師実は関白を子息の内大臣師通に譲っている。

関白職を 師実から師通へ

その経緯を藤原宗忠は『中右記』三月九日条に詳細に記しており、長い記事ではあるがたいへん参考になるので以下に記しておく。

天晴、今日殿下（関白師実）関白譲の事あり。先ず此の暁、内相府（師通）二条亭より東三条に渡御す。殿上人五、六輩衣冠を着けて前駆す、と云々。関白殿下今朝、また暫く大炊殿より賀陽院に遷御す。また卯時ばかり上皇並びに新女院（郁芳門院）鳥羽殿より六条殿に還御す、といえり。女房陪膳に依り内に候すと雖も朝膳を供する後、午の時ばかり賀陽院に参る。左府（源俊房）・民部卿（大納言源経信）以下の公卿七、八人直衣、頭弁以下の雲客束帯、済々参会す。讃岐守行家朝臣御表を作り持参す。次に主殿頭公経朝臣を召し、清書せしむ各給祿、白大褂歟。左少将忠教を差《つか》わし奉らしめ給う。忠教表函を持して弓場殿より入り殿上大盤上に置く。頭弁奏聞せらるの後、仰せに依り院へ持参す。此の間、右衛門督（藤原）公実卿、仗座に於て内文事を行う、と云々。頭弁帰参の後、民部卿、仗座に参らる。頭弁御表を給い、大内記菅原在良を召し勅答を作らしむ。此の間、還りて内に参る。内外に御膳を供す。勅答奏聞の後、左中将国信朝臣を以て彼の第に遣わし、賀陽院西中門辺りに於て先ず安芸守（藤原）有俊を以て事の由を申す。権大納言家忠卿、勅答を持し帰り入るの後、勅使を召す。

東の対南面に倚子を立つ。勅使座に着くの後、権大納言主人に代りて拝舞す。倚子を撤《と》るの後、権大納言禄を取り、使に給う。使拝し退出し了んぬ。此の間、民部卿在良に仰せて万機に関わり白す詔を作らしむ。奏聞の後、頭弁御使として院に持参し、下知する者なり。

関白となる藤原師通は早暁に二条第から東三条殿に渡り、そのあと高陽院（賀陽院）へ向かった。父の師実は朝に大炊殿から高陽院に渡り、やがて左大臣以下の公卿、頭弁以下の殿上人らが参会した。讃岐守藤原行家が作成し、主殿頭藤原公経が清書した上表文は、藤原忠教（師通の異母弟）を遣わし天皇のもとへ。それを天皇の命で蔵人頭が白河上皇の所へ持参し、帰参してその上表を民部卿に給い、ここで大内記菅原在良を召して勅答の作成を命じている。勅答には常套語となった「関白万機」が記載されている。この勅答は天皇に奏上後、蔵人頭を介して上皇にご覧に入れ、その後に源国信を使いとして高陽院へ齎された。

ここに登場する藤原行家は、すでにみた寛治元年と同四年（第三度）の摂政師実の上表を作成し、堀河天皇の侍読をつとめた正家の弟であり、この兄弟は祖父の広業、父の家経ともども文章博士となっている。菅原在良は文章博士で寛治元年の上表に対する勅答の作者であり、後に鳥羽天皇の侍読をつとめ、正家および寛治四年初度の上表文の作者の大江匡房ともども、この時代を代表する文人であった。また、上表文を清書した藤原公経は寛治元年の上表文も清書しており、能書家として知られる。[15]

なお文中「右衛門督公実卿仗座に於て内文事を行う、と云々」の右傍に「勅答、内覧せず殿下上皇に覧ぜるなり。これ御堂宇治殿に譲り御うの時、上東門に内覧の例なり」の書き込みがあり、殿下こと道長から宇治殿こと頼通に摂政が移る時に勅答を、まず上東門院彰子に内覧していることを例示している。

上掲の『中右記』には以下の文が続く。

秉燭に及び人々引きいて新関白殿の御所、東三条東面に参り向う。今夕、慶賀を申さしめ御わんが為なり。則ち御出あり無御前弁・少納言、。殿上人両貫主（蔵人頭）を除くほか皆悉く前駆す。……其路は二条・洞院東大路・近衛・堀川等など。内に参る。大殿（師実）密々に御見物あり。公卿車を連ね扈従す。大納言殿・中宮大夫・右大将・新大納言……弓場殿に於て頭弁に慶賀の由を奏せしめ給う後、拝舞す。次いで主上御直衣、昼御座に御出。……関白殿下召すに依り御前に参り進む。少時して入り御う。其後、中殿を経て御直廬方に向い給う。参入の公卿皆以て扈従す。（下略）

新関白の師通が諸所に慶を申上する様子を伝えるもので、この後に院御所、六条殿に赴いて上皇と郁芳門院に慶を奏上しているが、これを受けるために上皇と女院は、その日の朝に鳥羽殿から遷御されている。なお、この日の記事の末尾に「およそ今日の事、長和六年、御堂宇治殿に譲渡の例」とあ

東三条殿模型（京都文化博物館蔵）
（『よみがえる平安京』より）

り、この日の儀が一代前の長和六年（改元して寛仁元年）三月十六日に挙行の藤原道長から子息頼通への摂政譲渡に倣った、と明記する。因みにその日の『御堂関白記』には「摂政を辞す表を献ず。止めらる勅答あり。……即ち内大臣を以て摂政と為す詔を下す」とあるから初度の上表が受け入れられ、頼通の摂政と相成ったのである。

一日置いて前関白藤原師実は関白師通に朱器大盤、長者の印、荘園などを譲与しており、これをもって師通は藤原氏の氏長者となったのである[16]。この年の終わりから翌年の春にかけて師通は三度の上表を提出し、いずれも勅答を賜っている[17]。

即位から元服すぎて数年間というもの父上皇の意向が朝政に強く反映されたが、藤原師通が父の譲りで三十三歳で関白となったあたりから堀河天皇は、十七歳年長の関白を相談相手に親政を目ざしたことは先にも触れたとおりである。実際に師通が政務を着実にこなしている姿は『中右記』などに散見する。例えば伊勢遷宮に関わる諸国の課役の進捗状況について、藤原宗忠は師通の命を受けて卿相らのもとへ意見を聞きに行っては報告し、その上でしかるべく指示があり（『中右記』嘉保元年八月二日、十月十四日、十一月十九日、嘉保二年正月二十二日、永長元年十月二十五日条など）、時には大殿（師実）や白河上皇の意見を求めるといったこともあった。[18]

3　天皇の妃

堀河天皇の妃として六名の女性が挙がるが、[19]その中で中宮と女御になっているのは篤子内親王と藤原苡子である。篤子内親王は没年齢から逆算して康平三年（一〇六〇）に後三条天皇の第四女として誕生し、白河上皇の同母妹であるから天皇にとっては叔母に当たる。篤子内親王は祖母である陽明門院（禎子内親王）の養女となっており、二十歳の時にこの養母の推挙で准三宮となり（『中右記』永久二年十月一日条）、十年後の寛治五年（一〇九一）の冬に堀河天皇に入内した（『為房卿記』『後二条師通記』『中右記』十月二十五日条）。

後宮篤子内親王

入内は摂関家伝領の東三条殿から行うはずであったが、その日の内裏（堀河殿）の方角が太白方に当たるということで、東隣に所在する陽明門院の御所の鴨院[20]に改められている。陽明門院は、養女の入内とあって装束ほか何かと世話をしており、夜になって関白以下が鴨院に参上、やがて内裏からの勅使がやって来て「御書」を献じた。これを受けて準備の整った内親王一行は鴨院を北東門から出て室町小路を北へすぐの二条大路を左折し、二町西の内裏には二条に面する北東の小門から入っている。

御所に当てられた東の対に内親王が入られると御膳が供せられ、対代廊の東庇に公卿、中門廊に殿上人の座が設けられて饗饌があった。その後、内親王は「昇り給う」とあって「南殿北庇を経て夜御殿東戸より入る」と経路を記し、西の対に設けられた二人の寝所「夜御所」(夜御殿)へは東から入られたことがわかる。帳内のしつらえは『後二条師通記』に「夜御所本の如し。西対丑寅角に畳二枚を敷き、御帳中に紅覆を置く南方被置云々、。御枕上に絹を置かれる、といえり。璽・宝釼等の戺なり」とある。内親王より前に堀河天皇が御直衣姿で「主上御帳中に入り御う自御下入御、置御覆衣居給云々、」という具合に帳の中に入られ、ついで内親王が入られた。

『中右記』には「(二十五・)二十六・七日三个日間、女御殿御方に於て公卿・殿上人饗饌の事あり。最初の夜、夜御殿丑寅角燈爐を以て火を指燭に付く。蔵人永実を以て女御殿御方に遣わし如凡人礼、三个夜不滅、為房取之、また主上入り御うの間、御草鞋を召し、中宮大夫これを取り、三位中将殿を以て北政所に進めしめ給う、と云々、蔵人永実伝え取り、これを奉る」とあり、『後二条師通記』とあわせ読むと寝所入りの詳細がわかる。

東三条殿跡

篤子内親王のことを女御殿と称して

堀河殿跡（現・京都国際ホテル）

いる。天皇が履いて来られた草鞋を中宮大夫こと権大納言源雅実が取り、三位中将こと藤原忠実（関白師実の孫で十四歳）を介して北政所つまり関白の妻、源麗子に齎している。雅実は天皇の母の故藤原賢子（実父は源顕房）の実弟ゆえ天皇の叔父、経実は関白師実の子息、この両人が仕える中宮とは堀河天皇准母の実姉、媞子内親王を指し、その立后は寛治五年正月のことであった（『後二条師通記』『中右記』寛治五年正月二十二日条）。

夜御殿の東北角に置かれた燈籠の火を三日間絶やさないとか、天皇の履物を三ヵ夜にわたって北政所のところに留め置くということは、通って来る婿の足がここに長く止まるように、との願いから、女の母が通って来る男の沓を抱くといった貴族社会の結婚に通じるものであろう。当時の婚儀は三日間、男が通ってきて三日目の夜に新郎新婦に供せられる祝いの「三日餅《みかのもちい》」、婚礼披露の「露《ところ》顕《あらわし》（所顕）」の儀を経て結婚が成立するのが慣わしであった(21)。寝所に入った堀河天皇と内親王に夜具を掛ける「御衾役」（「衾覆」）を源麗子がつとめている。衾覆《ふすまおおい》とは新郎新婦が帳《とばり》の中に入って装束を解いた後に夜具の衾をかける、その行為なり人をいい、新婦の母がつとめることが多いが、ここでは関白の妻がつとめている。そして三日目に当たる二十七日の夜に予定されていた三日餅は四日遅れで挙行されたが（『為房卿記』『中右記』寛治五年十一月二日条）、それは十月二十七日が「忌厭対日」との陰陽師の申上によるものであった。

その様子は「女御（篤子内親王）入内の後、三夜餅事あり。件の餅、民部卿（源経信）調進せらる所なり。是高年の人役する所、といえり。紫檀筥、螺鈿あり、燕形を立つ。紺地唐錦折立、蓋あり。銀坏三盃、餅、州浜、鶴形銀御箸を以てす件玄鳥之事、見月令幷史記殷本紀云々、大略成継嗣之吉祥歟（玄鳥＝燕）。主上御帳に入るの後、関白殿これを取り、進めしめ給う、といえり」（『中右記』十一月二日条）というものであり、『為房卿記』もあわせ見ると、銀盤三枚に小餅が盛られ、銀の箸で食するのであるが、その一つひとつには見事な装飾が施されていた。一式を入れた筥を三位中将（藤原忠実）から受け取った祖父の関白師実は、夜御殿の東戸から入って天皇に進上、「主上餅三枚を服めしめ給う三枚上、各一枚、。次いで返し給い、宮御方に奉らる」と相成ったのである。因みに調献者の源経信は時に七十六歳、所役の年齢として不足はない。

このように要《かなめ》のところは関白藤原師実がつとめており、そもそも篤子内親王の入内の一切は彼の沙汰によるもので、その親族が重要な役割を担っていることも頷ける。

婚儀の大きな要素に後朝使《きぬぎぬのつかい》があるが、堀河天皇から「女御殿」（篤子内親王）のもとへ後朝使が遣わされたのは五日後のことであった（『後二条師通記』『為房卿記』『中右記』十一月七日条）。時に天皇の御在所は堀河殿の南殿、女御殿の御所は東の対。天皇の後朝使は蔵人頭の奉仕が慣例となっており、頭中将に依頼したが穢に触れていたので頭弁が代わっている。関白はじめ公卿・殿上人たちが女御殿のもとへ参会して饗饌があり、やがて御使の頭弁藤原季仲が御書（「朝干飯方」において典侍藤原師子から受け取った紅薄様のもの）を持参して献じ、「御使座」にて盃酌、御返事（この往返には忠実が従事）、祿などを賜わって帰参している。

酉の刻というから夕刻の六時ごろに天皇は直衣姿で女御方にお渡りになったが、左中将藤原宗通が御剱を持って前行し、関白右大臣源顕房・内大臣藤原師通・中宮大夫源雅実（顕房の子）・三位中将藤原忠実といった関白の近親者をはじめ殿上人が扈従した。その経路となった南殿の北庇には筵道を敷いたとある。秉燭の後に還御とあり、天皇の滞在はそれほど長くはなかった。(22) この夜、女御殿は天皇のもとへは上らず、吉日により御在所に留まった、とある。いっぽう北政所こと関白の妻の源麗子（師通の母）は吉日により初めて渡り、女御殿と対面を果たしている。

天皇と中宮の年齢差

なお、篤子内親王の入内に関して、院政期の情勢に詳しく信憑性が高いとされる『今鏡』には次のようにある。(23)

さてこの御時に、御息所はこれかれ定められ侍りけれども、御叔母の前の斎院ぞ女御に参り給ひて、中宮に立ち給ひし。ことのほかの御齢なれど、幼くより類ひなく見取り奉らせ給ひて、たゞ四の宮をとかや思ほせりけるにや侍りけむ。参らせ給ひける夜も、いとあはぬ事にて、御車にも奉らざりければ、暁近くなるまでぞ心もとなく侍りける。鳥羽の帝の御母の女御殿も参り給ひて、院もてなしきこえ給へば、はなやかにおはしましゝかども、中宮は盡きせぬ心ざしになむきこえさせ給ひし。

斎院とは篤子内親王のことで、[24] 十一歳の天皇に二十歳ほど年長の叔母の入内とあって、「ことのほかの年齢」とはそのことを指しており、それを恥じ入った内親王は入内の夜になかなか車に乗られなかったという。いっぽう天皇は内親王がなかなか見えないので、夜明け近くまで気がかりで待ち遠しく過ごされたとか。この篤子内親王が女御から中宮になるのは二年後の寛治七年（一〇九三）春のことである（『後二条師通記』『中右記』寛治七年二月二十二日条）。そのことを見ておくと、中宮冊立にともなって中宮職が設置され、権大納言源師忠の中宮大夫以下の宮司が任命された。『扶桑略記』同日条には「関白従一位（師実）の養子、仍りて賀陽院に於て三个日間大饗」とある（賀陽院は高陽院）。この立后に先立ち天皇准母の中宮媞子内親王の中宮職を止めて郁芳門院という院号宣下を行っている（『中右記』『後二条師通記』寛治七年正月十九日条）。

あまりの歳の差に加え叔母という立場もあって中宮は天皇に対して身を引くような立ち居振る舞いであったかと想像されるが、そんな中宮に天皇が詠まれた歌が残されている。[25]

同じ御時后宮にて、花遐年を契るといへる心を、
うへの男《をのこ》どもつかうまつりけるによませ給うける　堀川院御製

千歳まで折りて見るべきさくら花梢はるかに咲きそめにけり

（千年の先まで、あなた（中宮）が折って見るはずの桜花が、梢の遥か高みに咲き初めたことだ）

遐年《かねん》は長命、「うへ（上）の男」とは殿上人のこと。中宮の長寿を祈念する一首であろうか。これは永長元年（一〇九六）三月十一日に閑院内裏の中殿（清涼殿）で挙行された和歌管絃御会の時の詠歌である。当日の模様を『中右記』同日条によって見ておくことにしよう。

今夕、御前に於て初めて和歌あり。先ず兼ねての日、題を出さる花契千年。人々参入の後戌剋、昼御座に出御。召すに依り公卿広庇兼敷菅円座、参議座相折、如除目時、に参入す。大殿・関白殿・中宮大夫……召人・蔵人参入す。御遊物具など取り出すべし、といえり。蔵人両三人、置物を取り、御厨子・管絃具など持参す。管絃に堪える殿上人、召すに依り簀子敷に候す。右大弁（源）基綱朝臣・下官・中将（藤原）忠教朝臣・蔵人少将宗輔・蔵人式部丞宗仲、御遊。左大将箏、中宮大夫和琴、皇太后宮権大夫拍子、蔵人少将宗輔笙、右大弁基綱琵琶、下官（宗忠）付歌、宗仲笛、呂、安名尊・此殿・席田・鳥破急・賀殿急。律、伊勢海・万歳楽・廻忽。此の間、円座一枚・切灯台を召し、蔵人少納言（源）成宗・蔵人（源）盛家

円座を御座間前長押下に敷く。蔵人弁（平）時範、打敷並びに切灯台を取り、御座間の長押上に立てる。御硯筥蓋を以て文台と為す。人々歌次第にこれを進む下臈為先、。爰に右大弁基綱朝臣を召して講師となし、中宮大夫を読師となす。参入の公卿、皆歌を進めらる。但し殿上人に至りては別の仰せありて広に及ばず。頭弁師頼朝臣・右大弁基綱朝臣・頭中将国信朝臣・下官……、臣下の歌講し了わり撤るの後、御製、大殿給わしむ。文台の上に置かしめ、治部卿講師となす。誠に神妙なり。初の御作なり。暁更に及んで事了んぬ。雨脚猶止まざるなり。

一連の流れと雰囲気を伝えるために長い引用になってしまった。詠題は「花千年を契る」とあって『千載和歌集』の「遐」と異なるものの両者は同義と考えてよい。ここに見える「御遊」とは、天皇主催の宮中における音楽の遊びのことであり、その成立について荻美津夫氏は、十世紀初頭の醍醐天皇のころとし、さらに『御遊抄』（室町期の成立で宮中で催行の管絃の遊びを国史や古記録などから抄出・分類したもの）などを検討の結果、「それはおもに管絃と催馬楽であり、呂と律の曲をそれぞれ奏したものであった」と指摘し、御遊などにおける堀河天皇と奏楽について事例を挙げ、天皇がいかに音楽を好んでいたか論及されている(26)。

さて引用の史料に戻って、天皇が昼御座に出御されたのは夜の八時ごろであり、前関白藤原師実・関白師通以下十二名の公卿と召人《めしゅうど》（舞楽奉仕のために召し出された人）、蔵人たちが召されて広庇の座に着いた。ついで御遊に用いる道具や管絃具を蔵人に持参させ、管絃に堪能の殿上人を簀子敷に召し、二人の公卿が加わって拍子にあわせて筝・和琴・笙・琵琶・笛が奏でられ、作者の藤原宗忠の付歌で御遊が始まった。行われた呂曲と律曲の曲名が明記されている。

このあと切灯台（高さ二尺前後の低い灯台）などが運ばれ、硯筥の蓋を文台にして公卿のなかで位の低い者から順に和歌を奉った。右大弁源基綱が講師（披講のおりに詩歌を読み上げる人）、中宮大夫藤原師忠が読師（懐紙・短冊など整えて講師に渡す役）をつとめた。臣下の詠歌のあと天皇の御歌を前関白が文台の上に置き奉り、治部卿藤原通俊が講師をつとめたが神妙であったという。

この永長元年春の和歌会が堀河天皇代の初回の和歌会であり、初の御製であった。それが御遊の形を取っているのは注目すべきである。この年は篤子内親王が入内して五年目、天皇は十七歳になっているので夫婦として落ちついた間柄になってきた、そんな意味も詠歌にこめられているのかもしれない。

藤原苡子の入内

ところで上掲の『今鏡』で「鳥羽の帝の御母の女御殿」とあるのは堀河天皇女御の藤原苡子（一〇七六～一一〇三）を指し、苡子の入内は篤子内親王より遅れること七年である。大納言藤原実季と大宰大弐藤原経平の娘の睦子を両親として生まれた苡子は、二十三歳になった承徳二年（一〇九八）に堀河天皇に入内した。その様子を『中右記』（承徳二年十月二十九日条、康和五年正月二十五日の崩御記事参照）を中心に見ておこう。

そもそもこの入内は苡子と従兄妹関係（苡子の父の藤原実季と白河上皇の母の茂子は兄妹）にある白河上皇のかねてからの念願であり、上皇は当日の早暁に鳥羽殿から還御して自ら沙汰するといった熱の入れようであった。出立所は藤原公実の三条高倉第。苡子の父の実季はすでに他界していたこともあり、実兄の公実が采配をふるっている。それに公実の妻の一人、藤原光子は堀河・鳥羽両天皇の御乳母をつとめるなど天皇家との結びつきはすこぶる強かったといえる。『尊卑分脈』第二篇「高藤公孫」の光子の項に「堀河・鳥羽二代の御乳母、大納言公実室、待賢門（院脱カ）並びに通季実能等母」とあり、鳥羽天皇の誕生の際に御湯殿の儀で奉仕した光子について「弁三位御浴を奉仕す主上御乳母大納言家室也、」（『御産部類記』康和五年正月十七日条）とある。大納言とはこの記事の直前のところに「次いで皇子浴殿に渡御す。権大納言公実卿抱き奉る」とある藤原公実を指す。

夜も更けて勅使として蔵人左少将藤原実隆（公実の子）[27]が遣わされ、寝殿の前に設えられた高麗端の座に着し、天皇からの御書を苡子方に渡し、勅使への盃酌・給禄のことがあった。御書の様態は「紅の薄様一重に書き、また一重に裹《つつ》まるなり」というものであった。また白河上皇の御使として藤原顕隆[28]が「女房扇」を贈っている。このあと苡子は内裏に向かっているが、公実邸を出立した一行は三条大路を西行、大宮大路を北行し、中御門大路を東へとって里内裏の高陽院[29]には北西の門から入っている。

その夜の衾覆に関しては『中右記』に「御衾覆奉る事右大将、と云々。女御方饗饌の事あり。公卿・殿上人両三人、件の座に着き、盃酌の事あり。すでに夜を徹し事了んぬ」とあり、衾覆の役をつとめたのは右大将こと権大納言源雅実であった。彼は源顕房の子で妻の藤原師子は堀河天皇の御乳母であった（『尊卑分脈』第三篇「村上源氏」。雅実の子「顕通」について「母宮内卿師仲女、堀川院御乳母」とある）。

この日以降の苡子を女御と表現しているが、女御の宣下があるのは後述のように十二月八日のことである。

翌日の夜には内裏の女御方で饗饌が行われた。その昼、中宮篤子内親王が邪気に取りつかれて「頗る以て危急なり」の状況に立ち至り、天台座主の大僧正仁覚が召されて加持を行うと、たちどころに平復し、仁覚は褒美として「皇后御衣一襲」を賜わっている。そのことに続けて「これ末代と雖も仏法の霊験誠に以て顕然、といえるか。僧正は一門の棟梁にして累葉の貴種なり。今徴験の顕然、仏法の面目なり。夜に入りて勧賞を行わる。申請に依り、弟子権律師俊覚を以て権少僧都に任ぜられ了んぬ」と仏法の霊験あらたかなること、天台座主仁覚の貴種性を讃えている（『中右記』承徳二年十月三十日条、十一月二日条参照）。この仁覚[30]は故源師房の子息で俊房・顕房とは異母兄弟、摂関家とも近親関係にあった。

十一月一日も女御方において第三日目の饗饌が行われたが三日餅のことは見えず、二日後に行われている（『中右記』十一月五日条）。その六日後には、頭弁源基綱を勅使として女御に後朝文が齎されたが、御物忌のため天皇の渡御は延引となった（『中右記』承徳二年十一月十一日条）。

苡子の懐妊と出産

天皇が初めて女御の局に渡って来られたのは一ヵ月後のことであり（『中右記』『長秋記』十二月八日条）、遅延の理由を「入内の後、三个月に及ぶと雖もすでに日次無く、多く御物忌に当り、今日に引き及ぶなり」と記すが、実際には入内から四十日目であり、この日の夕刻、苡子に正式に女御の宣下があった。そして翌年の春には懐妊が判る。『本朝世紀』康和元年三月四日条に「女御、内に参る。日ごろ懐妊帯事により退出し給うなり」とあり、一ヵ月後に流産、それも男子というからさぞや痛恨の極みであったろう。女御が出産所とした邸宅の主は藤原宗通であった（『本朝世紀』四月四日条）。宗通は先述の白河上皇の近臣として重きを成した藤原顕季の娘を妻とするなど白河上皇に近い人であり、姉の全子は藤原師通の妻となって忠実を産み、娘は忠

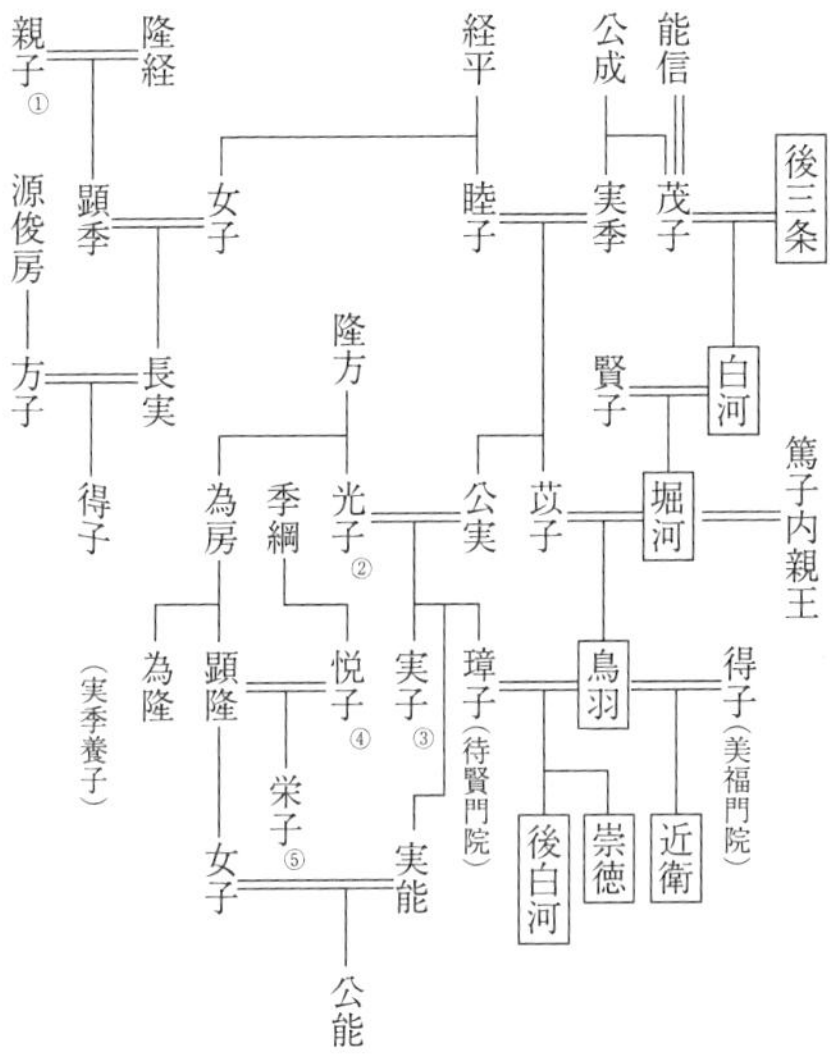

①白河院御乳母
②堀河・鳥羽院御乳母「弁三位」「中納言典侍」
③④鳥羽院御乳母
⑤崇徳院御乳母

後三条から鳥羽天皇の後宮・乳母系図

通の妻となるなど摂関家とも親しく、こうしたことで白羽の矢が立ったのであろう。なお『長秋記』同日条によると女御が流産したのは懐妊六ヵ月に入ってのことであった。

女御苡子にふたたび懐妊が見られるのは三年後の康和四年（一一〇二）のことである。五ヵ月の身重となった女御は秋の八月七日、内裏で平緒の帯を締めて退出し、里第の左少弁藤原顕隆の五条高倉第に渡られた。このことを記す『為房卿記』の筆者は、早朝と夜に子息の顕隆宅に赴き、そこで女御の実兄の大納言藤原公実に面会している。「堀河・鳥羽二代の御乳母」をつとめた公実の妻は待賢門院（藤原璋子、白河上皇養女で鳥羽天皇中宮）を産み、かつ為房の妹に当たる（『尊卑分脈』第二篇「高藤公孫」）。この姻戚関係を認識することで白河・鳥羽そして待賢門院の関わりがよく理解できるのである。女御苡子の産所が顕隆第になったのもそれに由来する。なお三日前の記事に「左少弁宅に向う。来る七日、女御渡り給うべきの故なり。西築垣予め修築せしむ。本主王相方の忌によるなり」とあるから方忌の顕隆に代わって父が西の築垣を築いたことも知られる。この顕隆第は「五条北高倉西角」に所在したが（『中右記』康和五年正月十六日条）、鳥羽天皇誕生の二ヵ月後に放火で焼失している（同、三月十一日条）。

ところで藤原公実は、鳥羽天皇が即位した時に天皇の伯父として摂政を望み、「いまだかつて天皇の外祖父・外舅でない人が即位に際して摂政となったことはなく、摂政が置かれなかった時は大臣・大納言に該当者がなかったから」と、従兄弟に当たる白河上皇に申上したという（『愚管抄』巻第四）。権大納言であった公実は鳥羽天皇の立太子で春宮大夫を兼ね、践祚の五ヵ月後に五十五歳で薨去しているので実現はしなかった。

藤原宗忠は身重の女御が里第に下ったことを記した後に「幸家余流すでに此の事あり。尤も欣び感ずべきや」（『中右記』康和四年八月七日条）と藤原氏に連なる喜びを吐露している。その女御が無事に皇子を出産するのは退下して五ヵ月後の年が明けて康和五年（一一〇三）正月十六日のことである。出産の三日前夜あたりから微かな兆候が現われ、当日の夕刻ぐらいから急に産気づいて夜中の十二時に安産で生まれた（『中右記』同日条）。

『為房卿記』（『御産部類記』所引）正月十四・十六日条）には、五条宅の母屋の南第一間に白木の御帳を立てて産所とし、すべてを女御の兄の藤原公実が取り仕切ったこと、臍緒は公実が銅刀をもって切り、奉釼・牛黄・蜜・甘草・御湯殿・鳴弦・読書といった誕生にともなう一連の行為があったこと、その物具の多くは白河上皇の献上によるもの、御乳母には顕隆の妻の悦子が選ばれたことなど詳細な記述に満ちている。それは日記の筆者が女御の義兄という間柄であったことによる。なお、公実と光子の娘の実子も乳母であった(31)。

この皇子誕生により天皇ならびに上皇の喜びが格別であったことは以下のことから知られる。

皇子誕生から一夜明けた朝に女御のもとを訪ねて女御の兄の大納言藤原公実と悦びを語り合い、その足で内裏に馳せ参じた藤原宗忠は天皇の御前近くに召され、直《じか》に承った話や上皇の様子について感慨をこめて以下のように記している（『中右記』康和五年正月十七日条）。

皇子の事、多年の思ただ此の一事にあり。今すでに相叶う。誠にこれ勝事の由、御気色あり。また聞く、上皇御感の余りすでに落涙に及ぶ。其の理然るべしや。天皇・法王・孫皇子三代相並ぶ。延喜聖代の御時、宇多院以後、全く以て此の如き例なし。聖代の勝事、今、此の時にあり。誠にこれ朝のため世のため衆人感嘆す、といえり。

上皇（白河）・天皇（堀河）・皇子（鳥羽）と三世代揃うのは宇多上皇（―醍醐天皇―二皇子〈朱雀・村上〉）以来というから百年ぶりのことになり、まさに「勝事」といえよう。さらに後日、上皇に召されて宗忠は「皇子降誕の条、ただ我幸の余りの由、再三仰せられ、誠に是れ勝事なり」と承っており（『中右記』正月二十三日条）、上皇の喜びが格別であったことを知る。

苡子の急逝

三・五・七夜と上皇・天皇はじめ主催者が代わっての産養《うぶやしない》が続き、前斎院の令子内親王（堀河帝姉、鳥羽帝准母）主催で行われた第九夜の産養の翌日、女御苡子は二十八歳で急逝してしまう。ここで崩御から葬送までを見ておくことにする。

九夜の祝宴から覚めやらぬ翌日、白河上皇は孫の顔を見るために院御所の高松殿から女御第（顕隆の五条高倉第）へ御幸された(32)。この日は雨気だったので出立を早めて午の刻には臨幸し、未の刻には還御とあるから二時間ほどの滞在であった。上皇が着くころは微雨だったが、帰途には雨脚が強くなり、還御後には強雨となった。天候の悪さをおしての御幸について藤原宗忠は「希代の勝事と謂うべし。

皇孫□愛念に堪えず、偏に臨幸の面目あるや」と記している。

その夜も遅くなって宗忠のもとに使いが来て「女御が邪気に取りつかれ成す術がない」と言ってきたが、雨がひどかったので使者を出して様子を探らせたところ、その通りであった。夜中になって皇子を高松殿の西の対に迎え、その直後に女御苡子は他界されたのである。宗忠は、本家では邪気に取りつかれたことを隠して早くに祈請しなかったのは愚慮であるが、「但し運命天にあり、また何をかなさんや。抑も今朝、臨幸の栄耀あり、夕に非常の哀哭に逢う。誠に則ち憂喜門に聚り、吉凶同域の謂や。世間無常、宛も春夢の如し、といえるなり」と慨嘆している。

女御苡子に先立たれた堀河天皇の嘆きは切実たるもので、翌日になって天皇は宗忠を呼んで心中を吐露している。それは、上皇に伝えてほしいと前置きして「女御の間の事ただ夢の如し。さらに思い遣方《やるかた》なし。今に於ては何をかなさんや。ただ皇子の御在様、甚だ以て審かならず思い給い候や、如何、といえり」というもので、女御の危篤のさなかに皇子を手元に引き寄せた上皇の行動に不快感を露にしている。そのことを宗忠から聞いた上皇は「誠に以て申し盡くすべからず。皇子迎え寄すの後、指せる事おはさず給う。御乳母並びに弁三位・女房七八人ばかり相具して祗候す。また僧正増誉御修法に渡り御い近く御傍に候す」と煙に巻いたような返事であった（『中右記』康和五年正月二十六日条）。

崩御の二日後、皇子降誕所で喪礼を行うのは憚られるという理由で、女御の亡骸は密々に養母の前斎宮俊子内親王(33)の樋口町尻邸に移されて入棺が行われたが、遺骸の移御には日常の唐車を用いるなど「其の儀宛も平生の如し」というものであった(『中右記』『本朝世紀』康和五年正月二十七日条)。

入棺の三日後に葬送が挙行され、棺に納められた遺骸は夕刻に鳥辺野で荼毘に付され、遺骨は翌日の早朝、藤原季実が頸に懸けて木幡へ赴き、藤原一族の墓地に埋葬された(『中右記』『本朝世紀』『殿暦』康和五年二月三日条)。なお、葬送に先んじて朝廷から宣命使が派遣され、苡子に従二位の贈位が伝達され(生前は従四位下)、四年後の宗仁親王の即位(鳥羽天皇)にともない生母の苡子に皇太后、その父の故大納言藤原実季に太政大臣正一位が追贈されている(『殿暦』『中右記』嘉承二年十二月十三日条)。

葬送も済んで一段落したある夜のこと、日次宜しきにより喪家を訪ねた藤原宗忠は、居合わせた大納言藤原公実から苡子の死について「故女御産後、聊か不例の事にあると雖も更に驚き思うに及ばず。去月二十五日亥の時ばかり俄に以て重く悩む。東西を知らざるの間、子の刻ばかり遂に以て逝去し給うなり。凡そ其の間時刻廻らず、誠に以て頓滅なり。而るに世人に重悩を隠すの由謗難あり、と云々。更に以て遁れ無し、といえり。其の理然るべし。但し運命限りあり。誠に以て何をか為さんや」と聞かされた(『中右記』二月十七日条)。いかにあっけない死であったかが知られる。

堀河天皇の第一皇子として誕生した宗仁親王は七ヵ月後に皇太子となり、父の崩御にともない五歳で即位して鳥羽天皇となるが(『殿暦』『為房卿記』『本朝世紀』康和五年八月十七日条、『殿暦』『中右記』嘉承二年七月十九日条)、後年、鳥羽法皇は誕生時の様子を時の内大臣藤原頼長に語っており、それを頼長は日記に次のように書き留めている（『台記』〔史料纂集本〕康治元年（一一四二）五月十六日条）。

今夜、御物語の次いでに法皇（鳥羽）誕生時の事に及ぶ。仰せて云く、朕未だ生れざる以前、故堀川院疾《や》まれる病也。天下、心を三宮に帰す輔仁親王。故白川院深く歎き仰せて云く、朕出家すと雖も未だ受戒せず、また法名を名のらず、もし陛下諱みざるの事あらば重祚何事あらんや。また后（篤子内親王）を見るに子無く年を闌《さえぎ》る。朕の母贈后（藤原苡子）を納れ朕を孕んだ時、贈后の母大納言実季妻男を生むを賀茂の明神に祈る。夢中に衣袖を居えて言語通ず。他日また夢、まさに男を生むべし、間木あるの物を取るべし、と。夢に驚き、間木を探し銀竜作物也、を得る。其の竜伝えて朕がもとにあり。また夢中明神、居る所の衣を以て御躰と為し社を作る。坊門亭にありて朕今に御供を進む。また女人贈后の家に入り来たりて女房に逢て曰く、将に男を生むべし、貴しと言うべからず、右尻に疵あるべし、と。女房走りて故春宮大夫公実に告げる。公実忩《いそ》ぎ女に謁《まみ》えんとす。女の所を知らず。人以て神と為す。幾程も経ずして朕を生む。右尻に疵あり。其の疵、今に尚あり。此の如き奇異の事甚だ多し。朕の生、人力に非ざるなり。

私（鳥羽天皇）が生まれる以前のこと、父の堀河天皇は病気がちであり、次代は輔仁親王（白河上皇の義弟）という趨勢にあったが、この事態を憂慮した白河上皇は、「自分は出家しているけれど受戒はまだで、法名も名乗っていない、したがって事と次第では重祚してもなんの不都合もない」と仰せられた。[34] いっぽう堀河天皇の中宮（篤子内親王）には子がなく、加えて高齢であり、遅れて入内した苡子が懐妊した時、母の藤原睦子が男児の誕生を賀茂明神に祈願し、夢のお告げによって自邸、坊門第の一郭に賀茂社を建立した、などなど瑞祥譚が語られる。かくして思い通りに男児が誕生し、自分の出生は神の力による、と。この記事は、比叡山で授戒を済ませた鳥羽法皇が、四日後に中堂で御修法が行われたその夜、御所の南陽房で誕生時のことを内大臣藤原頼長に仰せられた時に語ったものである。

この話をベースにしたものが『続古事談』（第一の七）にあり、そこでは「贈后母」つまり苡子の母こと大納言実季の妻の藤原睦子を「坊門尼上」とするが、それは四条坊門油小路の東北に故藤原実季の邸宅があって後家の睦子と娘たちが住んでいたことによる。[35]

輔仁親王を帝位にという動き、その危機感に対処する白河上皇の行動などについてはすでに詳述したが、それだけに堀河天皇に皇子が誕生した時の白河上皇の異常ともいえる歓びも頷ける。

中宮篤子内親王が堀河殿において五十五歳の生涯を閉じたのは永久二年（一一一四）十月一日の昼のことであった（『中右記』『殿暦』）。その遺骸は、その夜に棺に入れず、常の車で密々の行啓の如くに雲林院へ運ばれた。これは中宮の遺言によるものという。そして翌日、雲林院の一郭に新たに建てられた掌侍堂で殯を行い、そこに新設の壇に棺のまま収められている。つまり土葬であった。堀河天皇に遅れること七年である。

以上、堀河天皇の二人の后について婚儀なども含めて詳しく述べてきたが、ここで堀河天皇のその後に話を戻すことにしよう。

注

（1）橋本義彦『平安貴族』（平凡社）に所引の鷹司本『台記』仁平三年十二月二日条。元木泰雄氏は『藤原忠実』（吉川弘文館、二〇〇〇年）の中でこのことを強調されており、さらに「『兵範記』保元元年十二月二日条では、保元の乱後に行われた法成寺の御堂八講座に際し、村上源氏一門を本願末葉として中御門流の公卿が招集され、ついで「同准親昵」として、村上源氏が招集されております。末葉ではないが、それに準ずるというのが、忠通の意向だったようです」との見解を開陳されているが、傾聴すべきことである。元木泰雄氏の御示教に感謝する。

（2）『平安時代史事典』（前掲）所載の「歴代皇妃表」の白河天皇の項。

（3）一代前の繁栄を極めた時期の高倉殿については朧谷「藤原頼通の高倉殿」（『平安貴族と邸第』吉川弘文館、二〇〇〇年）がある。

（4）早いものとして河野房雄『平安末期政治史研究』（東京堂出版、一九七九年）などがある。

（5）石井進「後三条天皇の登場」（井上光貞他編『日本歴史大系1　原始・古代』山川出版社、一九八四年）。なお、院政の通史を簡潔にまとめた近著として美川圭『院政――もうひとつの天皇制』（中央公論新社、二〇〇六年）は多くの先行研究を消化しながら自説を展開しており、末尾に掲載の参考文献も便利である。

（6）石井進「院政の成立」（井上光貞他編『日本歴史大系1　原始・古代』（前掲））。ほかに河野房雄前掲書、吉村茂樹『院政』（至文堂、一九五八年）、龍粛「三宮と村上源氏」（『平安時代』春秋社、一九六二年）なども言及している。

（7）『本朝世紀』に記す作法は「江記云」とあって、それからの引用であることがわかる。この日（壬寅）は「上吉」ではなかったが、一条天皇が挙行の寛和二年十二月八日が「壬寅」であったのでこの例に倣ったとある。『中右記』では三個の星點（漢文訓読の場合に漢字の四隅などに付けた円い訓点。「ヲコト点」中の基本的な形態――『広辞苑』初版でもそれ以降のでも岩波書店）圖を掲示して具体的な説明を付している。また藤原通憲撰の『本朝世紀』には「江記云」と『江記』を引用している。これは『匡房卿記』『江都督記』などの名がある大江匡房の日記で逸文の形で伝存し、その逸文を収集し傍証史料を列挙するなどして考証したものに木本好信編『江記逸文集成』（国書刊行会、一九八五年）が公刊されており、本書はこれに依った。なお（新訂増補故実叢書本）『江家次第』巻第十七に「御読書始事」としてこの時のことを述べており一連の動きが詳細に知られる。先行の（新訂増補故実叢書本）『西宮記』巻十一の「天皇御書始事」も参考になる。

（8）媞子内親王は父の白河天皇代の斎宮として伊勢にあったが、応徳元年九月二十二日、母である中宮賢子の崩御にともない退下し、父の上皇とともに大炊殿・鳥羽殿などを転々とするが（『後二条師通記』応徳二年三月二十八日、『中右記』寛治元年三月四・二十七日条）、「前斎宮六条内裏より右府六条亭に遷御す」（『中右記』四月十九日条）とあるように外祖父、源顕房の六条殿を御所とした。退下の二年後には実弟の堀河天皇が即位し、三ヵ月後に白河皇女の善子内親王が斎宮に卜定されている（『中右記』寛治二年二月十一日条）。その後、媞子内親王は堀河天皇の准母（天皇の母に准ずること）として中宮の称を賜り、後に女院号を得て郁芳門院と号した。才色兼備のこの皇女を偏愛した白河上皇が、二十一歳の娘の死に直面した時の落胆は計り知れない。

（9）『後二条師通記』寛治二年七月十五日~八月二日条。平安貴族の金峯山参詣については朧谷寿・天野太郎「藤原道長の金峯山参詣」（同志社女子大学社会システム学会『現代社会フォーラム』第五号、二〇〇九年）、天野太郎・朧谷寿「平安時代の貴族の巡礼ルートに関する歴史地理学的復元――藤原道長の金峯山参詣を事例として」（倉田実・久保田孝夫編『平安文学と隣接諸学7　王朝文学と交通』竹林舎、二〇〇九年）を参照。

(10)『中右記』『後二条師通記』寛治二年八月七日条。なお堀河天皇の南殿での相撲御覧は『中右記』寛治五年七月二十九・三十日条、同六年同日条（『後二条師通記』も）、同七年七月三十日、八月一日条、嘉保二年七月三十日、八月一日条など。永長元年は郁芳門院の御悩により取り止めている（七月二十九日条、『後二条師通記』も）。

(11) 新田一郎『相撲の歴史』山川出版社、一九九四年。堀河天皇の大炊殿への朝覲行幸と相撲節を取り上げ王権の問題と絡ませて述べたものに大日向克己「院政期の王権と相撲儀礼」（『古代文化』第十六巻第三号、二〇〇九年）がある。

(12) 平安時代の三大儀式書の『西宮記』（巻十一「天皇元服儀」）・『北山抄』（巻第四「御元服儀」）・『江家次第』（巻第十七「御元服」）（いずれも故実叢書本）参照。なお天皇の元服に関しては中村義雄『王朝の風俗と文学』（塙書房、一九六二年）が簡潔に纏まっている。同じ著者による『有職故実大辞典』（吉川弘文館、一九九六年。この辞典は先に刊行された『国史大辞典』の有職関連の項目を蒐集増補したもの）「元服」の項は簡便である。

(13) 本章注（12）の中村前掲書に所載の一覧表による。

(14)『扶桑略記』応徳三年十月二十日、『百錬抄』寛治元年二月五日条。鳥羽殿に関しては杉山信三「鳥羽殿とその御堂」（『院家建築の研究』吉川弘文館、一九八一年〈初出は一九六二年〉）をはじめ杉山氏を中心とする発掘報告書ほか夥しい研究成果があるが、前掲『平安時代史事典』の「鳥羽殿」（杉山信三筆）に要領よく纏められている。院の御所である白河・鳥羽殿については後述の「御願寺の創建」のところで取りあげている。

(15)〈国史大系〉『尊卑分脈』第二篇「内麿公孫」「武智麿公孫」、第四篇「菅原氏」「大江氏」。

(16)『中右記』嘉保元年三月十一日条に「次いで関白殿に参る。朱器大盤渡るによるなり。（中略）未の時ばかり公卿参集の後、殿下衣冠対南庇奥座一に御出。公卿端座にあり。民部卿直衣・大納言殿同……殿上人・頭弁以下束帯済々参入す。しばらくして安芸守藤有俊朝臣、大殿御使として朱器などを相具して参入す。（中略）朱器大盤物数など、赤小唐櫃一合入券文、小櫃一合印鎰、少白長櫃一合納草波加利、朱器を入る例の長櫃四仕丁赤狩衣、已上昇也、、朱大盤二十七……、有俊朝臣・下家司貞義衣冠、此の外衣冠者両三人、相具すなり。藤氏長者印なり」とあり、さらに「朱器大盤渡儀」として行列次第や関白師通が朱器などを覧る仕様が記されている。『公卿補任』嘉保元年「藤師通」尻付参照。そして五日後には関白となって初の「政始」を行っている（『中右記』）。

(17)『中右記』嘉保元年十二月十三日〔初度〕、嘉保二年二月八日〔第二度〕、十二日〔第三度〕条。上表文の作者はいずれも藤原行家、勅答は初度が大内記藤原在良、第二・三度は大内記藤原俊信。なお第三度の上表文は『本朝続文粋』第五「表下」に所載。なお翌年の永長元年九月十五日（『長秋記』〔目録〕は十七日とする）にも上表文（式部大輔藤原正家作、藤原公経清書、勅答作者は藤原俊信）を提出しているが、この前後に上表の形跡が見あたらないので一回きりであった可能性が高い。それは病によるものか。それというのも二日後の十七日に師実と忠実はじめ人々が師通第を訪ねており、その一人、藤原宗忠は「不例に御す事なお未だ尋常ならず」と師通の病気のことを記しているから（『中右記』）。師通は一ヵ月ほど病んでいたようである（『中右記』十月十五日条）。

(18)『中右記』嘉保二年正月二十八日、三月六日条など。なお天皇と関白藤原師通は時に些細なことで衝突することもあり、「親裁を志向した成人天皇はうるさ型の関白とはとうてい協調できなかったのである。」といった見解もある（元木泰雄『藤原忠実』前掲）。

(19) 前掲『平安時代史事典』所収の「歴代皇妃表」。

(20) 早い時期の鴨院は冷泉上皇の御所として名が挙がり、長徳元年に焼亡して寛弘二年に藤原道長の手で再建されている。その後、人手を経て関白藤原師実の所有となり、寛治四年七月三日に白河上皇祖母の禎子内親王（陽明門院）が遷御して御所とし、ここで嘉保元年正月十六日に八十二歳の生涯を閉じている（『中右記』）。祖母で養母の陽明門院は篤子内親王を手元において何かと面倒を見ていたのである。当日の『後二条師通記』では鴨院を藤原家通の邸と明記しており、『尊卑分脈』を見ると十名近い「家通」名があるが、藤原道綱孫の顕綱の子の家通（永久四年、六十一歳卒、時に三十八歳）にほかならない（『尊卑分脈』第一篇）。その理由は妹の兼子が堀河天皇の御乳母となっていることである。しかも異母弟の有佐に「実は後三条院御子」の注書があり、後三条天皇の尚侍、平親子を母として誕生した後（篤子内親王とは異母姉弟）、藤原顕綱の養子となったのである。なお『平安時代史事典』の「鴨院」および『平安京提要』（前掲）の「左京全町の概要」の「左京三条三坊七町」の項では藤原師実の養女であった白河天皇中宮の藤原賢子が堀河天皇を出産したのも鴨院とするが誤りである。堀河天皇が生まれたのは橘俊綱の東洞院四条坊門第であることはすでに見たとおりである。

(21) 中村義雄『王朝の風俗と文学』（前掲）。また『源氏物語』の主人公である光源氏の結婚を通覧して日向一雅氏は「平安貴族の結婚の代表的な形をほぼ網羅しているように見える」と述べている（『源氏物語――その生活と文化』中央公論美術出版、二〇〇四年）。

(22) 二度目の渡御はその年の十二月十三日のことで『中右記』に「今日晩頭、主上女御の御方に渡御す。殿上人七八人扈従す。頭中将御釼を候す。筵道を敷く。初渡御の後、今日また渡御なり」とある。

(23) 板橋倫行校注『今鏡』「すべらぎの中第二 玉章」（日本古典全書）朝日新聞社、一九五〇年）、海野泰男『今鏡全釈』上（福武書店、一九八二年）。以下、『今鏡』はこれらに依る。

(24) 篤子内親王は兄の白河天皇代の延久五年三月十一日に賀茂斎院に卜定されるが、二ヵ月後、父の後三条上皇の崩御にともない退下している。『今鏡』第六「ますみの影」にもそのことが見える。

(25) その歌は後白河上皇の院宣を受け藤原俊成（定家の父）の撰になる『千載和歌集』（巻第十「賀歌」）に所収。歌意は片野達郎・松野陽一校注（新日本古典文学大系）『千載和歌集』（岩波書店、一九九三年）による。

(26) 荻美津夫「御遊の成立」（『日本古代音楽史論』吉川弘文館、一九七七年）、同「堀河朝における楽所と楽所人」（『平安朝音楽制度史』吉川弘文館、一九九四年）。なお催馬楽について石田百合子氏は「平安時代から鎌倉時代にかけて貴族の遊宴に歌われた雅楽風歌謡。……創始期については定かでないが、延喜ごろには譜が整備され、次第に律呂の体裁も整い、伴奏楽器の譜も定まって、平安中期から鎌倉初期にかけて、公私にわたる貴族の遊宴で、管絃合奏と組み合わせて盛んに用いられた。……平安後期から既に曲目は減少し始めており、『御遊抄』等に見るところでは、演奏曲目も固定して安名尊・伊勢海など数曲余りになり、室町時代には全く伝承が絶えてしまった」と要領よく纏められている（前掲『平安時代史事典』「催馬楽」）。

(27) 『公卿補任』天永二年「藤原実隆」尻付により承徳二年十月の時点で蔵人左少将であったことがわかる。母は公実の最初の妻と考えられる美濃守藤原基貞の娘であり、太政大臣に到った実行は実弟である。『尊卑分脈』第一篇「公季公孫」参照。

(28) 藤原顕隆は『為房卿記』の筆者である為房の二男であったが、父は顕隆をもって家嫡とした（『尊卑分脈』第二篇「顕隆卿等孫」）。顕隆は白河院政下で絶大な権力を振るい、大治四年（一一二九）正月十五日の薨去略伝には「天下の政此の人の一言にあるなり。威一天に振い、富四海に満つ。世間の貴賤首を傾けざる無し」とあり（『中右記』）、中納言を極官としているにもかかわらず「夜の関白」の異名をとった（『今鏡』）。因みに半年後には白河上皇が七十七歳で崩御している（『中右記』大治四年七月七日条など）。

(29) 後述のように里内裏の堀河院が嘉保元年（一〇九四）十月に焼亡してから一年間隔で里内裏は大炊殿、閑院と替わり、承徳元年（一〇九七）十月十一日に高陽院へ遷御している（『中右記』）。

(30) 天台座主仁覚について平林盛得・小池一行編『僧歴綜覧』（笠間書院、一九七六年）では「内大臣師家子」とするが年代的にもあわず、右大臣源師房の子と考えるべきである。

(31) 実子が鳥羽天皇の乳母であったことを示すのは『為房卿記』長治元年正月十三日条の「今夜、安芸守経忠妻、春宮御乳母に参る（大夫女名実子、）」で春宮とは宗仁親王（鳥羽天皇）、大夫とは春宮大夫の権大納言藤原公実を指す（『公卿補任』長治元年）。また『尊卑分脈』第一篇「道隆公孫」の経忠の子「忠能」の項に「母大納言公実女従三位実子」とある。なお実子の妹に鳥羽天皇の中宮となった藤原璋子（待賢門院）がいる。前年末のこと、御産が近づいたのを理由に三十余人の軽犯者を放免しているが（『中右記』十二月二十八日条）、出産にかける期待の大きいことを知る。

（32）『中右記』『殿暦』康和五年正月二十五・二十六日条。『為房卿記』二十五日条に「美作守顕季朝臣西洞院三条坊門第」とある院御所は高松殿のことで（『中右記』）、これまでにも触れるところがあった。宗仁親王（鳥羽天皇）の御湯殿の儀などもこの第で挙行されており、後には鳥羽上皇の院御所にもなっている（前掲『平安時代史事典』「高松殿①」〈朧谷筆〉参照）。

（33）偐子内親王は苡子に女御宣下があった八日後に養母の故をもって女御方に迎え入れられている（『中右記』承徳二年十二月十六・二十八日条）。なお「樋口堀川宮」と呼ばれた前斎宮偐子内親王の御所について『本朝世紀』には「樋口町尻」とあって東へ二、三町隔たることになるが、『中右記』二月十七日条に「女御喪家」として「樋口堀川、前斎宮家也」とあり堀川と見るべきである。

（34）白河院ノ重祚の心情について『愚管抄』巻第四に「郁芳門院……ニハカニウセサセ給ニケリ。ヲドロキカナシミテ、ヤガテ御出家アリケルニ、堀川ノ院ウセ給テケル時ハ、重祚ノ御心ザシモアリヌベカリケルヲ、御出家ノ後ニテアリケレバ、鳥羽院ヲツケ参ラセテ、陣ノ内ニ仙洞ヲシメテ世ヲバ行ハセ給ヒニケリ」とある。白河上皇は孫の鳥羽天皇の政治を後見するために内裏と至近のところに御所を構えたとある。白河上皇は愛嬢の郁芳門院が二十一歳で崩じたことで悲しみのあまり二日後に出家している（『中右記』『後二条師通記』永長元年八月七・九日条）。

（35）『中右記』嘉保元年五月十六日条、『拾芥抄』東京図。その一郭に賀茂社があった（『角川日本地名大辞典』二六『京都府・下巻』〈角川書店、一九八二年〉「平安京左京四条二坊」〈朧谷筆〉）。

第二章　天皇と芸能

1　災異のなかで

皇居・堀河殿の焼亡

堀河天皇は在位九年目にして、皇居として住み慣れた里内裏の堀河殿が焼失するといった憂き目に遭われた。嘉保元年（一〇九四）十月二十四日の夜のことである（『中右記』）。右中弁藤原宗忠は、その日の夕刻から任務で上卿や関白邸を訪ね、その後に参内して関白から承ったことを天皇に奏聞し、夕膳（大盤）を奉仕した後、内裏（堀河殿）に候宿することになり、直廬に下がって左京権大夫源俊頼と蔵人兵部権大輔藤原通輔の三人で束帯を脱いで雑談しながら休息していた。夜の十時ごろになって大風が頻りに吹き、西陣の方で雑人たちの叫び声がしたけれど喧嘩

堀河殿跡

（京都市埋蔵文化財研究所発掘調査報告 2007-17『平安京左京三条二坊十町（堀河院）跡』京都市埋蔵文化財研究所，2008 年より）

堀河殿・閑院・東三条殿（白枠内左より）

（『よみがえる平安京』より）

でもしているのだろう、と気にもかけずにいたところ大声になったので三人で直廬を出て見ると、西陣の方の小屋などが焼亡し、勢いづいた火炎が天を焦がさんばかりであった。

宗忠は直廬に戻って束帯を着け天皇のもとへ馳せ参じた。時に中宮篤子内親王のもとに候していた天皇は急きょ本殿に還御され、宗忠は中宮の出御に伺候すること、俊頼は内侍所に赴いて神鏡を運び出すこと、通輔は清涼殿の御物（夜御殿に安置の宝剣と神璽など）を運び出すことを命じられた。勅命を受けた三名はそれぞれに走って任務を遂行している。宗忠は腰輿に中宮をお乗せして西の対から南殿にお連れし、女房たちを左衛門陣に避難させた。いっぽう俊頼らによって齎された神鏡ほかの重物などが陣廊に仮に置かれ、釼璽の筥は天皇の傍らに安置されていた。

関白師通は雑人を遣わして消火につとめたけれど強い西風に煽られて炎が禁中に充満し、南の蔵人町屋の西簷《のき》や右衛門陣の屋上、さらに内侍所に火が付いた。そこで天皇は釼璽を携えて右中将藤原顕実に渡し、御輿の中に置かしめた。火事たけなわのなか五百メートルほど離れた高陽院へ避難することになり、東門から出御の天皇の御輿は二条大路を東へ、西洞院大路を北上して高陽院の南馬場末門に到着した。しかし門が閉ざされていたので暫くその場で待たされ、その間に公卿・殿上人・諸陣の官人たちが続々と集まってきた。やがて白河上皇や中宮も駆けつけている。関白師通は宗忠を呼び、検非違使別当に命じて速やかに禁中（高陽院）の警備に当たるよう指示している。

堀河殿の方は南殿・御殿が焼失し、強い西風に煽られてあわや東三条殿に類焼というところで検非

閑院跡（現・妙顕寺城跡）

違使が消し止めたという。火が収まったころには風も止み、「誠に天運然らしむるなり」とは宗忠の弁である。火元は「大宮東二条南」とあるから、堀河殿とは一町ほど西へ隔たった小屋からの失火であった。大風のため火が忽ち皇居に及んだという。

鎮火した夜半に移御すべき御所の沙汰があり、陰陽師の主計頭賀茂道言の報告によると、高陽院は王相方、六条殿（上皇御所）は大将軍方に当たっていて、いずれも方忌（方角塞がり）で移転を避けねばならず、急きょ大殿、藤原師実の大炊殿（既述）への行幸が決まった。高陽院とは東南の対角の地（「大炊御門南、西洞院東」）に所在した大炊殿には最近、大殿の実姉の太皇太后藤原寛子（五十九歳、故後冷泉天皇皇后）が御座されていたが[1]、仮の皇居と決まったので太皇太后は急ぎ大炊殿から高陽院の小寝殿に渡御された。その後に丑の刻と真夜中になっての行幸となった。至近のため腰輿を用い、釼璽を携えた左右中将が前行した。

この火事では堀河天皇みずから命を下して事に当たっているが、それだけ愛着のある皇居であったと言ってよい。なお、宗忠は後日談として「内侍所の博士命婦備後、語りて云う、去夜夢想あり。また件の夜、内侍所の鈴大いに鳴り、奇と成すの所すでに皇居焼亡す。これ其の徴しか。誠に末代と雖も恐るべきは神道なり」と記している。天皇が再び堀河殿に遷御するのは十年後のことである(2)。

火事の二日後、皇居焼失の三日前から四天王寺に赴いて京を離れていた大殿こと前関白藤原師実が前夜に帰京して(『中右記』嘉保元年十月二十四・二十五日条)参内し、十人余りの公卿らが参集して殿上定めが行われた。皇居焼亡にともなう廃朝のこと、大炊殿における内侍所の設定、焼損した建物や諸品の造作などについて関白と大殿の内覧を経て天皇に奏聞している。内侍所は東中門の南廊と決まり急いで床などを造り、今日の日次が宜しいということで子の刻に仮安置の西二棟廊から移された。

ところで肝心の内裏造営の可否については、諸国が疲弊しているので三ヵ年は見送るべきとの殿上定めでの見解であったし、大炊殿における清涼殿の設定は西の対と北の対の間がよいのではということになり、僉議のあと関白以下出席の公卿全員で現場を見て回っている(『中右記』嘉保元年十月三十日条)。そして大炊殿および周辺に内膳屋(天皇の食事を調理するところ)など日常生活に必須な諸施設の造作を日次・方角を陰陽寮と相談しながら進めており、作事奉行には藤原宗忠が当たった(『中右記』嘉保元年十一月二・三日条)。

それによると、二日に内膳屋を建てる予定であったけれど御所から「太白神方」に当るので陰陽寮に尋ねたところ「明日なら日次宜し」ということで翌日に設営している。その場所は「町尻より東、御倉町の中」とある。また「今日初めて御浴殿あり。物具など皆以て焼き了んぬ。仍りて木工寮に仰せて作り進めしむなり」とあるから、堀河殿の御湯殿は焼失したようで天皇は新造の御湯殿を用いたのである。

大炊殿の東の対を仮の居所としていた天皇は、三週間目には西の対に遷御されている。時間は夜の九時。脂燭を手にした殿上人を先頭に剱璽を携えた左右の中将、御直衣姿の天皇、そして大殿以下の卿相が束帯姿で扈従し、深更に及んで中宮篤子内親王が渡御され（『中右記』嘉保元年十一月十一日条）、天皇の居所を「西対昼御座」、中宮のそれを「中〔寝〕殿」と呼んでいる。

火事による衝撃に加え、移動の疲れがでたのか、遷御の二日後の昼過ぎに「主上頗る不例に御す。すでに御気あり」（『中右記』嘉保元年十一月十三日条）、と天皇は発熱をともなう病に罹り、翌朝には小康状態になったものの夕刻には発熱し、以降は思わしくなかったので（『中右記』嘉保元年十一月十四～十六日条）、藤原宗忠の候宿が続くことになる。

天皇の病に関連して注目されるのが、「今日、奉幣の間、玉躰不予。御浴殿なきに依り御拝なし」の記事で、伊勢神宮への奉幣に関して天皇が病気で御沐浴が叶わぬ場合、御拝は行わないということである（『中右記』嘉保元年十一月二十日条）。三日後にも「未だ御浴殿あらざる前、御禊あるべからざるの故なり」とあり、止めている。そこには浄めの問題が介在しており、「今日、御疱瘡の後、初めて御浴殿あり。宇佐使《うさづかい》（天皇の即位や国家の大事に際して豊前国の宇佐神宮に奉幣のために派遣される勅使）を立てらるなり」（『中右記』嘉保元年十二月四日条）ということになる。流行の疱瘡に罹った天皇も徐々に快方に向かい、賀茂臨時祭では御浴殿の後、中殿南面庇で御禊をされている（『中右記』嘉保元年十二月六日条）。

住まいの焼失や疱瘡に悩まされ、そして疱瘡の流行が理由で嘉保元年と改元[3]される寛治八年も押し詰まった頃、天皇は元気を取り戻して除目（京官）にも顔を出されている。天皇の面前で関白はじめ公卿たちによって挙行されたその除目では、天皇の命を受けて左大臣源俊房が執筆役となり、権中納言源俊明が御使となって白河上皇と大殿（前関白藤原師実）の間を往反している（『中右記』嘉保元年十二月十六・十七日条）。因みに使者をつとめる源俊明は白河上皇の重臣であり、重要な局面においてたびたび登場するが、ここに政務に関与する上皇の姿を見ることができる。その二日後には風で雪が舞うという日に天皇は初めて南殿に出御されて官奏に関わられた（『中右記』十二月十九日条）。

石清水社と賀茂社への行幸

年が改まって嘉保二年の春、天皇は石清水社と賀茂社へ相ついで行幸され、両社の神宝をご覧になって、その美しさに感嘆されている。『中右記』三月二十九日条によると、昼には石清水社に到着、御拝をはじめ一連の行為を済ませて夜の八時に雨の中、社を出発して四時間後には大炊殿に還御された。石清水社で神宝をご覧になった天皇は「美麗の由感仰せらる」とある。この石清水社行幸は天元二年（九七九）三月二十二日の円融天皇に始まり、今回で二十三ヵ度とあり、「今度の行幸、例年に倍す」とある。

いっぽう賀茂社行幸は半月後のことである（『中右記』四月十五日条）。昼すぎには下社、夜の七時ごろには上社に到り、御神楽のころには朝からの雲も晴れ月が出て「歌笛の声誠に以て絶妙なり。自ら神感あるや」「美麗の由天感あり。心中の慶何事かくの如きや。就中、未練の間、事に於て恐あり。両度の行幸、事の障りなく遂げ了んぬ。是れ神徳あるなり」とある。この賀茂社行幸は、平将門の兵乱討滅を祈願して朱雀天皇が天慶五年（九四二）四月二十九日に行った（『日本紀略』）のを初例として二十四度目という。宗忠らしい記述である。

天皇は、秋には南殿において恒例の相撲御覧（十七番）に興じ、一週間後には白河上皇御所の閑院へ行幸になり、父と並んで七番相撲をご覧になった（『中右記』『為房卿記』嘉保二年八月一・八日条）。時に雨で出発が遅れたものの午後いっぱいを上皇御所で寛がれている。

この時のこと、舞の名手である狛光季が「万歳楽」に代えて「賀殿」「地久」を舞ったことが『古今著聞集』（巻第六）に見え、賀殿に代えた理由として「此院新造たり。賀殿の儀あひ叶へり」との狛光季の言葉を大江匡房が奏上すると勅定があったと言う。末尾に「其時の内裏は堀河院、仙洞は閑院にて侍けり。程ちかければ、かちの行幸にてぞ侍りける」とあり、近かったので徒歩の行幸であったという。閑院と堀河殿なら隣接ゆえ至近もよいところだが、この時には堀河殿は焼失しており、天皇は大炊殿に居られたが、それでも閑院とは一町しか離れていない。白河上皇が新造の閑院に遷御されたのは一ヵ月ほど前のことである（『中右記』六月二十六日条）。

二日後に天皇が中宮の方（中寝殿）に渡られている間に大地震に見舞われたが大過なく済んだようである（『中右記』八月十日条）。その二日後、京の郊外に蔵人らを遣わして虫を採取して天覧に供するといった催しがあり、参内を促された右中弁藤原宗忠は、日記に次のように記している（『中右記』嘉

上賀茂社（桜門）

上賀茂社（高倉殿）

保二年八月十二日条）。

今日、貫首（蔵人頭）・尚書（弁官）以下、嵯峨野に出でて虫を取り、天覧に備うべし、といえり。事は楚忽《そこつ》に出で、興じて周遊に入る。或は里亭より馳せ参り、或は禁中より競り出ず。中の時ばかり左右馬寮御馬並びに野に放つ馬を牽き、これを馳せ用う。（中略）晩頭、嵯峨野に向い、かつ以て眺望し、かつ是れ虫を尋ぬ。虫を取り小籠に入れ相具う。月前に帰り参る。時に中宮御方に御す。虫籠を進め、殿上に還り着き、小淵酔あり。人々朗詠、興、魔に入るや。僉議し題を出して云く、「野外に虫を尋ぬ」。序題、蔵人弁、といえり。深更に及んで宮御方に参り、和歌を講ず。蔵人少納言、講師と為す。人々歌講畢《おわ》る後、簾中より歌二首出さる書萩薄様。誠に以て優美なり。夜半に及んで事畢る。

『古今著聞集』（巻第二十「嘉保二年八月殿上人嵯峨野に虫を尋ぬる事」）によると、天皇が虫籠を賜わって所望したと言い、蔵人弁平時範(4)が詠題を奉り、その題は「野径に虫を尋ぬ」とある。直衣・衣冠・布衣姿の蔵人頭以下十五名が馬寮の馬を騎って日暮れ時に嵯峨野に向かい、しばし景色に見入ってから虫探しをしたという。このことについて『古今著聞集』に「野中にいたりて、僮僕をちらして虫をばとらせけり。十余町ばかりは、各馬よりおり、歩行せられけり」とあるので実際に虫を捕獲したのは僮僕《どうぼく》（男の子供の召使）であった。月の出の前には内裏へ戻り、虫籠を天皇の居られた中宮の方に進上し、殿上の淵酔《えんすい》（天皇臨席のもと清涼殿での酒宴）に向かい、そこで朗詠などがあった。

深夜になって中宮の方へ赴いて和歌の披講があり、人々が歌い終わった後、御簾の内から二首の和歌が齎された。表は蘇芳、裏は青といった秋にかなった薄様の紙に宗忠は感嘆している。二首というのは天皇と中宮の詠歌であろう。『古今著聞集』には「簾中よりもいだされたりける、やさしかりける事也」と結んでいる。この時は夜中におよんでおり、娯楽の少ない当時にあっては最高の楽しみの一つであったろう。

下鴨社（右・舞殿と左・中門）

病に苦しむ天皇

十七歳の天皇は年初から元気に動きまわられたが、秋口あたりから霍乱（下痢・嘔吐を伴う急性胃腸炎）や咳病に悩まされ、晩秋には床につくことが多くなった。それを『中右記』から拾ってみよう（嘉保二年）。

七月十九日「内、御霍乱の気御す由、人走りこれを告ぐ。驚きて内に参る。……其の後、指せる事御さず、といえり。大略極熱致すところか」
二十日「内に候す。終日事なきなり。晩頭退出す」
八月十七日「早旦、主上御風発らしめ御う由を聞き、内に馳せ参る。両殿下（師実・師通父子）参らしめ御うなり。頗る御霍乱の如し。巳の時ばかり尋常に復せしめ御う」
九月　二日「主上御咳病の気御すなり」
四日「今日また主上発らしめ御うなり」
五日「主上申の時ばかりまた発らしめ御う」
七日「今日、主上御風尋常に復せしめ御うなり。是れ一に神意に叶うや。此の五、六日、毎日発らしめ御うなり」
十二日「近日、玉躰なお快からず。仍りて人々参集す」
十三日「今日また主上発らしめ御う」
十四日「主上発らしめ給う」
十五日「玉躰毎日発らしめ御う」
十八日「今日、僧御前に参り玉躰を祈り奉る」
十九日「今日また発らしめ御うなり」
二十日「今日主上なお発らしめ御う。すでに数日に及ぶ。誠に便ならざるや。終日祗候し、また宿仕す。今夜、中宮上らしめ給うなり」

このように天皇の病気は長引き、宗忠は内裏に詰めることが多かった。

天皇の病を案じた大殿こと藤原師実は、天皇の病状を上皇に報告するよう藤原宗忠に命じている。宗忠は「……祗候し、宿仕す。就中、今夜玉躰殊に以て発らしめ御う。予、大殿の仰せにより院に参り、御在様を申す。終夜、往反四个度に及ぶ。上皇、御前に召して尋ね仰せらる事などあり。一々執り申す。すでに暁更に及ぶ」と、上皇との間を何度も往き来している（『中右記』嘉保二年九月十七日条）。

天皇の復調があまりに遅いのを案じた朝廷では、平癒を願って二十二社への臨時奉幣、天台座主以下が朝餉間に出向いての祈願、囚人の恩赦などを行い、いっぽうで病の原因は皇居の大炊殿に祟りが取りついているのではないか、とのことで陰陽師に占わせ、「頗る御所（天皇）快からず」との答申を得ている（『中右記』九月二十一日条）。さらに大極殿での千僧御読経、清涼殿での大般若経供養、寺社における御読経、五畿七道諸国に命じての観音像供養と転読、非常赦などを行っており、その霊験があったのか天皇の御悩が鎮静の方向にあり（『中右記』九月二十四日〜十月四日条）、政に介入することもあった。

天皇は藤原宗忠を呼び、上皇から賜わった『近代禁中作法』『年中行事』の二巻に関して「秘書為るに依り全く他聞せず」と前置きしながら、官奏の部分で不都合な点があり、そのことは過日の行幸の際に上皇の前で申し上げているのでその部分の訂正をするようにと命じた。そのことを勅使として上皇の六条殿へ参上して伝えると、それに対する見解や石灰壇の御拝などについての上皇の意見を持って宗忠は天皇のもとへ（『中右記』十月十一・十二日条）。天皇は自ら関わる事柄について実に詳細に目を行き届かせていることが知られ、宗忠の「予すでに秘事の御使と為す、恐るべし、喜ぶべしや」の記述から、天皇が宗忠に寄せる厚い信任も察せられる。

同じ日に病後はじめて天皇の御湯殿のことがあり、大殿（前関白師実）・関白（師通）・北政所（源麗子）・天台座主以下が顔を揃えている（『中右記』十月十二日条）。一週間後には臨時奉幣使を伊勢大神宮に遣わして天皇の病気平癒の奉賛を行っている（同、十八日条）。その日の早朝、天皇は昼御座で神宝、ついで牽き出された神馬（三疋）を御簾越しに御覧になり、伊勢使出発に際しては南殿の東南角（石灰壇か）で御拝を行われているが、御拝は二十一日まで四日間続いた。

閑院・高陽院を里内裏に

堀河殿の焼亡後、里内裏とした大炊殿に一年ほど滞在した天皇は、上皇御所[5]の閑院に遷御された。嘉保二年（一〇九五）冬のことであり（『中右記』十一月二日条）、大炊殿と閑院は一町余りしか離れておらず「近々により歩儀」であった。夜の八時に行幸なるや天皇は昼御座に出御になり吉書御覧に臨まれた。

ついで夜の十時には、先述のとおり一年前の堀河殿から大炊殿への遷御の際に行ったように「大炊御門南、町尻東」に所在の本内膳屋、つまり大炊殿の内膳屋から御竈神を閑院へ奉渡している。治部卿権中納言藤原通俊が上卿となって大炊御門大路を西洞院まで西行、それを三条坊門小路まで南下して閑院に入り、内膳屋に納められた。同じころ中宮（篤子内親王）が行啓、西の対代廊に定められた中宮御所に入御された。そして六日後、中宮は寝殿と東の対の中間に位置する渡殿に定められた上御局に初めて渡御された。

天皇の閑院への遷御に際し、内侍所（神鏡を安置する賢所）の奉移は蔵人や女官によって閑院の西釣殿に納められた。これをはじめ里内裏としての閑院の用途は、寝殿を南殿、東の対を清涼殿（「但し昼御座南面、二棟廊南面を殿上となす、便宜によるなり」）、東中門南廊を公卿座、北の対東妻を関白の直廬、西の対代西侍廊を大殿（前関白）の直廬としている。

遷御の五日後、天皇は釣殿にお出ましになられて管絃の遊びに興じられた。その様子を宗忠は以下のように伝えている（『中右記』嘉保二年十一月七日条）。

夜に入り……内に参る。主上釣殿に御す。予箏を弾き、余興未だ盡きず。仰せに依り船に乗り、予笙を吹き、蔵人宗仲笛を吹く。左馬頭師隆朝臣龍舟を棹《こ》ぎ、鳳池の中島を廻り、一廻りの間に蘇合急を七遍吹く。また一廻り、秋風楽を二遍、時に禁腋の人定む。微な月西に傾く。

蘇合急（香）・秋風楽ともに唐楽に属する盤渉調《ばんしきちょう》の曲で舞がともなう。宗忠が箏を弾くなど殿舎での余興が尽きず、天皇の命で龍頭の船に乗り移った宗忠は今度は笙を吹いている。閑院での雅な夜宴は月が西に傾くまで続いた。その余韻を楽しむということでもなかろうが、一ヵ月余りの間に天皇は閑院において三度の雪見を楽しんでいる（いずれも『中右記』嘉保二年）。

① 白雪高く積り、すでに七、八寸に及ぶ。仍て未明に内に参る。主上、西釣殿に渡り御う。池辺の雪を御覧。また仰せあり、南殿北壺に雪山を作らしむ。高さ北簷に及ぶ。〔十一月二十六日〕

② 暁天、俄に陰り白雪粉々。漸く巳刻に及んで積りて尺に盈《みち》んとす。是れ豊年を表わす瑞か。主上、西釣殿に渡り御いて池辺の雪を御覧。また勅ありて雪山を作らしむ。雲客済々参り入る。近代第一の大雪なり。晩頭、内より退出す。〔同三十日〕

③ 早旦、白雪粉々。主上、西釣殿に渡り御う。中宮女房船に乗り、左馬頭師隆朝臣、下官と船の前後にあり、棹を指して両三廻、緑池湛々、白雪粉々、遊興の意、記し盡すべからずや。〔十二月十六日〕

積雪が二、三十センチと多く、豊年の祥瑞かと喜び、天皇は西釣殿に出御されて池の周辺に舞い散る粉雪や作らせた雪山を観賞され、南殿の北壺には簷にまで届くほどの雪山を作らせている。この時（①）のことと想定される詠歌が勅撰和歌集の『新後拾遺和歌集』（巻第八「雑秋歌」）に見えるので参考

までに示しておく。(6)

堀河院位におはしましける時、南殿の北おもてにゆき山つくらせ給ふ
よしをききて、うちなる人に申しつかはしける　　周防内侍
ゆきてみぬ心のほどを思ひやれ　都のうちのこしのしら山
返し　　　　　　　　　　　　　　　　　　　　中宮上総
きてもみよ関もりすゑぬ道なれば　大内山につもるしらゆき

こうして堀河天皇が閑院を里内裏としたのは高陽院へ遷るまでの二年ほどであるが、この時が閑院の里内裏として本格的に用いられた最初であった。(7)天皇は高陽院への渡御に先立ってひとまず関白藤原師通の二条第へ渡られたが、これは王相忌を避ける方違行幸であった。(8)二条第に滞在すること一ヵ月余りで天皇は高陽院へ遷御されている。この遷御に向けて高陽院の西の対や廊を急いで造って秋には上棟を見たけれど数日後に台風で吹き倒されるという事態もあったが（『中右記』八月五日条）、遷御は予定通りに行われた。初冬のことであり、『中右記』には以下のようにある。(9)

今夕、初めて高陽院に行幸あり。もと是れ大殿（師実）作らしめ給うなり。而して小寝殿並びに西中

門・侍廊・渡殿など今、諸国に課し皇居として作らるなり。〈中略〉二条殿の儀、昼御座に出で御う。大殿・関白殿、御前に候せしめ給い、□送物を進めしめ給う。御和琴一張袋に入れ、……御手本……、次に御馬六疋……、〈中略〉行幸路、二条殿東門より出で御い、二条・東洞院・大炊〈御脱カ〉門・堀川を経て賀陽院西門に入り御う。

関白師通の二条第〈左京三条四坊一町に所在〉の東門を出た天皇の一行は、すぐ北の二条大路を西へ東洞院大路まで行き、そこから北へ大炊御門大路まで進んで堀川大路を北行し、高陽院には西門から入っている。この時点から三年近く高陽院が里内裏となるのである。

いっぽう白河天皇代の永保二年（一〇八二）に焼失（『扶桑略記』永保二年七月二十九日条、『中右記』嘉保元年十月二十四日条）して以降、再建を見ない内裏に関して、堀河天皇が閑院に遷って一ヵ月後に「皇居、内裏を作るべきや。将にまた先ず一条院を作るは如何。人々多く内裏を作らるべきよし申さる。或はまた先ず一条院を作る。心閑かに追って大内を作らるべし、といえり」と、造営をめぐって一条院内裏か本内裏かが話題となり（『中右記』嘉保二年十二月六日条）、一条院に傾きかけたけれども（『後二条師通記』永長元年六月十九日条）、最終的には本内裏に決定して棟上をし（『中右記』承徳二年四月十日条）、二年後に完成して高陽院からの遷幸が見られる（『殿暦』康和二年六月十九日条）。焼失からほぼ三十年ぶりの本内裏の登場である。

その内裏に入って、なぜか二ヵ月後には高陽院に戻っており、二年後に内裏に遷御、その二年後に堀河殿、半年後に内裏、そして一年半後に堀河殿、と天皇の晩年は移動が多かった(10)。

2 田楽の興

芸能に通ず

天皇が閑院で雪見を楽しんだ翌年に嘉保から永長に改まり、その翌年には永長から承徳、さらに二年後には承徳から康和へと改元がくり返されたが、その理由は後述のように地震・洪水・疾疫によるものであった。そもそも改元の主たる理由は天皇の代替わりや天変地異によるもので、堀河天皇代を見ても即位にともなう以外の六回はすべて災異が原因であった。

ところで「永長」という年号は芸能史のうえでは画期的な年と位置付けられている。永長元年（一〇九六）の祇園御霊会のころに田楽が盛んに行われ、世に「永長の大田楽」と喧伝されるほどであった。

因みに田楽について小学館の『日本国語大辞典』を紐解くと、「平安時代から行なわれた芸能。もと、田植えの時に田の神をまつるため笛・太鼓を鳴らして田の畦で歌い舞った田舞《たまい》に始まるという。やがて専門の田楽法師が生まれ、腰鼓・笛・銅鈸子《どびょうし》・簓《ささら》などの楽器を用いた群舞と、高足《たかあし》に乗り、品玉を使い、刀剣を投げ渡しなどする曲芸とを本芸とした。鎌倉時代から室町時代にかけて田楽能を生んで盛んに流行し、本座・新座などの座を形成し、猿楽《さるがく》と影響しあった」と簡潔に記されている。出典の早いものとして十世紀末の「是の日、松尾祭なり。恒例たるにより山崎津人、田楽の間、雑人ら合戦す。京人ら多く殺害さる。仍りて放火に及び彼の津舎屋卅家焼亡す」（『日本紀略』長徳四年〔九九八〕四月十日条）を挙げることができる。

もっとも永長への改元は年末のことであるから、そのことがあったのは嘉保二年ということになる。その様子を『中右記』を中心に見ていくことにするが、同記の六月十二日条には以下のようにある。

此の十余日間、京都の雑人田楽を作《な》し、互に以て遊興す。就中昨今、諸宮・諸家の青侍・下部ら皆以て此の曲を成し、昼則ち下人、夜また青侍、皆田楽を作し、道路に満盈し、高く鼓笛の声を発し、すでに往反の妨と成す。未だ是非を知らず。時の夭言の致す所か。事を祇園御霊会に寄せ、万人の田楽制止能わざるなり。

（この十日ほど京都の身分の低い人たちが田楽に興じ、昨今では皇族・貴族に仕える若侍や下仕えらが昼となく夜となく田楽に熱中し、鼓や笛を高く鳴らしながら道路にまで溢れて通行人の妨げとなった。その是非は判らないが、なにせ祇園御霊会に事寄せているので制止することもできない、と宗忠は云う）

当時の祇園御霊会（祇園祭）は、陰暦の六月七日に挙行の祇園社から三基の神輿が御旅所に入る御輿迎え（神迎え）と一週間後の六月十四日に祇園社に還る、御霊会（神送り）から成っていた。現在で

祇園御霊会（祇園祭）
（『年中行事絵巻』岡田元史画）

は七月十七日の山鉾巡行、二十四日の神幸祭〔後祭〕であり、季節感に変わりはない。梅雨が明ける時節で、冷蔵庫などがない昔のこと、物が腐敗し易く食中毒などの蔓延を抑える意味で、この時期に御霊会が行われたのであろう。

二日後には宮中には人がおらず宗忠が終日、天皇のもとに伺候したほどで、「院の召仕男共四百人ばかり供奉す。また院の蔵人、町童部七十余人、内蔵人町童部三十余人、田楽五十村ばかり、近代第一見物の年、といえり」という状況であった。田楽の盛行は祇園御霊会が終わって翌月になっても続いた。

一ヵ月後のこと、堀河天皇は殿上人に命じて田楽の観覧を所望した。田楽の中心ともいえる田主〔田楽の曲目〕を誰に舞ってもらうかについて天皇の裁許を得るなど念の入れようで、白河上皇からも使いが来て「殿上人田楽」とりわけ蔵人源成宗の田主姿〔用足太〕の観覧を所望しており、入用な楽器などは上皇のほうで用意している。中殿〔閑院の清涼殿を指称〕

祇園御霊会（田楽の様子）
（『年中行事絵巻』）

の南庭や北の陣などで挙行の田楽を天皇はご覧になった。明月に照らされて煌《きら》びやかな装束が華やかさを加えた。そのあと田楽の一行は六条殿に向かったが、観覧された上皇は感激され、とりわけ成宗の田主姿に「不可思議神妙なり」と漏らされた。

上皇の一見の後、同じ六条殿に居られる郁芳門院の所へ赴いてお目にかけ、そののち内裏に戻って夜通し歌舞に興じ、退出したのは鶏鳴というから夜明け近かった。演者は殿上人に限られ、三十一名の名を挙げ、「周防守経忠朝臣、左々良、兼二足、」のように各人の受け持ちを明記しており、懸鼓・小鼓・笛・銅拍子・左々良などの楽器が見える（『中右記』七月十二日条）。また『百錬抄』同日条には「殿上侍臣田楽の事あり。凡そ近日、上下所々田楽を翫ばざるなし。禁裏・仙洞他営なく、侍臣儒者庁官に至り、此の事に預る」ともあり、身分を超えて諸階層の人が田楽に興じたことが知られる。

この翌日の夜には上皇方の殿上人三十人余りが参内して天皇、ついで中宮（篤子内親王）にお目にかけ、余興が尽きないということで、天皇方の殿上人二十人ほどが天皇のご覧に入れ、近隣の冷泉院へ赴いて披露し、さらに大后（故後冷泉皇后の藤原寛子）の御所、大炊殿にも赴いて夜通し遊興に耽り、暁に退出している。このことを記載した宗忠は日記の末尾に「去る五月より近日に及ぶ。天下の貴賤、毎日田楽を作し、或は石清水・賀茂に参り、或は松尾・祇園に参り、鼓笛の声道路に盈溢す。是れ神明好む所と称し、万人此の曲を作し、或はまた夢想の告ありて俄に輩と作す。世間、妖言の人々相好み、誠に水火に入る。天の然らしむるか。事すでに高に及ぶ。但し是非を知らず如何」と記している（『中右記』七月十三日条）。さらに六日後の記事には「今夕、新女院（郁芳門院）殿上人田楽を作して内に参り、北陣方に於て御覧水干装束、冠以宇治波為笠也。また院の文殿衆及び諸儒者ら田楽を作して院に参る、と云々」とあってさまざまな階層の人たちが田楽に興じた様子が知られる。

『洛陽田楽記』

ところで永長の田楽の極め付きは何と言っても帥江納言こと大江匡房の手になる『洛陽田楽記』（漢文体）であろう。やや長文にわたるが熱狂ぶりが伝わってくるので、以下に読み下し文で掲げておこう[11]。

永長元年の夏、洛陽大いに田楽の事あり。その起こる所を知らず。初め閭里よりして、公卿に及ぶ。高足・一足・腰鼓・振鼓・銅鈸子・編木、殖女・舂女の類、日夜絶ゆることなし。喧嘩の甚だしき、よく人耳を驚かす。諸坊・諸司・諸衛、おのおの一部をなし、あるいは諸寺に詣で、あるいは街衢に満つ。一城の人、みな狂へるが如し。けだし霊狐の所為なり。その装束、善を尽し美を尽し、彫《かざ》るが如く、琢くが如し。錦繍を以て衣となし、金銀を以て飾となす。富者産業を傾け、貧者跂してこれに及ぶ。郁芳門院、殊に叡感を催す。姑射《こや》（仙洞つまり院御所）の中、この観もっとも盛んなり。家々所々、党を引きゐ、予参す。ただに少年のみならず、緇素《しそ》（黒と白〈衣〉、転じて僧侶と俗人）群をなす。仏師・経師、おのおのその類を率ゐ、帽子を着し裲襠《りょうたう》（舞楽の装束）に繡《ぬいと》り、あるいは陵王・抜頭等の舞を奏す。その終りには、文殿の衆おのおのこの業を企つ。孝言朝臣、老耄の身を以て、曼蜓之戯（中国漢代の芸能）を勧む。有俊・有信・季綱・敦基・在良らの朝臣、並びに桂を折り鵠《まと》を射るの輩、一人に偏せず。あるいは礼服を着し、あるいは甲冑を被り、あるいは後巻《しりまき》を称《かか》ぐ。驍勇（武士）、隊をなし、夜に入りて院に参り、鼓舞跳梁す。摺染成文の衣袴、法令の禁ずる所なるに、検非違使、また田楽に供奉して、みな摺衣を着し、白日道を渡る。蓬壺（仙洞）の客、また一党をなし、歩行して院に参る。侍臣また禁中に参る。権中納言基忠卿は九尺の高扇を捧げ、通俊卿は両脚に平藺沓《ゐぐつ》を着し、参議宗通卿は藁尻切《しきれ》を着す。いはんや、侍臣の装束、推して知るべし。あるいは裸形、腰に紅衣を巻き、あるいは放髻、頂に田笠を載す。六条（院御所の六条殿）・二条（里内裏の閑院）、往復すること幾地、路に埃塵起こり、人車を遮る。近代奇恠の事、なにを以てこれに尚《くは》へん。その後、院不予。いくばくを経ずして、遂に以て崩御したまふ。田楽御覧の戸より見御葬送の車に植す。ここに知る、妖異の萌《きざ》す所、人力及ばざるを。賢人・君子、誰か俗事を免れんや。

マス・ヒステリアともいえる熱狂ぶりを見事に捉えた当代きっての文人公卿、大江匡房の名文である。右に「その後、院不予」とある院とは郁芳門院媞子内親王のことで、父白河上皇の影響もあってか、田楽を好まれ『洛陽田楽記』にもその名を留める女院は直後に病気となり、翌月に二十一歳の若さで六条殿で崩御、悲嘆にくれる上皇は二日後に人々の制止をふりきって出家を遂げてしまう(12)。実姉で准母の死に直面した堀河天皇は大きな悲しみに襲われたにちがいない。

ちょうど十年後の『中右記』嘉承元年六月十三日条に次のような文が見える。

近日、京中の下人ら田楽の興を作し、毎日遊行す。或は錦繍を切り破り、或は兵仗を随身し、数千の党を成して道路を横行す。間々闘争に及び夭命の者あり。先年、此の如き遊びあり。不吉の事出《しゅっ》来《たい》するなり。今、制止されず、頗る穏便ならざる事か。

京中の下人らが田楽を作って連日繰り出し、中には身分不相応な美しい衣服を纏い、武器を携行して数千の党を成して往来を横行し、間々乱闘騒ぎを起して若死にする人が出たという。例として挙げる「先年」とは十年前になる、これまで述べてきた永長元年の大田楽のことであり、「不吉の事」とは上述した二ヵ月後に崩御の郁芳門院を指している。このことがあるので田楽の横行を制止しなかったという。堀河天皇崩御の一年前のことである。この田楽の横行も、まさに祇園御霊会（六月七日〜十四日）の最中のことであり、加えてこの時期に疫病が流行して朝廷ではその対応に苦慮していることなどについては後述する。

注

（1）太皇太后藤原寛子が高陽院から大炊殿へ移御されたのは寛治七年六月十日のことであった（『中右記』〈『諸院宮御移徙部類記』所引〉『後二条師通記』同日条）。大炊殿の歴史・建物配置については太田静六「大炊殿と六条殿」（『寝殿造の研究』吉川弘文館、一九八七年）を参照。

（2）長治元年十二月五日に堀河天皇は中宮篤子内親王とともに内裏から堀河殿に行幸・行啓された（『殿暦』『中右記』同日条）。

（3）改元は寛治八年十二月十五日のことである（『中右記』同日条、『時範朝臣記』〈『歴代残闕日記』臨川書店、一九六九年〉十二月四日・十五日条）。また『中右記』嘉保元年十二月晦日（二十九）条には「去年の冬、天下自ら疱瘡発り、引きて此春に及ぶ。また今年の秋冬赤疱瘡、凶年と云うべきか。仍りてすでに改元」とある。

（4）平時範といえば『時範記』の作者として知られ、近年の発見によって彼が因幡守として下向する行程、任国での政務などの記述から受領の実相が知られるようになった。時範は五位蔵人兼摂関家家司として堀河天皇と藤原師通との間を頻繁に往来し、中宮篤子内親王の中宮大進もつとめている（前掲『平安時代史事典』「平時範」〈松薗斉筆〉）。

（5）白河上皇は皇女の郁芳門院とともに嘉保二年六月二十六日に六条殿から新造の閑院への渡御を嚆矢として以降、鳥羽殿、六条殿、閑院を御所として往き来し、同年の十月二十三日に鳥羽殿から俄かに閑院に移られ、さらに五日後には播磨守藤原顕季の高松宅へ、そして十日後には六条殿に遷御している（『中右記』）。

（6）『新編国歌大観　第一巻　勅撰集編』角川書店、一九八三年。『新後拾遺和歌集』は後円融天皇（一三五八～九三）の命により二条為遠らの撰で成った第二十番目の勅撰集。

（7）大田静六『寝殿造の研究』吉川弘文館、一九八七年。

（8）『中右記』承徳元年（一〇九七）九月二十三日条に「今夕、皇居閑院より関白二条亭に行幸あり。是れ来る月、高陽院に遷御あるべきため、王相方を避けしむにより忌み御すなり（明日立冬、節分也）。中宮同じく行啓す」とあって中宮篤子内親王も行啓している。時に中宮は御衰日に当たっていたので問題になったが、行幸に付随するものであり、加えて二条殿は旧宅で長い間御所となっていない故をもって大殿（前関白藤原師実）の「臣下の礼主上に比すべからざる事と雖も下官、往年華山院に遷移の日、是れ女房（源麗子）の衰日に当る。然りと雖も相共に渡り了んぬ。其の後すでに数十年に及ぶ。仍りて忌むべからざるの由存じ思い給う、といえり」との見解により実行された。二条第の内裏としての用途は寝殿を南殿と中殿、東小寝殿を中宮（篤子内親王）御所、東侍廊を陣座、東中門南廊を内侍所などに充てている。

（9）『中右記』承徳元年十月十一日条。高陽院といえば藤原頼通の邸宅として知られ、子の師実が伝領している（朧谷「藤原頼通の高陽院」〔『平安貴族と邸第』吉川弘文館、二〇〇〇年〕初出は一九八一年）。

（10）『殿暦』康和二年八月十六日条、『殿暦』『中右記』康和四年九月二十五日、長治元年十二月五日、同二年六月八日、嘉承元年十二月二十五日各条。そして中宮篤子内親王が行啓されることが多かった。

（11）守屋毅校注『洛陽田楽記』（林屋辰三郎編『古代中世芸術論』〔日本思想大系二三〕岩波書店、一九七三年）。また『古事談』（新日本古典文学大系四一『古事談・続古事談』〔川端善明・荒木浩校注〕岩波書店、二〇〇五年）

「第一、王道后宮」に『季仲卿記』を引くなどして七月十二・十三日の田楽の様子を記し、『中右記』に述べるような内容となっている。

(12) 郁芳門院の不例のことは『中右記』永長元年七月二十二・二十八・二十九日、八月二・六日条に見える。崩御は八月七日のことで『後二条師通記』には「丑の時、郁芳門院薨じ給う、と云々。払暁、六条院に参る」とあり、『中右記』には「太政皇(白河上皇)第一最愛の女、今上(堀河天皇)と同産の妹なり」とある。上皇の出家は『中右記』『後二条師通記』『百錬抄』(「上皇御出家、郁芳門院の御事を哀傷するによるなり」)八月九日条。三年後の康和元年正月四日の院御所六条殿の焼失を示す記事に「故郁芳門院昇霞の地なり」(『本朝世紀』)、「前郁芳門院居し、今仏閣と為す」(『百錬抄』)とある。

第三章　藤原師通の死

1　後見を失う

打ち続く災害

郁芳門院の葬儀も一段落した九月、関白藤原師通は上表文を提出し、勅答を賜わっており（『中右記』永長元年九月十五日条）、これを受けての上表および勅答の形跡がないので、関白は第一度の勅答を得て受け入れたものと思われる。二日後、参内して結政《かたなし》（弁官・少納言以下による政務書類の準備・整理）に出席した右中弁藤原宗忠が政務のあと関白邸に参上すると、そこには関白の父師実と子の忠実をはじめ多くの人々が来ており、この前後から関白は病んでいてこのあと一ヵ月間、関白の参内は見られなかった(1)。

また、この年の秋から冬にかけては異変が続いた。『中右記』九月条の末尾に「此の九月、天温汗流にして時に相違あらしめ、凶年の徴しと謂うべきや。八、九月のころ天下の人夭亡の聞えあり」とあって天候異変による凶作で死者が多く、さらに冬にかけて地震が追い討ちをかけた。『中右記』永長元年十一月二十四日条は次のような文で始まる。

辰の時ばかり地大いに震う。すでに一時に及ぶ。門々戸々、頽壊に及ばんとす。古今未だ此の如き比あらず。驚きながら内に馳せ参る。時に主上、西釣殿件渡殿臨前池、に渡り御い、御前の池舟に乗らんとするの間なり。御手車、中宮御方に寄せ、禁中騒動、須臾、人々参集し、両殿下・左府参らしめ給う。

そのとき釣殿におられた天皇は舟で避難しようとされた。いっぽう天皇の命で大内裏の破損状況を巡検した藤原宗忠は、郁芳門から入ってすぐ左手の神祇官は無事であったが、朝堂院は応天門の西楼が西に傾き、主殿舎の大極殿は所々の柱が東に傾いて甍瓦が落ちたがそのほか破損は少ない、と前関白と関白に報告、「地大いに震動すと雖も殿門破壊なし。人々奇と為すのみ。未の時ばかり人々退出す。夜に入りて頗るまた地震う。誠に大怪と為す」と記し、東寺の塔の九輪や法成寺の東西の塔の金物が落ち、法勝寺の御仏の光が損なわれたなど被害は甚大であった。さらに近江国の勢多橋が大破し、大和国の東大寺の鐘が落ち、薬師寺の廻廊が顚倒するなど京都以外でも被害が出ている。関白藤原師通はその日のことを「辰の時六ヵ度大いに地震う。……後三条院の御時、大いに地震う。今日、地震良《やや》久《ひさし》と云々。子細に於ては天地瑞祥を見る」、翌日に「辰刻地震」と記している（『後二条師通記』）。

その後も余震が続き（『中右記』十一月二十七日条）、十二月に入ると七日「亥の時ばかり地震う、頗る大いに震う近日毎日毎夜有小地震、」、九日「凡そ諸国此の如き事あり。近代以来地震未だ此の如き例あらざるなり」（『中右記』）という状況に到っている。具体的に永長への改元を示す記事として『後二条師通記』十二月九日条に「今年、世間淫乱、去二十四日大いに地震う。改元あるべし。仍て江中納言・文章博士二人、年号の字を撰申すべき由、仰せ下さる所なり」とあり（『中右記』参照）、八日後の十二月十七日に改元をみるが（『後二条師通記』『中右記』）、「永長」の年号は、その前の寛治・嘉保と同様に大江匡房の勘申によるものであった。

改元して半月後の年明け早々に因幡堂が焼失した。藤原宗忠邸の北隣から出た火は自邸の北簷下まで迫ったが類焼を免れ、心中で祈念した伊勢大神宮のご加護と喜んでいる。火は東西南の三方に拡散し、霊験あらたかな因幡堂が灰燼に帰した（『中右記』承徳元年正月二十一日条）。

「朝の間大雨、午後風大いに吹き、京中の雑舎多く以て顚倒し、樹木皆折れ、……円乗寺顚倒す。此のほか所々の舎屋多く以て破損す。洪水大風、民戸憂を成す、と云々」（『中右記』承徳元年八月五日条）をはじめとして秋には地震、大風雨、洪水に見舞われ、うち続く地震に宗忠は「卯の時ばかり小地震、去今年、天変・地震頻りに其変を示す。尤も恐れあるや」と早くも改元の近いことを匂わせており（『中右記』九月六日条）、この二ヵ月後には承徳と改元されるから（『中右記』十一月二十一日条）永長は一年しか続かなかったのである。

年が明けて堀河天皇は元旦の早朝から四方拝、小朝拝、元日節会をはじめ白馬節会、御斎会、踏歌節会と正月に集中する年中行事をこなし、三月には春日社行幸（『中右記』承徳元年三月二十八日条）、と元気に行動されている。この行幸は当初、三月五日に予定されていたけれど触穢により延引されたのである。行幸までの『中右記』を見ると神宝造作、行幸路の点定・点検・整備造作・巡検、供奉人および舞人陪従の人選など多岐に亙って念入りに計画され、行幸行事をつとめる藤原宗忠は前日に南京（大和）へ向かって出発している。京を発った天皇の一行は翌日夜には還御している。

祇園社へ行幸

そして一ヵ月後には祇園社に行幸されている（『中右記』承徳元年四月二十六日条）。その日の午後に卿相以下が内裏（閑院）南殿の南庭に列立し、彼らが見守るなか天皇は南階にて御輿に乗られ、一行は北の二条大路を東へ東洞院大路まで、そこから三条大路まで南行して東へ京極大路まで進み、そこから南へ四条大路に出て東進し祇園社へと向かった。その様子を大殿（前関白藤原師実）・北政所（妻の源麗子）・関白師通親子は三条高倉の権中納言藤原公実の桟敷から内々に見物し、その後、師実・師通父子は四条京極の辻で車に乗って行列に供奉している。

祇園社の南大門西前に天皇御所（「部屋、甍闕の幕を引く」）を設営し、その傍らに諸司の幄舎、御所の西に蔀屋一宇を設けて大殿の御休所（「纐纈の幔を引き廻す」）、その南の檜皮葺屋一宇（「纐纈の幔を引く」）を関白の御休所としている。この御所以下の設営に当たったのは「寺家」としており、御風誦など僧侶の関わりが深く、「寺家検校」として天台座主以下が顔を揃えているのも、この時代の祇園社

祇園社（八坂神社）（本殿）

祇園社（南門）

が延暦寺の末寺であったことによる。

この日は雨模様の一日だったけれど臨幸の時には降らず、宗忠は「是れ神感あるか」と喜んでおり、それに続けて、

去々年九月ころ玉躰不予の時、御願を立てられ、祇園に行幸あるべし。並びに封戸五十烟を奉らる。多宝一基を立つべし、といえり。此の御願後に御悩早かに平復す。仍て今日、此の臨幸を遂げらるるなり。封戸五十烟、前日、寄せ奉られ已に了んぬ。また西大門内に於て宝塔一基を造立せらるなり。近日すでに半作に及ぶ。

とあるので、この祇園社行幸は一昨年（嘉保二年〔一〇九五〕）秋に天皇が病気になった際に誓願したことで病は癒えたので、その約束を果たしたものであった。嘉保二年九月の一ヵ月間、天皇が咳病を患っていたことはすでに述べたところである。

この行幸の五日前の『中右記』四月二十一日条に「（天皇）密々仰せられて云く、一昨日より自ら筆をとり金泥仁王経上巻を書写す。今日、其の功を終える。中宮自ら同下巻を書写せしめ共に書き了んぬ、と。此の秋、金峯山に於て供養すべきなり。心中祈り申す所ただ継氏にあり、といえり。朝家の大事たるにより聊か以て記し置くなり」とある。天皇は皇嗣誕生を祈願して金峯山への埋経のために

「金泥仁王経」上巻を、中宮の篤子内親王は下巻を書写したのである。そして四ヵ月後には権大僧都良意を金峯山に派遣して供養を実現している（『中右記』八月十六・二十一日条）。しかし中宮に皇子女の誕生はなく、翌年に入内した女御藤原苡子に六年後に皇子（鳥羽天皇）が誕生している。

承徳から康和へ改元

承徳三年（一〇九九）は康和へと改元されるが、その前兆として次の事がらが考えられる。

前年の春に北風に煽られた火が遍満して大火が起こり、京内は南北が冷泉から三条、東西が高倉から富小路の各道路で囲まれた中の十余町が被災し（『中右記』承徳二年二月二十二日条）、一ヵ月後には皇居の高陽院の西隣から出火、幸い東風だったので皇居への類焼は免れたものの大宮大路を越えて大内裏に飛び火して大膳職の倉が焼失したが、そこで消し止めている（『中右記』三月二十八日条）。

年明け早々には大地震に見舞われ（『後二条師通記』康和元年正月二十四日条）、これに疾疫と旱災が追い討ちをかけた（『本朝世紀』康和元年三月二十七日、七月二十五日条）。こうした世情のなか白河上皇は改元のことを関白藤原師通に諮問しており（『後二条師通記』康和元年六月十四日条）、二ヵ月後に実行している。

改元の理由を「爰に去春の比、地震動の驚きあり。茲《ここ》に夏の間、人、疾疫の困に遇い、若し民聴を今日易《か》えなば、なお恐らく物議を斯時に背かん。其れ承徳三年を改めて康和元年と為し、天下大赦す」と明記し、「康和」は式部大輔藤原正家の勘申であることを示している（『本朝世紀』康和元年八月二十八日条)。

ここでその後の堀河天皇代の二度の改元を見ておくと、康和六年(一一〇四)二月十日に改元の長治に関しては「長治を用うべし。是れ天変によるなり」(『中右記』)とあり、具体的には前年十一月十六日の夜に起きた火事を指称しているものと考えられる。『中右記』のその日の記事に「火、五条坊門室町に起こり、五条東洞院西辺四五町程に至る。数百家すでに焆燼と為す。霊験所の因幡堂並びに祇園大政所各焼け了んぬ。此の中、五条烏丸の茅屋すでに以て焼失す。近日、盛実朝臣二郎大夫(藤原宗忠の二男宗成)仮に宿す比なり。多年居住の家、一夜に焆燼と為す。誠に是れ然るべき事や。歎くべし、恐るべし。今年重厄、若し重転じて軽受くや。将にまた運尽きるや」とある。霊験あらたかな因幡堂を含む大火となり、一条殿に祗候していた藤原宗忠は長年住んだ五条烏丸第を焼失してしまった。

ついで二年後の長治三年(一一〇六)四月九日に嘉承元年となるが、その理由として「今年天変奇星を呈し見る。此の如き事により改めらるるなり」とあるが(『中右記』)、それは四ヵ月前の正月四日の西南の夜空に長さ二十メートルほどの彗星が現れてから連夜のように出現して一ヵ月近く去らず、人々に恐怖を与えたこと(『殿暦』『中右記』嘉祥元年正月四〜二十四日条)を指しているのであろう。このように改元が続く背景には世情不安が介在していたのである。

ところで当の師通は、上皇から改元のことで意見を求められた二週間後に三十八歳の若さで病死してしまう(『本朝世紀』六月二十八日条)。関白は「二禁」つまり「おでき」に悩まされていたという(『長秋記目録』六月二十二日条）。

死期迫るなか師通は、空にたなびく天の川を見て「晴れ。数月、月光雲を覆い雨を降らす。漢天（天の川の見える空）快晴にして月明るく、庭上照り曜やく。万人神妙なり」と記し、翌日の「晴れ。未の時ばかり夕立雨降り、庭面滂沲たり。諸国物、所々に進むところ興福寺の講堂作料、送る所なり」の記事をもって日記は終わっている（『後二条師通記』康和元年六月十六・十七日条）。

命の長くないことを悟ってか師通は、五月六日に父の師実を訪ねて関白を辞することを伝えている（『後二条師通記』）。そして死の三日前の日付で関白内大臣師通は上表文を提出している（『本朝世紀』六月二十五日条）。「臣師通言」で始まるそれは、「臣の才望虚の如く、徳行ともに欠く。偏に累祖の余慶を受け、謬りて両ヶの崇斑を忝くし、寵沢すでに余る」と、才望・徳行に欠ける自分が関白内大臣に到ったのも摂関家に生を受けたことによるもので、天皇からは身にあまる寵を得た。それに感謝しつつも十分に報いることなく過ごしてきた云々の卑下の言葉があって、

> 今年慎むべし。病痾侵すところ近日尤も酷《きび》しい。救療を十全に訪ぬと雖も未だ効験を五内に得ず。心の憂危、旦夕《たんせき》（朝夕）聊も無し。盈満《えいまん》（満ち足りること）は身を害するの鋋鎋《せんかつ》（くさび）なり。辞遁は命を保つ謀謨《ぼうぼ》（はかりごと）なり。如《し》かのみならず過分の栄華を擺《ひら》き、方寸の肝葉を憩う。休退の旨、詞を以て餝らず、伏して□陛下に冀《こいねが》うに、曲げて哀矜を垂れ、早く官職を罷り、兼てまた左右

近衛の随身兵仗各を本府に返し、警巡を勤めしむ。然るに則ち国のために益あり、身のために危なし。悚迫憂懐《しょうはくゆうかい》の至りに勝らず、謹みて拝表を請い以て聞く。師通誠惶誠恐頓首々々死罪々々、謹言。

で結んでいる。

今は病魔に侵されて危険な状態にあり、十分に療治を尽くしてはいるが一向に効果が現われない(五内とは五臓のこと)、ついては官職を辞して随身・兵仗を返上したい、と師通は天皇に嘆願しているのである。天皇の慨嘆が大きかったことは察するに余りあるが、重病とあっては慰留もままならなかったであろう。師通が関白となって六年目のことである。

忠実内覧に

師通薨去の二ヵ月後、嫡男の権大納言左大将の藤原忠実は内覧宣旨を賜ったが、そのことを自身の日記に次のように書き留めている(『殿暦』康和元年八月二十八日条)。

今日、内覧宣旨を下さる。枇杷殿に於て此の事あり。大外記定俊、宣旨を持ち来り、定俊を対の西面に召して自ら宣旨を見る。次いで権左中弁能俊朝臣、吉書を見る。次いで頭弁宗忠朝臣、蔵人方の書を見る。即ち各返し下る。次いで泰仲朝臣、家方の書を申す。来臨の公卿、中宮大夫源朝臣・民部卿源朝臣・別当藤原朝臣・権中納言源朝臣・左大弁基綱朝臣ら是れなり。事了りて宮の方に参る。贈物箏、あり。自ら取りて罷り出ず。御簾の外に於て侍従師親に給う。装束を解き了んぬ。直衣・冠などを着けて退出す。丑の時、綾小路に渡る。三日間僧侶ら参らず。

この日は先にみたように承徳三年から康和への改元の日でもある。天皇の勅（忠実の内覧宣旨のこと）を受け頭弁藤原宗忠は上卿の権大納言源師忠に伝え、師忠は大外記中原定俊に託した。定俊は筥に入った宣旨を枇杷殿へ持参している。当時、枇杷殿は太皇太后藤原寛子（後冷泉天皇皇后、師実の同母姉）の居所で「大宮御所」と呼ばれていた。大殿師実と孫の忠実は枇杷殿に渡御、上卿の師忠以下の公卿らも馳せ参じている。

束帯姿の忠実は東の対の西面において内覧宣旨をみずから見た後、吉書・蔵人方書・諸国の解文などに目を通し（内覧の任務）、そのうえで奏聞している。一連のことが終わって寛子のもとを訪ねた忠実に箏・琵琶などが贈られた。その後、忠実は直衣に着替えて大殿と高階泰仲の東洞院綾小路邸（左京五条四坊二町に所在）に赴いているが、夜中の二時のことである。

右の記事だけでは意味不鮮明な部分があるけれど『摂関詔宣下類聚』（『大日本史料』第三編之五所収）とあわせ読むことで意味が明確になる。また『朝野群載』巻第七「摂籙家、内覧宣旨」に挙げる藤原忠実について「権大納言源朝臣師忠宣、勅を奉る。太政官申す所の文書、先ず権大納言藤原朝臣に触れて奉行すべし、といえり。康和元年八月二十八日、大外記兼博士主税権助播磨介清原真人定俊奉」とあり、『公卿補任』承徳三年「藤原忠実」尻付には「左大将、六月二十八日服解、八月二十八日宣旨に云く、太政官申す所の文書、先ず権大納言藤原朝臣に触れて奉行せよ、といえり。十月六日氏長者と為す」とあることから太政官作成の文書を忠実の閲覧を経たうえで奉行せよ、との宣旨、これすなわち内覧の任務である。

忠実が二ヵ月後には氏長者になったことも知られ、『殿暦』康和元年十月六日条に「藤氏長者の事あり。戌の時ばかり惟信朝臣朱器並びに大盤を持ち来る」、『本朝世紀』同日条に「前関白内大臣（師通）後家氏長者印契などを左大将家（忠実）に渡す。また家司職事厩司らを補せらる」とあることが例証である。因みに内大臣師通は父のあとを受けて関白となったが、忠実は権大納言であったので関白というわけにはいかなかった。彼が関白になるのは六年後のことで時に右大臣、二十八歳である。因みに現存の『殿暦』は前年つまり承徳二年正月から記事がある。

内覧宣旨後はじめて出仕した忠実は、内覧の慶を申すために白河上皇の鳥羽殿を皮切りに中宮（篤子内親王）、四条宮（寛子）、一宮（祐子内親王、後朱雀皇女）、一条殿（藤原全子、忠実母）を訪ねている（『殿暦』九月十三・十四日条）。

父の死を受けて政界のトップに躍り出た忠実ではあるが、何分にも二十二歳という若さ、祖父にあたる大殿こと前関白師実（五十八歳）が健在とあっては、何かと頼るところが大きかったと思う(2)。また上席にある左大臣源俊房と権大納言源師忠は師実の義兄弟、権大納言源雅実は師実の甥という身内意識も相まって忠実には心強いものがあったにちがいない。そして翌年に忠実は彼らを飛び越して右大臣に昇進し、左大臣俊房の次席につくことになる。

改元以降、晩秋から冬にかけては大きな災害に見舞われることもなく平穏な日が続いて年を越した。新年を迎えて天皇は恒例の新年行事をつつがなくこなし、二日には鳥羽殿にいる父のもとへ朝覲行幸され（『殿暦』康和二年正月一・二日条）、三日後には叙位の儀に出御されている（『殿暦』正月五日条）。

叙位では内覧藤原忠実が夜七時ごろに天皇に夕の御膳を供している。その後、執筆役の左大臣源俊房が御前座に参上、内覧忠実は大納言の座へ。諸卿は筥文（叙位除目のとき硯箱の蓋に入れて御前に置いた申文）を取って所定の座に着いた。そこで天皇は忠実に「コナタニ」と声をかけ、「オオ」と答えて忠実は座を立って天皇の近くの座に移り、天皇の仰せを受けて「左の大万知君《おおまちぎみ》と召せ」つまり左大臣を召し、左大臣は「オオ」と答えて円座に着いた。いよいよ叙位の儀に入り、議事ごとの天皇の「早久」に促されて進められた。その中で「擬事」があったので忠実は大殿に尋ねるよう促している。儀が終わって宿所（この夜は候宿している）に戻った忠実は大殿を訪ねて叙位の報告をしているが、大殿は「検非違使四人冠を給う条、頗る多く叙す」との見解を述べたという。

一週間後、天皇は中宮御方（篤子内親王）へ渡られて「風俗御遊」を楽しまれた。具体的にどういう遊びをされたのか詳らかではないが、寛いだひと時を過ごされたことであろう。夕刻には弓場殿でも「御遊」があり、楽人による「左右楽」の演奏のあと藤原博定が「今様」を披露している。天皇は三週間後にも中宮の部屋を訪ねて「御遊」に興じられたが、そこに藤原博定の名があるので今様もあったようで「輿極まりなし」ということであった（『殿暦』正月十二日、二月一日条）。このように天皇がよく中宮のもとを訪れては「御遊」に興じられたのも前年初冬の中宮の病気（『本朝世紀』十月二・二十四日条）を意識されてのことかもしれない。

年が明けて康和三年（一一〇一）二月十三日の早朝、大殿こと前関白太政大臣従一位藤原師実が六十歳で他界した（『殿暦』『公卿補任』）。その二週間前、師実は亡父頼通の例に倣って宇治の別業において出家している（『殿暦』康和三年正月二十九日条）。忠実は父の薨去当日のことを「寅の刻、入道殿下御入滅す、御所の僧都沢房云々。此の間、万事覚えず。仍て委記すること能わず」としか記さず、その後の八日間が空白の日記から推して、祖父の死に大きな衝撃を受けたことが思いあわされる。また幼帝時代に摂政・関白として輔佐してもらった堀河天皇、さらに即位四年目から譲位するまで関白、上皇となってからも輔佐を受けた白河上皇にとっても悲嘆は大きかったと思う。[3] これ以降、父の白河上皇が政治に深く介入し、堀河天皇の崩御と孫の鳥羽幼帝（五歳）の擁立をもって白河院政は軌道に乗ることになる。

2　京・白河の誕生

白河上皇の五十賀と御願寺の創建

院政期を象徴するものに十一世紀後半から十二世紀中期にかけて京都の洛東、白河の地に登場した御願寺がある。それは慈円が「国王の氏寺」と称したもので、白河天皇の法勝寺（一〇七七年供養）を嚆矢として続く歴代の堀河天皇の尊勝寺（一一〇二年供養）、鳥羽天皇の最勝寺（一一一八年供養）、崇徳天皇の成勝寺（一一三九年供養）、近衛天皇の延勝寺（一一四九年供養）、そして鳥羽天皇中宮の待賢門院璋子が創建した円勝寺（一一二八年供養）、といずれも「勝」の字の付く寺院を指し、総称して六勝寺と呼ばれるものである(4)。

さらに白河天皇は譲位に備えて白河殿と呼ばれる院の御所を造営したが、それは六勝寺の西方に位置していた。このことで「京・白河」と呼ばれる新たな居住空間が平安京外の東に登場することになった。院の御所の出現がいかに大きな生活空間を生み出すかについて白河殿と前後して登場する洛南の地に造営の鳥羽殿で見ておくことにしよう（『扶桑略記』応徳三年十月二十日条）。

公家、近来、九条以南の鳥羽山荘に新に後院を建つ。凡そ百余町をトう。近習の卿相・侍臣・地下雑人ら各家地を賜わり、舎屋を営造すること宛も都遷りの如し。讃岐守高階泰仲御所を作るにより、すでに重任の宣旨を蒙る。備前守藤原季綱同じく以て重任す。山荘を献ずるの賞なり。五畿七道六十余州、皆共に課役す。池を堀り山を築き、去七月より今月に至るも其の功未だ了らず。洛陽の栄々此れに過ぐるなし。

「公家」は「こうけ」と読んで白河天皇を指す。「後院」とは譲位後の天皇（上皇）の御所のことで、譲位を控えた天皇はそれを定めておく必要があった。白河天皇の譲位は応徳三年十一月二十六日であるから右の記事は一ヵ月前のことになる。後院の周辺には近臣たちの邸宅が造られ遷都のようである、というから、そこに一つの町ができるようなものである。それは後白河上皇の法住寺殿においても言えることである。

六勝寺の中で二番手に出現するのが堀河天皇の尊勝寺である。尊勝寺供養の年となる康和四年（一一〇二）の春、白河上皇の五十の算賀（長寿の祝い）が鳥羽殿で盛大に挙行されるが、これに先だって上皇が他所へ移ったことが「夜、上皇、鳥羽殿より顕季朝臣新造宅高松に渡り御う。一両月間御すべし、と云々」によって知られる（『中右記』康和四年正月十一日条）。ここに見える藤原顕季は上皇の乳母子という関係から格別の恩寵を蒙り(5)、焼失の高松殿を新造して上皇の御所として提供したのであろう。しかし朝覲・方違行幸、算賀などはすべて鳥羽殿を用いているので公的な院の御所は鳥羽殿であった。堀河天皇は正月二日の朝覲行幸の五日後に方違行幸されて以降、この行幸が顕著（『中右記』『殿暦』

康和四年正月七・十九日、二月一・十五日、三月七日、五月二日、閏五月十四日、六月十八日条など）なのは父の御賀と尊勝寺供養が関係しているからであろう。そのつど高松殿から御幸される上皇と対面された天皇は、時には馬場殿に渡られて競馬に興じることもあった。

閏五月十五日の時には十番の競馬を予定していたが日没により七番で停止している（『中右記』『殿暦』）。行幸路は六月十八日の場合だと高陽院の南門を出て大炊御門大路を西へ大宮大路まで行って南下し、七条大路を西に折れて朱雀大路を南へ進んで鳥羽北殿の西門から入御とあるので（『中右記』）、羅城門をぬけて鳥羽作道を真っすぐ南下したものと思う。翌日は終日、天皇のもとに伺候していた藤原宗忠は日記に「院の御方より屛風十二帖を奉らる。是れ故成尋阿闍梨入唐の間の路次、日域（日本）より唐朝に及ぶ図絵なり。尤も興あるものなり」、と上皇からの贈品に強い興味を示している（『中右記』六月十九日条）。

ここに見える成尋（一〇一一〜八一）は六十二歳で宋に渡り、在宋十年で汴京（河南省の開封）の開宝寺で客死した天台僧である。自著の『参天台五台山記』（八巻）は肥前国から宋船で密航して彼の地に渡り、翌年に宋皇帝に謁見して賜った贈り物などを同行の頼縁らに託して帰国させるまでの記録。還暦に手が届くようになって渡宋の意志が熾烈となった大雲寺阿闍梨の成尋は「自分が死んでから行ってほしい」と哀願する老母の繰り言に苦悶の日々を送るが、そんなことをしていたら機を逸すると思いなおして仁和寺律師の兄の所へ母を預け（それまで洛北の大雲寺の近くに居住）、渡航の準備を進めて敢行した。思い立ってから三年の月日が経っていた。息子の渡宋で母が書き残すことになったのが『成尋阿闍梨母集』である。(6)

鳥羽殿での天皇は競馬に興じた六月十九日の夜に上皇と対面の後、高陽院に還御された。このように天皇は競馬を好まれたようで、内裏（高陽院）の馬場殿でもよく楽しまれた。例えば鳥羽殿で観覧の十日後には、早朝に馬場殿に渡御のあった中宮とともに競馬五番をご覧になり、十日あまり後には蔵人衆（左方）と滝口（右方）の間での競馬を天皇も観覧され、十三番が終わったのは夕刻の六時ごろで、右方の滝口が勝っている（『中右記』『殿暦』閏五月二十四・二十五日条、『中右記』六月八日条）。

白河上皇（永長元年に愛娘の郁芳門院崩後に出家して法皇となったが本書では上皇で通す）の御賀に向けて前年の秋から試舞・試楽がなんども念を入れて行われ、そして九日前には最後の総仕上げともいえる試楽が皇居（高陽院）において本番さながらに挙行された。(7)

そして迎えた当日の鳥羽殿における御賀の様子は以下のようなものであった（『中右記』『殿暦』康和四年三月十八日条）。

御賀当日の様子

夜半の行幸に備え藤原宗忠は真夜中に参内した。しかし激しい雨のため延引すべきかを、頭中将を遣わして上皇に奏したところ「是れ希代の勝事なり。一日延引、誠に以て遺恨なり。此の如き大事遂げ難きか。甚雨と雖も臨幸あるべき、といえり」との意向により予定通りの挙行と相成った。

まず午前四時に中宮（篤子内親王）が高陽院の北門を出て中御門大路を西へ大宮大路まで行って南下

したところで逗留。御輿で南殿を発った天皇の行列は、午前六時に高陽院の西門を出て一町ほど進んだ大宮大路と大炊御門大路の交叉するあたりで中宮一行と会い、中宮の行啓が先行、間をおいて行幸が続く形となった。これは御車寄せが一台分しかなかったことによる。したがって公卿らは二手に分かれて供奉することになったが、右大臣（内覧）藤原忠実は「諸卿参らず。頗る便ならざるや。御綱の佐無し、極めて便ならざるや」「但し今日の行幸人無し。諸陣同じ、極めて便ならざるや」と記している。経路は大宮大路を七条まで下がって西へ朱雀大路まで、そこから南下して御輿は鳥羽南殿の西門から入御している。早朝の行幸・行啓とあって出発に間に合わず、途中で駆けつけた輩が多かったという。供奉の左大臣はじめ二十一名の公卿（欠席六名）以下三十名あまりの殿上人のほか地下の諸大夫らが出席し、上皇側の院司を合わせるとかなりの人数になった。

天皇の御休所は寝殿の北面、中宮は東の対代。午前十時すぎに上皇が寝殿母屋の大床子の傍らに出御して天皇との御拝があり、上皇・天皇へ御膳が供され、そのあと御休所に退出。ついで寝殿の御座（母屋中央以西）に出御されて舞楽を鑑賞された。楽行事をつとめた藤原宗忠以下の楽人・舞人らが西中門から南庭の楽屋に入り、童舞に始まってさまざま演じ、池の竜頭鷁首からも奏楽が流れた。夕刻になって燈が入り、御遊では天皇が笛を吹かれ、忠実が箏を弾き、ほかに琵琶、笙、篳篥なども加わって幽玄の夜は更けていった。上皇ついで天皇が下がられて事が終わったのは夜の十時であった。

後宴のために天皇と中宮は鳥羽殿に滞在され、翌日は天皇の御物忌により後宴は停められたが、上皇と中宮のところでは御遊が行われ、前者における奏楽のあとの船遊びは夕の六時ごろまで続き、その後に中宮のところでの御遊があり、藤原忠実が宿所に戻ったのは夜も更けてからであり、「興味尤も多く、女房装束美麗極まり無し」（『殿暦』三月十九日条）とある。

翌日の後宴は強い雨も朝には上がって青天となり、そのことを藤原宗忠は「両日すでに風雨の難なし。誠に是れ天地和合か」と喜んでいる（『中右記』『殿暦』三月二十日条）。なお『古今著聞集』（巻第十三、祝言第二十）には「廿日、後宴をおこなはれける。船楽などはてゝ舞を御覧ぜられけり。春鶯囀・古鳥蘇・輪臺・青海波の曲のあいだに、主上、時々御笛をふかせ給けり」とある。

上皇と天皇が出御となり、召された公卿が御前の座へ。南の池では各三艘からなる計六艘（それぞれに舞人・笙・笛・篳篥・鉦鼓十数名が乗る）の龍頭鷁首から楽が奏でられて舞が披露された。注目を集めたのは「青打半臂以銀押濱形・海浦・波文等、を着け、螺鈿の細釼、紺地の緒縫水文等、平胡簶不放老懸、を撤る」の出で立ちで二人が舞った青海波。舞人は藤原通季（十三歳）と同宗能（二十歳）で、前者は天皇の乳兄弟、後者は藤原宗忠の嫡男である。この両人は三月九日の試楽でも青海波を舞った（『中右記』）。この日の後宴は正午ごろに始まり、天皇が還御されたのは夜の十時であった。この後も臨時楽など種々の催しが行われている（『中右記』三月二十四日条以下）。

ところで白河上皇の五十の算賀で舞われた青海波に着目して、この御賀を二十四歳の若き堀河天皇が主催した意義を三田村雅子氏は次のように分析する(8)。

専制的な白河院の権威に屈服し続けていた堀河天皇が、初めて父にその実力を見せつけた場面であると言っても良い。政治のあり方についても必ずしも父院の思い通りにならない気迫と見識を備えた若き帝王が、父院の五十の祝いに捧げる賀宴の中心として用意したものこそ、源氏物語紅葉賀巻の「朱雀院の御賀」を模した青海波の舞であった。堀河天皇は、源氏物語の桐壺帝がみずからの帝王としての覇権を樹立したことを示す記念碑的祭典として催した「朱雀院の御賀」を模して、白河院の五十賀を催そうとしているのである。演じられることも稀になった青海波の大がかりな舞をここで復元し、源氏物語を踏まえて身分高い殿上人・公卿を庭上に列立させ、歴代の名器である楽器を持たせ、演奏させることで源氏の理想世界がいままさに地上に再現されようとしていることをアピールするものであった。

そして堀河天皇の力量を以下のように評価する。

白河院の愛子《いとしご》として、白河院の庇護下に置かれ、皇統を争う競争者を排除して、成年を迎えた堀河天皇は、白河とは違った政治の理想を持ち、文学的教養に溢れ、楽才においても優れた能力を備えていた。この青海波が舞われた康和四年には白河院の意向に逆らって、政治の主導権を握ろうとする若き天皇の姿が注目されている。ある意味では「父離れ」を告げるような力溢れる青海波であり、祭典だったのである。実際には、本番を迎える前の調楽や試楽という名の予行演習が際限なく続き、それ自体が自己目的化されるようになる。参加した人々の興奮も日々高まって、ようやく本番を迎えたが、その後も、「御賀遺味」と称して、アンコール公演が年末まで果てしなく続いている。このような天皇周辺の熱気の高まりは、院のためではなく、献呈する帝本人のための祭りに他ならなかったことを何よりも雄弁に物語っている。

天皇の文化的な力量はその通りであると思うが、政治面での康和四年に主導権云々はいかがなものであろうか。この年に格別に顕著な動きは見られないし、それは関白藤原師通の死去によって削がれて、むしろ上皇が主導権を取りに来ているのではなかろうか。そして皇統を競う競争者の排除云々は、天皇というよりも上皇のとった策ではないかと思う。

また「そもそもこの白河院五十賀の献呈の主体は白河院の同母妹でもあった篤子らしく、……天皇その人というよりも、十九歳も年長の叔母でもある中宮が、天皇を導き、示唆し、五十賀そのものを企画・立案・推進してきたと考えられる」と述べて中宮（篤子内親王）が天皇を動かし、康和四年の青海波再演の中宮の意図は、堀河天皇と自分を「桐壺帝と藤壺の再来」と意識させることであり、「天皇と中宮の最初で最後の幸せな共同作業」と見る。『源氏物語』の深奥を知り尽くした三田村氏ならではの示唆に富む卓見である。

天皇の歌合

御賀の二ヵ月後に堀河天皇は歌合を催しており、それが行われたのは康和四年閏五月二日のことである（『長秋記目録』）。なお五日後にも内裏で和歌会があったことが『殿暦』の同日条の「未の刻ばかり内に参る。万里小路と勘解由小路にて雨大いに降る。人門に於て暫く雨を過し、御前に参り、今夜、小和歌会あり、と云々。余其座なく侍宿す」から知られ、途中で大雨を人の門前でやり過ごして内裏へ来た記主の藤原忠実は歌会には参加していない。

和歌に通じていた天皇について『今鏡』〔「すべらぎの中第二　玉章」〕には以下のようにある。

和歌をも類なく好ませ給ひて、五月《さつき》のころつれづれに思し召しけるにや、歌詠む男女、詠み交はさせてなむ御覧じける。大納言公実、中納言国信などより始めて、俊頼なむといふ人ども、さまざまの薄様《うすよう》に書きて遣《や》り給ひけり。女は周防の内侍、四条の宮寛子の筑前、高倉の一の宮童子の紀伊、前の斎宮の百合花、皇后宮篤子の肥後、摂津の君などいふ所々の女房、われもわれもと返しあへり。女、恨みたる歌詠みて、男の許遣《がりや》りなどしたる、堀河院の艶書《けそうぶみ》合《あはせ》とて末の世まで留まりて、善き歌は多く撰集などに入れるなるべし。二間《ふたま》にてぞ講じて聞し召しける。また時の歌詠み十四人に、百首の歌おのおの奉らせ給ひけり。男、女、僧など、歌人みな名顕れたる人々なり。題は匡房中納言ぞ奉りける。

和歌を愛してやまない天皇は、つれづれに歌詠みとして名のある殿上人・侍臣と女房らに和歌の詠み交わしを命じ、それを清涼殿の二間（夜御殿の東隣）で披講させて聞き入ったという。ここに「堀河院の艶書合とて末の世まで留まりて」と見えるのが、こんにちに伝わる『堀河院艶書合』（『群書類従』巻二百廿六所収）である。そこには「内にて殿上の人々歌よむと聞こゆるに宮仕へ人のもとに懸想の歌よみてやれと仰せごとにて」とあって大納言藤原公実、周防内侍以下の歌を載せ、「後五月二日、思ひゝゝに、みな薄様に下絵してぞ、御返しはめでたく飾りたりける。又同じ月の七日にありつる女房のもとに恋の歌よみてまいらすべきよし仰せられ、これは七日と聞こえてまいらす」とあって筑前、大納言以下の歌を載せている。計四十八首からなり、作者は二十三人に及んでいる。殿上人や侍臣らに懸想の歌を読ませて女房歌人らに送らせてそれぞれに返歌をさせ、五日後には女から男へ恋歌を送って男からの返歌を求めている(9)。

父の御賀のあと天皇は体調を崩された。内覧・右大臣藤原忠実は、夜遅く蔵人藤原為隆から天皇が「御咳気」つまり風邪気味との報を受け、翌日に頭弁源重資からも連絡を得て、物忌を押して夜の十一時に参内したが、大したことはないということで御前に参上せず、そのまま宿直《とのい》した。そして翌朝にお目にかかってその夜も宿し、その翌朝と夜にもお目にかかって退出している(10)。

御願寺の供養

翌月には尊勝寺の供養を迎えるが、この御願寺建立の動きは二年前に遡る。康和二年（一一〇〇）晩春に日時決めや造作に関わる人々の制定があり（『中右記目録』康和

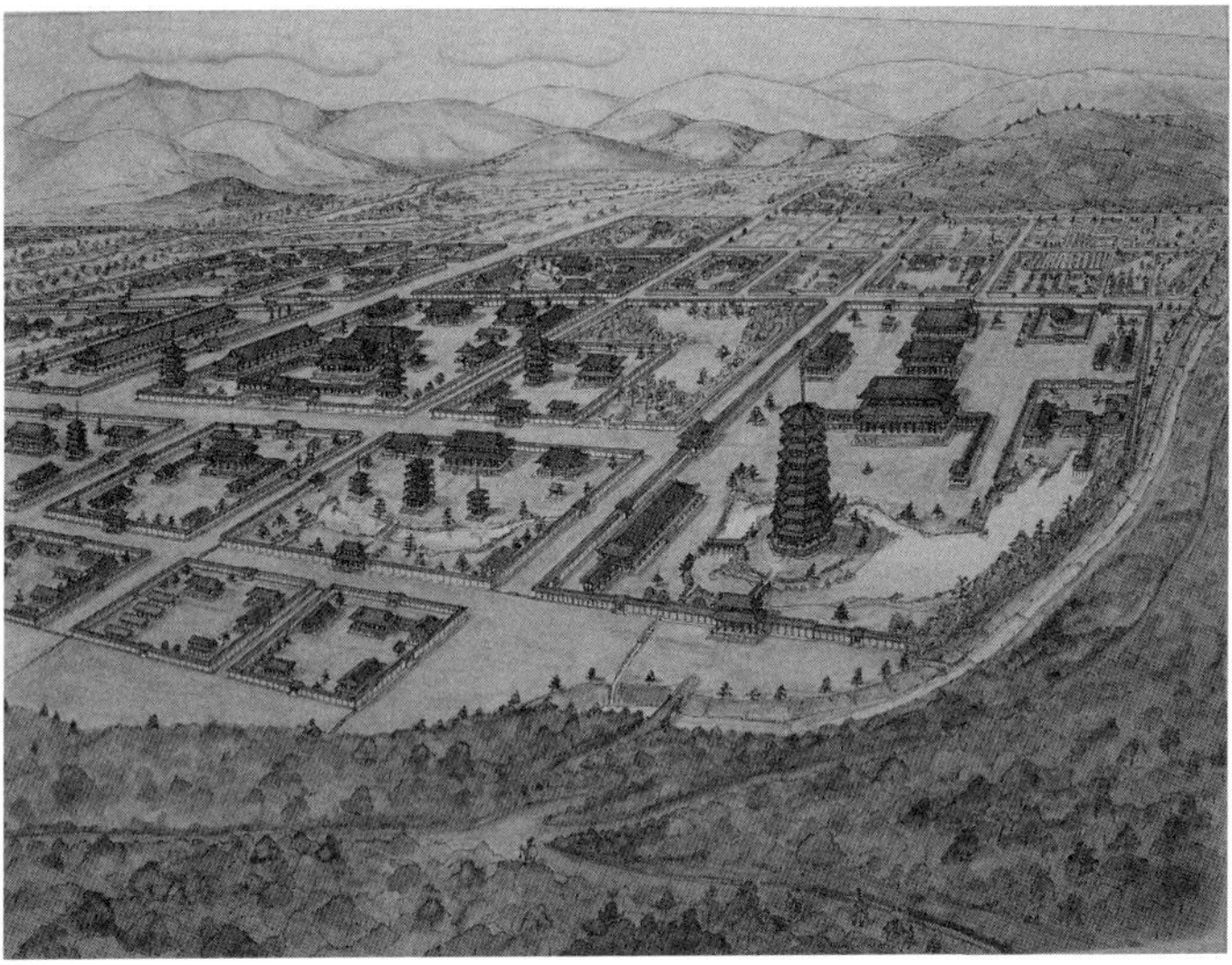

六勝寺の伽藍俯瞰図（梶川敏夫画）

法勝寺・尊勝寺跡
（『よみがえる平安京』より）

二年三月二十七日、四月三十日条）、初秋には仏像の造作が始まったことが『為房卿記』（内閣文庫本）同年七月二十五日条によって知られる。

帝の御願寺に当り、御仏、法勝寺西隣の仏所屋に於て造り始め奉らる、と云々。延久二年十月の円宗寺御仏の造始の例に任せて行わるか。山座主当日、障を申し参らず。……行事の上卿民部卿俊明、・宰相顕通卿、・右中弁時範、史生以下を率いて参入す。御衣の木、諸国を召し苓陵香自蔵人所被渡之、を以て其木を洗い拭きて図面の像を奉る。仏師法橋円勢斧を取り、始め奉る。小仏師百三十人随え奉り候う。

造仏の製作場所が法勝寺の西隣に設けられ、延久二年（一〇七〇）の円宗寺(11)の例に倣って行われ、法橋円勢(12)が斧入れをし、一三〇人の仏師集団を率いて造仏に当たったことなどが知られる。十日後には「今日、新御願の木作始め」となり（『中右記目録』八月八日条）、年末には天皇が御願寺造作のことで鳥羽殿に方違行幸され、年あらたまって白河上皇も御幸されている(13)。因みに尊勝寺は堀河天皇の御願ではあるが、父の白河上皇が造寺に積極的に関わっていることが注目される。康和四年（一一〇二）に入って上皇は作事を見るために渡ることが多く、『中右記』二月二十四日条には次のようにある（『殿暦』同日条参照）。

今日、法王白河に御幸あり。仍て午の刻ばかり法王御所高松に参仕す。未の刻ばかり御出。前駈殿上人卅人ばかり衣冠、或束帯、。公卿直衣、、民部卿、……下官供奉す。左大臣（源俊房）車に乗り扈従す。先ず廻りて御願の造作を御覧。或は以て皆作る。但し西築垣頗る以て懈怠刑部卿顕仲朝臣息男功也、。播磨に課する所の両塔また遅々なり。次いで法勝寺常行堂御所に御す。明後日、御方違により俄に行幸あるべきなり。仍て修理せしめんがために掃除し、かつまた御覧。酉の刻、高松に還り御う。

参議藤原宗忠はまず院御所の高松殿に赴き、多くの公卿らとともに御幸に供奉している。ひと通り見て廻ったところ西築垣と東西の塔の造作が遅れていたが、塔は播磨国の請け負いであった。また翌日の天皇の行幸に備えて法勝寺の掃除などを行っている。

天皇の行幸は一日おいてのことであり（『中右記』『殿暦』二月二十六日条）、高陽院南の大炊御門大路を東に京極大路まで進んで南の二条大路末（平安京外の街路には「末」を付す）を東へ、西門から法勝寺に入御、講堂のうしろを通って常行堂に入られた。夜には上皇の渡御があり、親子の対面がなされた。

いっぽう落慶供養に備え内裏（高陽院）の馬場殿において楽所始めがあり（『中右記』四月二十七日条）、上皇の作事御覧も頻出するが、十日の時点で鐘楼と経蔵がたいへん懈怠している状態であったという（『中右記』六月二・三・十・十六日条など）。

尊勝寺供養の一ヵ月前には供養日時（七月二十一日）と僧名定めがあり（『中右記』六月十八日条）、十

白河殿跡（現・京都 白河院）

白河南殿跡
（奥の流れは琵琶湖疏水）

日後には諸堂に納める仏像が安置された（『中右記』『殿暦』六月二十九日条）。そのことに関して、日時勘問では「巳の刻、座を居える。午の刻、御仏を居え奉るべきなり」となっていたのに大仏師円勢らは上皇の御幸以前の早朝に仏座を据えてしまい「行事官」（行事責任者）の民部卿大納言源俊明と右中弁平時範が上皇の勘発を蒙ったという。上皇の尊勝寺渡御に同道していた藤原忠実は、上皇はたいへん不快感を持たれたと述べている。

仏像の安置は予定どおり「午刻」に行われた。金堂・講堂・曼荼羅堂・観音堂にはそれぞれ丈六の観音像を安置したが、東西両塔の仏像のそれはなかった。上皇はこれらを見届けて高松殿に還御している。新御願寺の名が尊勝寺と定められたのはこの日のことであった。そして供養の二週間前、上皇は院御所の白河泉殿に御幸し、督促をかねて尊勝寺へ連日出向いては覧て回っている（『中右記』七月八日条）。

供養に備えて前夜、天皇は物忌をおして法勝寺の「常行堂東御所」に行幸されたが、これは翌日の「太白神」を避けるためであった。天皇が高陽院を出御されたのは夜の十時で南の大炊御門大路を東へ東洞院大路まで行って南下し、二条大路から京外に出て法勝寺には西門から入御され、すでに御幸されていた父上皇と深夜の対面となった。その後に上皇は西北の新御願寺へ遷御され、夜半に中宮（篤子内親王）が法勝寺へ行啓された（『殿暦』『中右記』七月二十日条）。

そして迎えた七月二十一日の供養当日、まずはその日の動きを『中右記』と『尊勝寺供養記』[14]（以下『供養記』と略す）から見ておこう。

午前十時過ぎ鳳輦の御輿は法勝寺の西門を出て尊勝寺には東大門から入って金堂の東廊北面に寄せられ、そこより天皇は歩かれて金堂内の御在所に入御。供奉の輩は至近のため歩行であった。これより早く午前二時ごろ上皇および中宮の渡御があった。金堂には上皇の御所があり、衆僧、天皇・上皇双方の公卿・殿上人、蔵人、中宮職の女官、楽人などの座が設けられた。詳細な儀式の様子は省略に委ねるが、金堂における大僧正隆明を導師に迎えて荘厳にして盛大な供養が挙行され、儀が終わり導師・呪願が退出し、舞楽が終わったあと、天皇は上皇の御在所に渡ってご対面が行われた。天皇と中宮が高陽院に還御されたのは夜中のことで、上皇も泉殿（白河殿）に還御された。因みにこの日の吉事に免じて非常赦、原免、賑給が行われたことはいうまでもない。

この時点で出現した堂塔を『供養記』から拾えば、金堂・経蔵・鐘楼・講堂・東西御塔・薬師堂・灌頂堂・五大堂・曼陀羅堂・観音堂などで、各堂では安置された仏像の開眼が行われた。法会が終わった後、検校に仁和寺僧の覚行法親王（上皇皇子）、上座に静命阿闍梨をはじめ「諸堂供僧各二口、合十六口、皆僧綱、夾名別紙也、[15]」が補任されている。これら堂塔の配置について建築史の福山敏男氏は次のように述べている。

金堂を中心としてその左右脇に連なる回廊が前庭を一周して正面に中門を擁し、金堂の北に講堂があり、金堂と講堂の間、東に経蔵を、西に鐘楼を配し、回廊の外、東南隅と西南隅とに各一基の五重塔を建て、このほか灌頂堂・薬師堂・曼陀羅堂・五大堂・観音堂を存し、四面に門を開き築垣をめぐらしていたことが知られ、更に長治二年には新たに金堂の西に三十三間四面の阿弥陀堂を建て、同時に准胝堂、法華堂を加え、大治四年には鳥羽上皇御願の御堂が寺内に建てられるなどのことがあり、立ち列ぶ堂塔の盛観が想われる。

ここに見える阿弥陀堂以下の諸堂は三年後に出現するものである。(16)

創建時の尊勝寺の造営に与ったのは、金堂・講堂・廻廊・中門・鐘楼・経蔵を但馬守高階仲章、薬師堂・観音堂・五大堂を伊予守藤原国明、灌頂堂を越後守藤原敦兼、曼荼羅堂を若狭守平正盛、東西塔・南大門を播磨守藤原基隆の受領たちであった。彼らは勧賞として重任宣旨を蒙っており（『中右記』『尊勝寺供養記』七月二十一条）、ほかに造仏責任者の大仏師法眼円勢が法印大和尚位、木工・修理寮の大工四人が加階、給爵を得ており、このほか院近臣で勧賞された輩が多い。造作には受領の力が大きく与っていたが、こうした「成功」（売官）が鳥羽殿の造営でも見たように院政期に顕著であった。

尊勝寺供養の一ヵ月前のこと、深更に及んで天皇が昼御座に出御されて臨時除目が行われたが、「俄」の語に突発的なことが察せられる。その結果、「近代の公卿二十四人、源氏の人過半か。未だ此の如き事あらざるか。但し天の然らしむるなり」ということが生じ（『中右記』康和四年六月二十三日条）、源氏のうちの半数は村上源氏で占めていた。その躍進ぶりが思いあわされる。多くの伽藍を擁した尊勝

尊勝寺跡

寺であったが、元暦二年（文治元、一一八五）七月、「午の刻、大いに地震う。洛中然るべきの家築垣皆頽れ、舎屋或は顚倒し、或は傾倚す。打ち襲われ死去する者多しと聞く」（『吉記』七月九日条）と、まさに時代の変革を告げる大地震で講堂・五大堂・四面築垣・西門を失い、十三世紀前半に南大門・西塔・金堂・東塔が焼けたり倒れたりして鎌倉期に大きく衰亡した。

内裏への遷幸

供養の二ヵ月後、天皇は里内裏であった高陽院から内裏へ遷幸され（『殿暦』『中右記』九月二十五日条）、堀河殿に遷御するまでの二年間を過ごすことになる。このことも含め承徳元年（一〇九七）の新造にともない高陽院に遷御し、その間に内裏新造のことが持ちあったり、諸国疲弊などを理由に消えたりしつつ造作成って遷御したものの二ヵ月で高陽院に戻り、二年後に内裏に入御（このたびの遷御）と、その後の変遷についてはすでに述べたのでここではくり返さない。

天皇が高陽院を離れた十七日後、藤原忠実が初めて渡り（東の対）、「故大殿北政所」こと祖母の故藤原師実妻の源麗子が枇杷殿から渡ってきた（寝殿西渡殿）。この渡御に関わって忠実は次のように述べている（『中右記』康和四年十月十三日条）。

殿下談じ給いて云く、此の高陽院の券文、未だ我がもとに渡らず。今夜、移の儀、ただ北政所渡り給う御共の儀なり。仍て五菓・黄牛・反閇無し。また所々饗饌の事など後日、追って券文を渡□寝殿に移るの日、尋常の如く移徙の儀あるべし、といえり。但し吉書一通ばかりに至りては明日、凶会なり。仍て□（急ヵ）事を思わんが為に内覧文、今夕、覧るところなり、といえり。尤も然るべきや。深更に及んで退出す。

邸宅の売買にともない券文が必要であることはいうまでもないが、[17]その実態を教えてくれる。この券文については藤原宗忠の中御門亭のところでも触れる。

康和四年の冬、天皇は藤原宗忠を介して父から『後三条天皇御記』を献呈されている（『中右記』十月二十三日条）。それは「年来早く進覧すべしと雖も我が身の秘書たるにより手から放さずなり。但し後朱雀院御記、故院（後三条天皇）早く我に給わず。是れ定めて吉例なり。彼例を今に思い出すにより遅々の由申すべし、といえり」というものであった。献呈が遅くなった理由として白河上皇は、自分が父の後三条上皇から祖父の『後朱雀天皇御記』を拝受したのも遅かったので、と語っている。上皇から子の現天皇に祖父の御記を献呈することが慣例であったものか。そうだとしたら、このことを通じて上皇が天皇に帝王学を伝授しようとした証かもしれない。この時に献呈された『後朱雀天皇御記』は類聚二十巻（年中行事十三巻、神事二巻、仏事五巻）と目録一巻であり、本書（編年記）は上皇の手元に留め置かれた。

翌月になって天皇は風邪で体調をくずされたが（『中右記』『殿暦』十一月五・六日条）、月末には弘徽殿に渡御して舞楽を観賞しているから（『中右記』『殿暦』十一月二十九日条）長引くことはなかった。天皇が病に取りつかれるのは三年後のことである。

皇子の誕生と立太子

年が改まって康和五年（一一〇三）の正月、女御藤原苡子が堀河天皇の唯一の皇子（典侍腹で僧籍に入ったものを除く）を出産して九日後に亡くなった。二十八歳という若さでの崩御は天皇に計り知れない悲痛を与えたが、その経緯と葬送のことについては詳述したので繰り返さない。

このとき生まれた皇子の五十日《いか》の祝いが上皇御所の高松殿で行われたのは三月十五日のことで、(18)誕生から五十九日目、母の死からは五十日後であった。夜の十一時に内裏を出御した天皇の一行は、朱雀門を出て二条大路を東進、西洞院大路を南下して西門から高松殿へ入られた。「寝殿に於て今宮、五十に御す。主上含ましめ奉り御うなり。御乳母弁三位内御乳母也、名光子、奉懐今宮、」とあり、天皇は寝殿において若宮に食べ物を含ませているが、これは餅と解してよかろう。この役は赤子の父が行うことが多い。(19)そのとき若宮は御乳母の弁三位こと藤原光子に抱かれていた。前述したように光子は堀河・鳥羽両天皇父子の御乳母をつとめている。

この日に上皇との対面はなかったが、その理由として『殿暦』は上皇の叔母の前斎院娟子内親王の薨去を挙げ、(20)『中右記』は石清水臨時祭を挙げている。午前二時ごろに還御とあるので天皇の滞在は数時間と短かった。

五十日の祝いの四十一日後、やはり高松殿の寝殿に天皇が出御されて百日《ももか》の祝いが行われたが、その日は生誕から数えてちょうど百日にあたっていた。「主上含ませ奉り給う。伊与三位抱き奉る」とあって天皇が食べ物を含ませたことは五十日の時と同じで、還御も夜更けてからであった（『殿暦』『中右記』康和五年四月二十七日条）。なお伊与三位とは藤原兼子のことで、五十日の祝いの時には陪膳をつとめている（『殿暦』三月十五日条）。

この皇子は一ヵ月あまり後に親王宣下があって宗仁と命名され（『殿暦』『中右記』『本朝世紀』六月九日条）、その二ヵ月後には東宮となっている。その日の動きを『殿暦』と『為房卿記』によって見ておこう（八月十七日条）。

宗仁親王の立太子は、「一歳の立太子、清和・冷泉両帝の例なり」とあるように九世紀半ばの清和天皇と十世紀半ばの冷泉天皇の例にならって挙行された。この日は生憎の激しい雨となったが、宮と上皇が移動の間は「陰り雲また霽れ。陽烏（太陽）更に明るし。天の善を与え盡く以て詔の允《ママ》」、と吉祥を喜んでいる。立太子の儀は禁中の儀と東宮御所の儀から成る。

右大臣藤原忠実は辰の刻に上皇御所の高松殿に参入し、午の刻に上皇ついで若宮（宗仁親王）の御車が各々前駈を仕立てて高松殿の西門から出御、西洞院大路を北行し、二条大路を西へ堀川大路まで進み、そこから北へ高陽院の西塀に沿って中御門大路まで行って東折し、高陽院の北門から入御している。この経路だと通常では西門から入るはずだが、わざわざ北門まで回り込んでいるのには理由があった。それは「冊命以前、西の対御所に渡り御うべからずの由、同所より上申給うなり。随って西門に入り御うべからざるなり」とあるように、冊命以前に御所に入ることは罷りならんということによる。

その後、忠実は未の刻に内裏に赴き、堀河天皇の出御のもと宣命使が宣命（草の段階で天皇の奏覧を経て清書）を読み、終わると天皇は還御。秉燭に及んで天皇が直衣でお出ましになり、東宮職の官人任命つまり坊官除目が行われ、忠実の東宮傅以下の任命があった。そして任官者が天皇に慶賀を奏上し、忠実は天皇に東宮御所の儀に参ることを告げ、公卿以下も高陽院に移動した。ここでも坊官任官者が東宮に拝賀し、「令旨拝」（令旨とは東宮・三后の命令を伝えるために出される文書）のあと禄を賜わっている。所々饗が盛大に挙行されたことは言うまでもない。

ところで東宮の御所となった高陽院の西の対の御装束について『為房卿記』に、

件の対、前年遷御の間、清涼殿所新らたに諸国に仰せられ造進せらる。但し卯酉妻にこれを立つ。御殿の造作皆改めて定めらる。石灰壇に板を敷き、小蔀を撤却し、夜御殿の西戸前一面を馬道と為し、子午妻に切御障子を立つ。また南庭、中門北柱より東行に立蔀を立つ。御殿巽柱に当り北折に立廻す。記文にあり。南軒廊に当り戸を開く。

とあり、数年前から里内裏として使用されてきた高陽院の西の対を清涼殿に当てたこと、夜御殿・石灰壇の存在が知られ、また昼御座や朝餉・台盤所や蔵人町などの設営もみられる。上皇の御所には東の対が当てられた。

そもそも立太子の儀について「今日、皇太子に冊命の事宣下せらる」とあるように立后・立太子は詔勅をもって命ずることから冊命の名があるが、それは檀紙三枚に書かれていた。

このように宗仁親王が東宮となったのは生後七ヵ月の時であり、前例とした清和天皇は生後八ヵ月、冷泉天皇は二ヵ月で、そのほか陽成天皇の一・五ヵ月、花山天皇の十一ヵ月が平安時代に入ってからの一歳未満での立太子の前例である。因みに宗仁親王は四年後に践祚して鳥羽天皇となる。

女御藤原苡子が亡くなった後の天皇の心労は大きく、一週間ほど経ったころの様子を次のように伝えている（『中右記』康和五年二月四日条）。

主上、前女御の事により御心労あり、甚だ由なき事なり。昔、延喜の御時、子女御卒と為すの間、帝、御持僧をして身を護らしむ。此の如き例に付け御用心あるべきや。就中、今年、主上御重厄の歳廿五、御譲位の後十八年、末代の君、年限を保ち難きなり。また今年正月朔日、禁中御物忌なり。二宮大饗の夜、侍臣聊か乱逆の事あるなり。叙位の議御衰日なり。また近日、大風のため日華門吹き倒さるるなり。東方は年首なり。日華門の東方中央門なり。みな是れ、主上慎み給うべきの義なり。能く祈請せらるべきか。彼の卿、此の如き旨を申し、此の□を以て密々に事の次いである時に奏達すべし。此の事他人全く聞かざるものなり。

前女御とは言うまでもなく正月二十五日に他界した苡子のことで、醍醐天皇が妃の為子内親王（光孝天皇皇女で醍醐天皇の妃となり、昌泰二年三月十四日に崩御）が亡くなった時に御持僧に護身させた例を引いて、そういったこともあり得るか、加えてこの年に二十五歳となる天皇は重厄に当たり、正月早々に大風が吹いて内裏の南庭東の日華門が顚倒するなど、天皇はより慎まねばならず、在位して十八年、末代の天皇として年限を重ねることは難しい、とある。これらのことは大江匡房が上皇に書状で申上してきたもので、勅使として上皇をたずねた宗忠が聞いて記したのである。

三日後、参内してきた宗忠に対して天皇は「故女御の事、なお以て思遣方《おもいやるかた》なく、悲歎尤も切なり。日月の過ぐるに随いて思い盡すべからず」と心中を吐露され、亡き女御の菩提を弔って一堂を建立しようと思うので上皇の意見を聞いてほしい、と。そこで宗忠は高松殿に赴いて天皇の意向を申上すると、「尤も然るべし。但し早く方忌を避ける地を選び、かつまた受領成功の者を尋ね、件の事を遂げしめ給うべし、といえり」との返答であった（『中右記』二月七日条）。

康和五年（一一〇三）初秋のこと、延暦寺の大衆が日吉社の神民を伴い二十人余りで白河上皇御所の門前に集結したことで、宣旨を下して追却させるといった事件が起きている（『殿暦』七月二十・二十二日条）。「賀茂川の水、双六の賽、山法師、これぞ我御心に叶わぬ物と、白河の院も仰せなりけるとかや」（『平家物語』巻第一）、と白河上皇が三不如意の一つに山法師の横行を挙げたのも由なしとしない。山法師とは延暦寺の衆徒のことである。院政期には僧兵が宗教の力に物言わせて朝廷に対して強引に要求を飲ませる強訴の行為をしばしば行ったことはよく知られるところである。

注

（1）『中右記』永長元年九月十七日条に「不例の御事なお未だ尋常ならず」と関白の病状が記されている。『後二条師通記』八月二十三日条には「咳病の事により内に参らず」と見え、十日後に二条殿に関白師通を見舞った藤原宗忠は「去月二十三日より聊か咳病の気ありて不例に御すなり。而して此の両三日、頗る以て重く悩む。仍りて大殿（父、師実）・北政所（母、源麗子）・左大将殿（故、忠実）渡らしめ給うなり。御読経など始め行われる所なり」（『中右記』九月四日条）と記している。初参内は『中右記』永長元年十月十五日条の「今日関白殿初めて内に参らしめ給う御悩之後初御参内、」。

（2）『尊卑分脈』第一篇「摂関相続孫」の「忠実」の尻付に「祖父師実公の子と為す。父公早世によるなり」とあり、忠実が師実の養子になっていることを知る。

（3）『愚管抄』（第四）に「京極大殿（師実）ト云運者、又殊勝ノ器量ニテ、白河院ヲリ居ノ御門ニテ、ハジメテ世ヲオコナワセ給ニ、アイ〳〵マイラセテメデタク有ル也」とあって在位中と上皇時代の白河を輔佐したことがうかがわれる。

（4）法勝寺については「白河院御願の事始めらる。件の所故宇治大相国累代の別業なり。左大臣伝領し公家に献ず」

（『百錬抄』承保二年六月十三日条）の記事により、即位四年目の白河天皇が摂関家伝領の別荘地を藤原師実（父の故頼通から受け継いだ）から献上され、そこに建立したことが知られる。これに始まる六勝寺のことは慈円の『愚管抄』第四に「白河ニ法勝寺タテラレテ、国王ノウヂデラニ是ヲモテナサレケルヨリ、代々コノ御願ヲツクラレテ、六勝寺トイフ白川ノ御堂大伽藍ウチツヾキアリケリ。堀河ノ院ハ尊勝寺、鳥羽院ハ最勝寺、崇徳院ハ成勝寺、近衛院ハ延勝寺、是マデニテ後ハナシ。母后ニテ待賢門院円勝寺ヲ加ヘテ六勝寺トイフナルベシ」とある。

(5) 母の藤原親子が白河天皇御乳母であった関係から藤原顕季は大国の受領歴任などで財を成して豪邸の建立や造寺造仏を行い、一方で六条修理大夫の名で歌道界にも重きを成した（『尊卑分脈』第二篇「末茂孫」ほか）。

(6) 渡宋に到るまでの母との葛藤、渡海、宋での巡礼の様子などを読み解いたものとして伊井春樹『成尋の入宋とその生涯』（吉川弘文館、一九九六年）、石井正敏「成尋」（元木泰雄編〔古代の人物⑥〕『王朝の変容と武士』所収、清文堂出版、二〇〇五年）がある。石井氏は成尋の誕生を一〇一三年と見る。

(7) 「御賀事始」（『中右記目録』康和三年八月二十八日条）を初見として「行事所始」（同、十月八日条）「楽所始」（『殿暦』十月十九日条）、康和四年に入って「召しにより未の刻内に参る。終日御遊、御賀舞人ら舞を御覧。雨により南殿で舞わる。人々多く直衣、深更に及び事了んぬ」と皇居（高陽院）南殿における天皇の舞御覧（『中右記』康和四年正月十七日条）などの予行演習が活発に見られ（『中右記』二月五・八・十二日条以下）、最後の試楽は本番九日前の康和四年三月九日であった（『殿暦』『中右記』）。

(8) 三田村雅子「天皇と中宮の青海波」（『記憶の中の源氏物語』新潮社、二〇〇八年）。

(9) 『日本古典文学大辞典』（簡約版）（岩波書店、一九八六年）の「堀河院艶書合」（関根慶子筆）に要領よく纏められている。『長秋記目六』巻一「康和四年暦記」の閏五月二日条に「艶書和歌会事」、『殿暦』同七日条に「御前に参り、今夜小和歌会あり、と云々」とあることで「堀河院艶書合」が裏付けられる。

(10) 『殿暦』康和四年四月十～十三日条。また『中右記』四月十一日条に「主上、夜前より御咳病の気御すなり。仍りて上皇、今夕鳥羽より高松に御幸す。深更に及び殿下また内に参り給う。殿下、今日御物忌なり。御咳病指せる事御さず、といえり。仍りて退出し了んぬ」、十二日条に「今夜、法王鳥羽殿に還御す。是れ主上の御咳病指せる事御わさざるによりなり」とあって心配のあまり父の上皇は天皇の御所（高陽院）近くの院御所、高松殿に渡御されたが翌日には還御している。

(11)　仁和寺を本寺とする四円寺の一つで後三条天皇の御願寺。延久二年十二月二十六日に落慶供養をみた。杉山信三「円宗寺」（前掲『院家建築の研究』）、平岡定海「四円寺の成立について」（『日本寺院史の研究』吉川弘文館、一九八一年）参照。因みに京都市右京区竜安寺朱山にある円宗寺陵は後三条天皇陵である。

(12)　仏師円勢のことは『平安時代史事典』（前掲）の「円勢」（佐藤昭夫筆）に「十一世紀末から十二世紀にかけて活躍した仏師。長勢の弟子、あるいは二男という。永保三年（一〇八三）法勝寺塔の造仏賞を長勢より譲られ、法橋になったのが初見。その後祇園御塔、鳥羽御堂（証金剛院）、尊勝寺、白川御願寺（蓮華蔵院）などの仏像を造り、長承三年閏十二月二十一日寂。彼の活躍期が白河・鳥羽の両上皇による六勝寺・鳥羽・白河の造寺の最盛期に当たっていたゆえもあって、前例を見ないほど多くの造像に当たり名声を博したが、今に遺る作品はない」とある。

(13)　『殿暦』康和二年十二月二十七日条に「今日、御方違により鳥羽に行幸す。……件の御方違、御願を造せらるによるなり。件の御願法勝寺西、と云々」、『中右記目録』同日条。『中右記目録』康和三年八月二十五日条に「白川に御幸し、新御願を覧る」とある。

(14)　『尊勝寺供養記』（『群書類従』巻第百三十二所収）には建物の配置、堂舎の装束、天皇・上皇・公卿・殿上人以下の座所などに関して詳細な記述が見えるが、その理由を「作者は未詳であるが、内容から推して供養会を実見した貴族の筆になるものであろう」とみる浅香年木氏の説（『群書解題』第七巻「尊勝寺供養記」続群書類従完成会、一九六二年）は説得性がある。この供養が御斎会に准じたこと、しつらいの始行が十五日からであったことなどが『尊勝寺供養記』からわかる。

(15) 福山敏男「六勝寺の位置」(『日本建築史研究』墨水書房、一九六八年、初出は一九四三年)。尊勝寺の位置についての詳述も見られる。また杉山信三氏は伽藍配置を記した後に発掘調査の成果を踏まえて「……法勝寺から二町西方に離れ、寺域は東西に二町、南北には二町を超える広さを持つと想定できるようになった。二条大路に面して中央に建つ南大門(未発掘)、東西に分かれて建つ五重塔の痕跡が認められ……」と述べている(前掲『平安時代史事典』「尊勝寺」項)。

(16) 第四章の「尊勝寺新堂供養」参照。

(17) 土地売券の存在は『平安遺文』などからいくらも拾うことができる。寺升初代「『平安京の土地売券」(『古代学研究所紀要』第五輯、一九九五年)、朧谷「邸宅の売買と相続」(倉田実編『王朝文学と建築・庭園』竹林舎、二〇〇七年)など参照。

(18) 『中右記』『殿暦』康和五年三月十五日条。本来なら三月六日が生誕五十日であったが凶日などで九日後になった。そのことについて『為房卿記』(宮内庁書陵部編〈図書寮叢刊〉『御産部類記』七「鳥羽院」所引)康和五年三月五日条には「来る六日満五十日、然らば同七日一度供すべし。件の日欠日なり。然らば八日より度を供すべきや。また御湯を留むべき事、満五十日の日、留むべからず。来る十五日、餅を供すべきの日、御湯を止むべきなり」とある。

(19) 前掲『国史大辞典』の「五十の祝」(中村義雄筆)に「平安時代の貴族社会に行われた通過儀礼の一つ。小児誕生の後五十日目にあたる夜、重湯の中に餅を入れて小児に含ませる儀。凶日を避けるので必ずしも五十日目とは限らない。この儀には市の餅が使用され、月の前半なら東の市、後半なら西の市の餅が調進されるしきたりである。戌の刻(午後八時ごろ)に行われた例が多い。餅を切って擂粉木《すりこぎ》で潰し、煎汁《いろり》(だし汁)を加え、柳の木の箸と匙《かい》で含ませる。餅を含ませる役は父または外祖父があたる。この儀に使用される調度はすべて小ぶりに作られ、餅をはじめ籠物《こもの》・折櫃《おりうず》など五十に数を合わせる。儀式後祝宴が設けられた」とある。

(20)『中右記』康和五年三月十二日条に「今日未の時ばかり左大臣室家前斎院卒去す、と云々。斎院名娟子、後朱雀女、母故陽明門院なり。往年左大臣の妻と成り、すでに多歳を送り、今日すでに卒去す年七十二云々、」とある。娟子内親王は父、後朱雀天皇の即位にともない五歳で賀茂斎院となり、天皇の崩御により十四歳で退下。十年後に源俊房の妻となり七十二歳と長命を保ったが（俊房は享年八十七歳）終生子を成すことはなかったようである。後三条天皇の実妹ゆえに上皇にとっては叔母ということになる。

第四章　手腕を発揮する公務と長引く病

1　宮廷と行幸

ここでは堀河天皇に近侍し、かつ白河上皇の信任も厚い参議右大弁の藤原宗忠（康和六年の段階で四十三歳）の行動をとおして天皇父子の関わりを眺めてみよう。

勅使と院使の狭間で

康和六年が明けて春には天変を理由に改元されて長治元年（一一〇四）[1]となる。前年の冬に中宮（篤子内親王）は風邪に悩まされ、それが「御物気（怪）」によるものであったので祈禱を施し、中宮を見舞った天皇も軽い物怪に取りつかれたが大事には到らなかった（『殿暦』康和五年十月十四・十六・十九日条）。

年明け早々に堀河天皇は高松殿へ朝覲行幸され（『中右記』『為房卿記』『殿暦』正月三日条）、上皇の御所は生後一年を迎える皇子の東宮御所にもなっていたので、天皇にとっては喜びをともなう行幸であったかと思う。

その日、藤原宗忠は東宮の戴餅《いただきもちい》の儀（五歳までの年の始めの吉日を選び幼児の頭に餅を載せて前途の幸福を祈る）に奉仕するため高松殿に赴き、その後、行幸に随行するために内裏へ向かった。午後二時すぎ紫宸殿から出立した天皇の御輿は、日華門をぬけ東の宣陽・建春門を経て内裏を離れて東へ、陽明門を出て大宮大路を南下し、二条・西洞院大路を通って西門から高松殿に入り、西中門を経て西の対に入御された。

陽が沈むころ舞楽が挙行され、その間、灯りが燈され御膳が供せられ、その後に上皇と天皇との御対面が寝殿母屋の南面において行われ、ついで東宮との対面もあったが、参列者からこれらの儀は御簾に隔てられて見えなかったという。寝殿南面を御拝の座とし、天皇・東宮・上皇の座をはじめ公卿・殿上人の座を設営しているが、「此の亭の寝殿・西対代廊・西中門ばかりなり。また東二段ばかり小屋あり。一町に作り満たず。仍て行幸あるは頗る以て軽々や」とは宗忠の見解である。

このように東宮（宗仁親王）は高松殿を御所としたが、翌年には内大臣源雅実（堀河天皇の叔父）の土御門亭(2)に移っている。いずれも院の御所であり、白河上皇がこの孫にいかに大きな期待を寄せていたかが知られよう。

ここで天皇晩年の五、六年間の堀河天皇と白河上皇の政治への関わりを『中右記』から探ってみよう。

作者の藤原宗忠は十七歳で侍従となって天皇に近侍し、四年後に従五位上となり（殿上人）、嘉保元年（一〇九四）、三十三歳で右中弁、四年後に右大弁、蔵人頭となるなど天皇方の実務官僚として活躍し、いっぽうで白河上皇の信任も厚かった。そして康和元年（一〇九九）、三十八歳で参議となって公卿の仲間入りを果たした。(3) 宗忠が公卿に昇進した時期から八年ほどが天皇の晩年に当たる。

衆徒による事件

康和四年（一一〇二）八月六日条によると、勅使として鳥羽殿へ赴いた宗忠は白河上皇の御前に召され、尊勝寺供僧事ほか三項目に亙って天皇の見解を申上している。天皇御願寺の尊勝寺は二週間ほど前に落慶供養を見たことは前述のとおりである。これに対して「一々御返事あり、私中事夜前御寺大衆事、牛登下侍事、」とあり、この上皇の見解を伝えるべく夕刻に内裏（高陽院）へ向かっていた宗忠は、七条朱雀大路の辺で呼び戻されて再び鳥羽殿に参上している。そこで上皇が仰せられたことは「彼大衆の事の仔細奏聞すべし。また宇治橋の事同じく奏すべし」の二件であった。内裏に帰り着いたのは亥の時と遅かったので、その夜は宿侍して翌日に奏聞し、その後に「内御使」つまり勅使として上皇のところへ赴いて報告し、また上皇の見解を奏聞している（『中右記』康和四年八月七日条）。こうしたやり取りが頻繁に行われていることに驚く。

上皇が仰せられた大衆事とは、院の下部・庁官らが興福寺木守らを責め催したことに端を発し、怒った興福寺の大衆が院使を凌轢したことなどを指し、宇治橋事とは興福寺衆徒の上洛を阻止するために宇治橋を破却することを指す（『中右記』七月十一日条）。

この事件は興福寺法印（覚信）が使者を遣わして宗忠に「大事たるにより馳せ申すところ」であった。同時に藤原為房を介して氏長者の右大臣藤原忠実に報告し、白河上皇にも奏している。興福寺は藤原氏の氏寺ゆえに忠実は苦渋の立場に立たされた（『殿暦』七月二十九日条参照）。忠実は興福寺僧綱を遣わして大衆の沙汰に乗り出し、それを受けてか、彼らは上皇に申文を奉り、収束にいたったらしい（『殿暦』八月十八・十九・二十一・二十六日条）。なお上皇が仰せた宇治橋のこととは、「興福寺衆徒、洛に参るべき由、其の聞こえあるにより、暫く宇治橋中間を破るべきの旨、院宣あり。仍りて右大臣殿に申し了んぬ」（八月十三日条）というものであった。

興福寺に対する上皇の怒りは解けず、結果として興福寺別当法印覚信の寺務停止にまで発展した（『中右記』康和四年八月一・二日条）。この一件が片付いた直後に興福寺大衆が蜂起して権別当範俊らの房舎を壊すといった事件が起きたが、これも先に見た六日の上皇が仰せた「大衆事」に内包していると考える。

この事件で宗忠は天皇と上皇、そして忠実の間を奔走しているが収束の気配はなく、上皇も「興福寺大衆非常の思いを成す由風聞あり。早く事の由を奏すべし」とか「興福寺大衆毎夜乱発し、便無きの詞を吐く。甚だ恐しく思い給う由奏聞すべし」と、宗忠に天皇へのとりなしを頼むばかりである

（『中右記』八月十一・十五日条）。大衆がかくも執拗に抵抗を続けるのは事の発端が院宣にあったからにほかならない（『中右記』八月九日条）。白河上皇の三不如意の一つ、僧の強訴は山法師（延暦寺の衆徒）に限ったことではないのである。時を同じくして山法師も騒動を起こしているようで（『中右記』八月十四日条）上皇が嘆くのも無理はない。

この騒ぎが収束したかと思ったら今度は東大寺と興福寺の衆徒が闘乱に及ぶ事件が起きた。それは早朝、山階寺（興福寺）の上座定深の報告によって齎された（『中右記』九月四日条）。

> 昨日、東大寺大衆、山階寺大衆と合戦す。是の事の発りは東大寺鎮守明神祭世号手掻祭者、の間、御寺（山階寺）の下僧田楽を作《な》し、東大寺東南院禅師覚樹の桟敷を過るの程、東大寺方より田楽を射散らす。これに因り夜陰に及び合戦す。また東大寺領西里四町ばかりを焼亡し了んぬ。是れ東大寺衆、先ず御寺の東里に放火するのゆえなり。驚きながら殿下並びに院に申す件里二町許、被焼云々、。

東大寺鎮守明神こと手向山神社の手掻祭(4)に興福寺僧が田楽を行うために東大寺の覚樹の桟敷前を通っている時、東大寺僧が射かけてきたことに端を発し夜には合戦に及び、それぞれの領地への放火に発展した。この一件を宗忠は忠実と上皇に報告している。その夕刻には定深が合戦の報告のため馳せ参じ、いっぽう頭中将藤原顕実は「東大寺大衆平らぐべし」との天皇の意向を東大寺別当永観律師のもとへ仰せ遣わしている。翌日、勅使として鳥羽殿に赴いた宗忠に対して上皇は「近日、諸寺大衆連日乱発す。或は道理、或は非道、此の事、聞こし食《め》すに便ならず」（『中右記』九月五日条）と慨嘆するばかり。

右大臣藤原忠実のもとへは頭中将から天皇の「奈良の大衆止めるべし」との命が伝えられ、日記に「件の事東大寺・山階寺去る三日合戦、其の後、なお静まらざる事によるなり」と記し、両寺の諸司を呼んで闘乱の停止を申し渡す、との朝廷の見解に「極めて能き事」と賛同し、さっそく実行に移されたが収束には時間がかかっている(5)。

そんな矢先のこと、勅使として鳥羽殿に赴いて「新御願庄ゝ事」「藤原盛重勘当事」などを申上した宗忠に上皇は次のようなことを仰せられた(6)。

> 明年、主上御慎み能々《よくよく》御用心候うべき事。また一日、院中落書ある事、其の文に云く、仏法は火を以て滅すべし。王位は軍を以て亡ぼすべし。其の期十月十七・二十五、十一月五日なり。但し伊勢大神宮・八幡宮などに祈るべし、といえり。もし祈り申されば院・主上平安に御わす、といえり。此の事、信受すべからずと雖も落書の躰、凡人の手跡に非ず。また世間の人悪を記さず、甚だ心を得ず。件の旨必ず奏聞すべし、といえり。

ここで注目されるのは仏法と王位の滅亡と時期を記した落書で、伊勢神宮・八幡宮に祈請すれば上皇・天皇ともに平安であるという。誰が書いたか不明だが凡人の手ではないとある。前段の明年、天皇は御慎みの年であるから用心するように、ということと相呼応している。

上掲の「藤原盛重勘当事」とは、路頭において右中弁藤原長忠の牛飼童を搦め取った左衛門尉藤原盛重に関して「検非違使と雖も指して過ぐるの人なく凌轢の条、甚だ非常なり」という理由で勘当されたことを指しており、天皇からの報を受けて上皇は盛重の停任の意思を吐露しつつ、よく検討するように付言し、天皇も同意して勘当となった次第であるが（『中右記』康和四年十月、二十一・二十七日条）、このような末端のことでも意見交換を行っている。

宗忠の奔走

使者をつとめる宗忠の行動たるや大変なもので、「早旦より夜陰に入り四个度、御使として院に参る。是れ皇子御乳母の間の沙汰なり。深更に及び家に帰る」とか「早旦、院より召しあり。則ち馳せ参る。御使として内に参る。夜に入り六个度往反す。皇子の御祈、御乳母、御五十日聞こし食《め》す間の事なり。また来月、石清水臨時祭延引すべきや否の間の事などなり」（『中右記』康和五年二月五・九日条）と、日に五回前後の往き来もあったのである。ここにいう乳母や五十日祝いの対象となっている皇子とは誕生間もない宗仁親王（鳥羽天皇）のことであり、この皇子を出産した女御藤原苡子が他界したことなどは前に詳しく述べた。

この前後に内大臣・右大将の源雅実が白河上皇の院勘を蒙るという事件が起きている。上皇から

「大将闕怠の事」（『中右記』十二月八日条）を申しつかった宗忠は天皇へ奏上、その後、毎日のように両者間を往き来している。そんななか天皇は「内大臣、近日院御気色宜しからず、朕の外親歎き思い給う由申すべし、といえり」と胸のうちを吐露している。源雅実は亡母（藤原賢子）の実弟つまり天皇の叔父に当たる。翌日に宗忠を介して天皇の気持ちを聞かれた上皇は「昨日の内の仰せの旨〈内大臣事〉、を申す。御返事詳かならず。頗る以て請わざるなり」と妥協していない（『中右記』十二月二十七・二十八日条）。

年が明けて大極殿で恒例の御斎会が始まり内大臣も列席し、同じ日の法勝寺・尊勝寺金堂での修正会にも顔を出した。法勝寺の発願主である白河上皇が御幸されたことはいうまでもない。上皇は宗忠を院御所、高松殿に呼んで以下のようなことを仰せられた（『中右記』康和五年正月八日条）。

早く内に参り申すべき事。内大臣去年より以来、頗る以て勘当なり。而るに夜前、左右なく推し来たる条、我のため安からざるの由、奏すべし、といえり。大事たるにより内に馳せ参り、中宮御方に於て奏聞す。御返事に云く、ただ参仕すべきの由、我教えるところなり。偏にただ我咎なり、といえり。帰りて院に参り、件の旨を申すのところ重ねて御返事あり。御気色により来たれる者左右を申さず、といえり。汝休息て、夕方、内に参るの次いでに申すべし、といえり。承り了んぬ。辰の刻ばかり家に帰る。

内大臣源雅実が院勘中にもかかわらず行動したことに上皇は心穏やかでなかったが、それが勅旨によるものと知り、ひとえに朕の咎とまで天皇に言われたら上皇も引き下がるしかなく、雅実の出仕を認めている（『中右記』康和五年正月二十七日条）。

藤原宗忠は勅使として上皇のもとへというパターンがほとんどであるが、その逆の院使としてということも間々あり、宗忠を介しての奏聞に対し、上皇、天皇が「御返事」と称して承諾したり意見を述べたりしたことを帰参して報告する、事柄によっては往反が数度に及ぶこともあった。あるとき上皇の御返事を天皇に奏上するために内裏に向かっていた宗忠は、俄かに身心不例に陥って堪えられなくなったので自宅に帰り、このことを消息で内裏に伝えている。翌日も思わしくなく、その翌日になって上皇の御返事を天皇に奏上している（『中右記』長治二年六月六～八日条）。

そうかと思うと深夜に天皇から呼び出しがあり、「山大衆・神民事」で上皇のもとへ赴き、御返事を受けて奏上しようと内裏に向かうと、天皇はすでにお休みになっており、その夜は宿侍して翌日の早朝に果たしている（『中右記』六月三十日、七月一日条）。緊急を要する事柄の時には真夜中でも呼び出されている。この時の上皇御所は、内裏と深夜に往復している点から見ても鳥羽殿ではあり得ず、内裏から一キロほどの距離にあった大炊殿であった(7)。ある時などは、上皇の御返事を奏上するために内裏に戻ると天皇は入浴中だったので、しばらく殿上に候し、その後に呼び入れられている（『中右記』康和五年十月十五日条）。

天皇の政治への熱心な取り組みについては、「堀川院は、末代の賢王なり。なかにも、天下の雑務を、ことに御意に入させ給たりけり。職事の奏したる申文をみなめしとりて、御夜居《よゐ》に、文こまかに御覧じて、所々にはさみ紙をして、『此事尋べし、此事重て問べし』など、御てづからかきつけて、次日、職事の参たるにたまはせけり」（『続古事談』巻第二）、つまり臣下の提出した文書にも丹念に目を通して問題のある件についてはご下問があった、の一文からも窺い知ることができる。

使者としての宗忠は「朝夕公事を勤めんがため居所を上渡に占うの故」「居を二条以北に占う」つまり任務をこなすためには内裏（里内裏）と至近のところに居住していないと不便と感じ、この条件に適った平安京左京の中御門富小路亭へ転宅している。この場所なら里内裏の堀河院や高陽院そして本内裏にも近い。そもそも中御門富小路亭は源頼仲の持ち家であったものを宗忠が持ち家の五条烏丸亭と交換して取得したものであった(8)。

御物忌の際には宗忠が気をきかして参上しないことはあるが、天皇と上皇の方では呼び入れて面前で仰せられるか、内侍・女房を取り次ぎとして伝言の形をとるか、封書で行うかしている(9)。また御物忌でなくとも人伝では憚りがあるという理由から、封書でのやり取りもみられる。

除目の様子

ところで、いつの世でも最大の関心事は生活の基盤をなす職業であろう。その善し悪しが暮らしを左右するから就職と昇進には大きな関心が寄せられる。平安時代には民間企業などなかったからすべて公務員ということになり、それは京官（内官）と地方官（外官）に大別される。前者は原則として大内裏や厨町といった平安京に職場のある中央官で、その任用試験を司召《つかさめし》（除目）といった。後者のそれは県召《あがためし》（除目）と呼ばれ、名辞が示すように対象は諸国の役人つまり国司のことである。いうまでもなく除目は闕官について行われ、県召は正月下旬の三日間が多く（いずれも夜）、三月までに挙行されるので春の除目といい、司召は秋に行われるのを原則とした。両者が同時に任じられている場合もあり（『御堂関白記』寛弘二年正月二十七日条）、ほかに病気などによる辞退や死去に応じて行われる臨時除目・小除目があった。

まず、人名記入のある現任官、未記入の闕官を記載した一覧表である大間書（略して大間とも）により、闕官の中で官位相当のポストを考慮して中文（自己推薦状）を作成して提出する。外官の場合だと、全六十八ヵ国が熟国（豊かな国）とそうでない国など大・上・中・下国の四段階に分かれていたので（構成要員にも開きがあった）、いちがいに国守（長官のことで受領と呼んだ）といっても大国と下国では位階・収入などの面で雲泥の差があった。任官希望者はしかるべき国のポスト（守・介・掾・目……）を定めて中文を認めるのである。

期限までに提出された申文に関して、記載内容に偽りがないかなど事務方で書類審査があり、通過した申文が公卿会議にかけられて決定をみる。ここで力を発揮できるのが摂関などの権力者であった。それを知っていた受領たちは、日頃から権力者への経済的奉仕に努め、除目のおりの見返りを期待したのである。それを果たすためにも受領たちは任国で苛斂誅求を行使し、民百姓からしばしば訴えられている。

院政期には上皇が院御所や御堂の造作に受領の財力を当てにして、その見返りに重任するといった方策を講じた。京官と異なり国司は蓄財の大きな拠りどころとなったのである。ここで康和四年（一一〇二）秋の除目を例に公卿会議の流れを概観しておこう（『中右記』『殿暦』康和四年十一月十三・十四日条）。因みに『中右記』十三日の冒頭に「晩頭、内に参る、今日秋の除目初めなり」とあり、翌年十月二十八日にも「秋の除目始めなり」とあって冬に行われても秋の除目と称したのである。除目は秉燭以前に召集され、夜半とりわけ亥から子の刻に終わることが多い（『中右記』長治元年正月二十六日～二十八日、二月六日、長治二年正月二十五日～二十七日、二月一日の各条により除目の開始・中夜・入眼・下名の一連の流れを詳細に知ることができる）。

陣座（紫宸殿の東廊）

夕刻に左大臣（源俊房）・内大臣（源雅実）以下の公卿たちが仗座に参集してきた。そこで左大臣が「議所に着くべきか、如何」と申したのを受けて民部卿（大納言源俊明）が「近代、秋の除目必ず着せられざるか」と答え、肝腎の議所の設えができていないということで仗座で行うことになった。「議所」とは紫宸殿の東の宜陽殿南廂の東二間において叙位・除目の際に公卿が御前に参上する前後にここに集まって議した所で、「仗座」とは陣座ともいい、左右近衛陣近辺に設けられた公卿会議の場で、摂関期には議所から陣座への移行がみられ、国政を審議する公卿会議の場がここに定着し、公卿は常に陣座に候ずべきものとの意識も生まれた（『後二条師通記』寛治三年三月十七日条に「一条院の御時、公卿常に陣の座に候す」とある）。

左近衛陣とは紫宸殿前庭の東門の日華門にあった左近衛府の詰所で、その北の宜陽殿西廂に左近陣座があったが、後に紫宸殿東北廊の南面に移転した。右近衛陣は紫宸殿前庭の西門である月華門にあった右近衛府の詰所で、右近陣座はその北の校書殿東廂の南側に所在した。

戌の刻（夜の八時）に蔵人平知信が仗座に赴いて公卿を御前座へ召した。いっぽう外記が召され、大外記中原師遠が筥文（叙位・除目のとき硯箱の蓋に入れて御前に置いた上申書）を持参するよう仰せ下された。三人の外記が日華門を入って宜陽殿西壇下の軒廊南に西面して列立し、左大臣は射場殿（弓場殿とも。校書殿東廂の北端）北廊の西二間（右近陣座と至近）に南面して立ち、内大臣は東間、大納言・中納言は東砌内に西面して立ち、参議は射場殿の南砌に北面して立った。ついで左大臣・内大臣が清涼殿に参上し、民部卿権大納言藤原家忠、右衛門督（権中納言藤原宗通）が筥文をもって青瑣門（校書殿と北の清涼殿の間の門）より参上、その場所を「年中行事障子西辺」とするから清涼殿広廂の東簀子の南、つまり殿上の間の東入口あたりである。

陣座（東から）

御前の座へは左大臣に先んじて右大臣が召されているのは右大臣が内覧であったことによる。天皇が右大臣藤原忠実を召すときには「コナタニ」と発せられ、天皇の御気色を得て忠実は「左乃大丁チ君」と発して左大臣を召している。[10] ついで公卿らが着座して除目が始まった。まず闕官が奏せられ、大間を繰って三省（式部・民部・兵部省）が任じられ、「院宮御申文事」を奏された。さらに「公卿給二通」が参議に託され、退出して調べたところ、一通は藤井宿祢とすべきところを朝臣としているので不任、一通だけ認められ大間を巻いておのおの退出している。この日の除目が終わったのは子の刻であった。

この時の除目第二夜は入眼の日となっているが、一般には中夜と称して功課定や顕官挙などが行われるのを通例とした。[11] 功課定は勤務評定のこと、顕官挙は顕要とされる外記・史・式部丞・民部丞・左右衛門尉を公卿が推挙することである。

除目入眼とは大間書の官職だけ記されているところに姓名を書き入れるのである。それに備えて上皇はこの日の午前中に鳥羽殿から高松殿へ御幸され、民部卿は勅使として内裏と上皇のところを往反している。この日の公卿たちの動きは前夜のとおりで、ただ大・中納言が筥文を取るのが慣例で[12]、六人の中納言が顔を出しているのに誰もそれを行わず、私こと参議の藤原宗忠が行ったのは「頗る以て奇怪なり。参議殊に此の事を勤めざるか」と不満気である。清書の上卿の中納言源国信が御前に召されて大間を賜わり、殿上において公卿らがそれを披見している。それによると「内・外官の任人僅か二十人ばかり」であった。除目のさなかに上皇は鳥羽殿へ還御している。戌の刻に始まって子の刻に終わっているのは前夜と同じである[13]。

一日おいて除目下名、つまり参議が任官者の名を列記して式部・兵部省に下すことが行われている。夕刻四時ごろに内覧右大臣の藤原忠実を訪ねた頭中将藤原顕実は「民部卿から二通の申文が送られてきたので今日は除目下名があるのですね」と申し、忠実は「今日の下名のことは聞いていない、誰が言っているのか」と問い返した。顕実は「自分も聞いていないけれど民部卿から申文が送られてきたので」と語って帰っていった（『殿暦』康和四年十一月十六日条）。その事情は列席した藤原宗忠の日記から汲みとれ、加えて下名の具体相がわかるので少し長いが以下に引いておく（『中右記』康和四年十一月十六日条）。

深更に及んで寝に付くの後、月停む。午の程召使来り催して云く、今夜、俄かに指せる仰せあり。除目の下名行われる所なり。上卿帥中納言すでに参仕せられ了んぬ。早く馳せ参るべし、といえり。

則ち仗座に馳せ参る。上卿、端座に着き、……外記、下名・清書などを進めしむ。筥に入れ持参す。また外記に仰せて硯筥を進めしめ、参議の座前に置かしむ。上卿の気色により予進み寄り、除目を下して云く、式部権少丞重兼可削権字、采女正盛親可付兼字、本侍医也、上卿の命に随て或は権字を削り、或はまた兼字を付け、上卿に奉る。上卿筥に入れ外記に持たしめ、軒廊東二間より出で、階下を経て弓場殿に進み、奏聞す。了りて本座に帰り着く。外記除目を進む。外記に仰せて二省を召さしむ。式部丞宗光・兵部丞佐実入従宣仁門立小庭、上卿宣す。式の省給下名、兵の省又給下名、共に小庭に立ち、上卿宣して云く、未に計り給え。称唯して退出す。また外記を召し、除目を筥に入れ給うの次いでに命じて云く、権字を削り、兼字を付ける事、左大臣に申すべし。また明法挙任録によれば尻付大間の中算挙と注すなり。早く明法挙と直さるべきの由、左府に申すべし件三个条、上卿先在奥座間、所被仰下也。外記称唯し、筥を持ちて暫く小庭に立つ。また他の外記を召し硯筥を撤らしむるの後、上卿並びに下官、弁・少納言・上官らを相具して敷政門経庭中、是晴政路也、並びに左兵衛・左衛門陣を出でて結政《かたなし》に入る。庁の西庇に於て深沓を着け、共に庁に付くこと例の如し。外記、上卿の座の下より除目を前に置き筥を取りて帰り了んぬ。上卿、召使を召す、二音立庁北、称唯。後参南庭、上卿宣し了り召成の後、少納言実行・権左中弁時範朝臣・式部輔代行仲ら参入す、一列。二省丞以下一列。上卿召す。弁・少納言・輔代、前床子に着き、二省丞以下、壁下の床子に着く。上卿、輔代を召して除目を給う。また兵部輔代を召して除目輔代一人参入、仍相兼、奇怪也、を給う。輔代、除目を以て二省に下す。二省丞、版を置くべきの由仰す。二省除目を読み上ぐの間、任人三、四人に及ぶの程、上卿以下座を起ち退出す。時に鶏鳴に及ぶ。

昼ごろ天皇の使いが来て、今夜、除目下名を挙行するので参仕するようにと語り、宗忠は仗座に馳せ参じた。この状況から、この日の下名が急に決まったことが察せられ、藤原忠実の疑念は氷解する。この時の上卿は年初まで大宰権帥をつとめた権中納言大江匡房で碩学の公卿である。上卿の命により削字・補字・訂正した除目を筥に入れ、外記が弓場殿に持参して奏聞し、返されたそれを仗座に持参し、式部丞と兵部丞を召して下名を賜わっている(14)。二省の丞が召されているのは文官は式部省、武官は兵部省が担当したことによる。一連の儀が終わったのは午前二時であった。

天皇も上皇も関心を寄せた受領を中心とした除目の話はこれぐらいにして先にすすむことにしよう。

晩年の行幸

長治元年（一一〇四）正月、天皇が上皇御所の高松殿へ朝覲行幸され、滞在中の東宮と対面されたことはすでに触れたが、数日後の白馬節会にも出御される（『中右記』正月七日条）など元気に新年を迎えられた。父の白河上皇も元気に越年、春の一日を賀茂川辺へ方違御幸されている。「今夕、上皇御方違により、夜半ばかり俄に九条末の鴨川辺に御幸。御車を下り、暫く御す。鶏鳴を待ちて還御す、と云々」とあり、急に思い立って夜中に御幸して夜明けに還御している。その対象も邸宅が一般的なのに平安京東南隅の自然界とは珍しいことで、その二日後の方違御幸も西洞院五条坊門辺に車を立てて滞留し明け方に還御している（『中右記』二月二・四日条）。

春には前年の冬に予定して延引となっていた賀茂社行幸を挙行している(15)。天皇は正午にお出ましになり、公卿以下が南庭に列立するなか紫宸殿から蔥華の御輿に乗られて南庭東の日華門を出て東へ宣陽・建春門を経て陽明門から大内裏を出て大宮大路を北へ、一条大路を東進して鴨川を渡って下鴨社に着かれた。一時間ほどかかっている。御輿寄せが設けられていなかったので俄かに筵道を敷いて入御された。御禊があり、頭弁をして宣命を奏し、加階・給禄のことがあり、上賀茂社に着かれたのは夜の八時ごろであった。ここでも下賀茂社と同様のことが行われたが宣命奏だけはなかった。天皇が還御されたのは夜中の十二時という。

同じころに延暦寺衆徒が不穏な動きをしている。『中右記』長治元年三月三十日条に「近日叡山の衆徒相乱す。東西塔の僧合戦、或は火を放ちて房舎を焼き、或は矢に中り身命を亡《な》くす。修学の砌、還て合戦の庭と為す。仏法の破滅すでに斯の時に当る。また園城寺衆徒の濫悪此の如し、と云々。凡そ天台仏法滅亡の秋か。ああ哀しいかな」とあり、一般に叡山の争いと言えば山門派(延暦寺)と寺門派(園城寺)のそれを指すが、ここでは延暦寺の東塔と西塔の僧たちが合戦に及び、加えて園城寺(三井寺)でもそういった行為が見られ、藤原宗忠は天台仏法の滅亡と憂いている。

夏の終わりごろに東塔と西塔の衆徒が四、五度も合戦し、西塔の房舎が数十宇破却されたという。合戦のたびに雨が降り、「天の与えざる事か」「仏法の破滅か」と宗忠は嘆く(『中右記』六月十五日条。同、六月二十一・二十四・二十九日、八月十三日、十月二十六日条参照)。両塔の僧たちの争乱は半年以上も続き、以下の記事が示すように朝廷では綸言を下して鎮圧に乗り出している（『中右記』長治元年十月三十日条）。

近日、義家・義綱朝臣ら並びに検非違使に仰せ下さる。比叡山の東西坂本を固め、悪僧並びに兵仗を帯び山上に攀《よ》じ登るの輩を追捕せらる。また京中の悪僧らを追捕せらる。これにより山上の修学の僧ら随喜の思を含む、と云々。誠に是れ王化の遠被、仏法の再昌秋か。凡そ此の両三年来、諸社神人・諸寺大衆猥りに以て競い発し、旁《かたがた》濫悪を成す。全く以て制止無しの間、仏法すでに滅んとす。万人歎と成すのところ近く曾て適《たま》殊《たま》に綸言を下し、濫悪を禁じらる、善政と謂うべきなり。

比叡山東塔（根本中堂）

武将として名を馳せていた源義家父子や検非違使を悪僧の追捕にあて、このことを修学の僧は喜んだというから、山内は一体ではなかったことがわかる。この数年というもの神人や大衆が濫悪な行為を繰り返しており、ついに綸言を下して取り締まりに乗り出したのである。叡山に限らず

東塔（根本中堂）

衆徒の争乱には天皇も上皇も苦慮したようで、石清水八幡宮寺の衆徒が入京するとの噂を耳にした上皇は宗忠を召して天皇に奏上させ、翌日にかけて宗忠は両者の間を三度も往き来している（『中右記』長治元年二月十五・十六日条）。

皇居として親しまれながら十年前に焼失した堀河殿は「数年の間、未だ作り了わらざるなり」の状態に置かれていたが、備中守藤原仲実によって造営され、長治元年四月に中宮（篤子内親王）が内裏から遷御され、この時から「堀川院」を「堀川殿」と改めたという[16]。そう記しながら宗忠は、それ以前に堀川殿と記しており、遷御当日の記事（『中右記』長治元年四月十一日条）では「堀川院」となっていて以降はこれを用いているのである。

当日の早朝に宗忠は勅使として鳥羽殿に赴き、夕刻の中宮（篤子内親王）の堀河殿（「堀川院」と記す）遷御のこと、造営者の藤原仲実の聴昇殿のことを申上して上皇の了承を得ている。加えて上皇から、去る二月の堀河殿の造門について「凡そ二月、門を作るの条、大忌来久し」ゆえに行幸の時（六ヵ月後のそれを指すか）にはその門は造り改めるよう奏聞を促している。

夜の十時に藤壺東面の細殿で乗られた中宮の御輿（葱華）は内大臣以下の公卿らが供奉して内裏北の玄輝・朔平門を通って東へ陽明門から大内裏を出て大宮大路を南へ、そして二条大路を東へ、堀河

比叡山西塔
（荷い堂，左・常行堂，右・法華堂）

常行堂，奥に法華堂

釈迦堂

殿には西門から入御している。その間、雨脚が強かったという。西の対は六月に予定されている行幸に備えて天皇の御座所とし、西中門南廊に陣座を構えている。中宮の御輿は寝殿中央の間に寄せられ、名対面があり、東の対代廊の母屋に公卿、東廂に殿上人、東中門廊に侍従以下の席を設けて饗饌があった。藤原仲実が昇殿を聴されたことはいうまでもない。

二週間ほどして中宮御所では夕刻から「種々御遊」、つまり和歌・管絃の御会がもたれた（『中右記』長治元年四月二十四日条）。まず東の対代廊と東廂において公卿・殿上人への盃飯の儲けがあり、その後に寝殿の東廂に座を移して和歌の披講が行われた。歌題は大江匡房による「松契遐年」、講師は権左中弁平時範、読師は権中納言兼中宮権大夫の藤原能実がつとめ、簾中より女房らが三首（紅・紫・松重の薄様に認められていた）を出歌し、和歌御会が終わった後、右大臣藤原忠実の笙、参議藤原宗忠の拍子以下、琵琶・笛・篳篥・付歌・和琴の御遊がもたれた。三日後、中宮は内裏に還啓しているが、四月の遷御以後は堀河殿は「中宮御所」に当てられていた(17)。なお、中宮御所での和歌御会は時おり催されており、六月十日には「水風暁来」の歌題で挙行されている。

その年末には天皇が中宮とともに堀河殿に遷御された（『中右記』『殿暦』十二月五日条）。夜の八時、南殿を出御された天皇の鳳輦の御輿は内大臣以下の公卿らが供奉して堀河殿へは西門から入られた。同刻に中宮の行啓もあり、中宮権大夫藤原能実らが従って堀河殿へは東門から入御している。神鏡と御竈神の渡御があり、ここに堀河殿はふたたび里内裏となったのである。「堀河院、中宮御所として造営す。中宮前日遷御し了んぬ。仍て今夕の行幸、新所御渡儀なし無三个日事、」とあり、このたびの堀河殿は中宮御所として造営し、去る四月に中宮の遷御があったので天皇の初行幸にもかかわらず新所の儀は行わないとある。しかし天皇に関わる政始は挙行している（『中右記』十二月二十日条）。

正月の宮廷行事

年が改まって長治二年（一一〇五）を迎えた。正月は宮廷行事が多く、天皇は元旦の寅の刻に恒例の四方拝に臨んでいる。『永昌記』には「剋限、天皇、四方を拝し奉り御う」とあり、記述者の藤原為隆（為房の子）は「正束帯[18]」を着けて丑の刻に参内している。当日は朝から雪が舞っていて庭には雪があったので雨儀により中門で行っている（『殿暦』『中右記』『永昌記』長治二年正月一日条）。四方拝ほかの節会を詳記する『中右記』にそれが見当たらないのには訳があった。前夜の追儺に不参の公卿数人が参仕を止められているが、その中に藤原宗忠が入っていたのである。謹直な宗忠は「今、勘発の旨避け申すべからず。予、新殿上の昔より公卿に及ぶの今、二十五ヵ年に一度も未だ勅勘に及ばず。今日すでに此の事あり。就中、重厄の歳なり。恐るべし、思うべし。運の然るべきか。今日より閉門籠居す。子族また出仕せしめず」と、昇殿を許されて四半世紀にして勅勘を蒙ったことを嘆いている（正月一日条）。彼らは所労を理由に参仕しなかったが、追儺程度でこの処罰は厳しいようにも思う。

正月五日には恒例の朝覲行幸が行われ、加えて東宮行啓も見られた（『殿暦』『中右記』『永昌記』『江記』長治二年正月五日条）。この時の上皇御所は伊予守藤原国明が造進し、年末に遷御したばかりの木の香りも漂う大炊殿(19)であった。

二日前に天皇から行幸と行啓に供奉する上達部の「分否」について右大臣藤原忠実に御下問があり、分ける由を奏上して天皇の同意を得ている。当日、東宮傅を兼務していた忠実は土御門亭へ赴いて東宮の行啓に供奉した。いっぽう参議右大弁藤原宗忠は殿下こと忠実邸に赴いたが、すでに東宮のところに参ったということでそちらへ向かい、行啓に同道している。その経路は土御門亭西の万里小路を土御門大路から西へ東洞院まで行き、南下して中御門大路を西へ、大炊殿には烏丸小路に開かれた西門から入っている。『殿暦』には「……高倉より南折、西門より入り御う」とあるが、「高倉」は「烏丸」の誤記である。大炊殿の西門は烏丸小路に開かれており、高倉小路は東洞院大路の一本東の路である。

午の刻（昼ごろ）に大炊殿に着くや忠実は行啓の儀を前に「逐電して内に参り御う」と速やかに内裏に赴いているが、この行動は上皇から行幸に供奉するよう促されたことによる。申の刻（午後四時ごろ）に堀河殿を出御の天皇の一行は、堀川大路を大炊御門大路まで北行、東洞院大路を東進して大炊殿へは東門から入られ、休息所の東の対へ。そして渡殿を通って寝殿に進まれて上皇との対面という次第である。寝殿は中央の間から東は母屋・南東庇などの御簾は上げられており、上皇が母屋中央の間にお出ましになり[20]、天皇が渡御されて南庇で御拝が行われ、天皇は休息所に還御、上皇も御所（「寝殿中央以西に御簾を垂れ、御所と為す」）に入られた。

ここで母屋の御簾が下ろされ、御拝の鋪物を撤去して御座を置くなどの設営がなされた。そして南庇の中間に設けられた座に天皇がお出ましになり、上皇はそのまま御所におられた。そして忠実以下の公卿らは簀子敷に候し、万歳楽・地久の舞楽があり、その後、藤原宗忠ら四人の公卿と管絃に堪能な五、六人の殿上人が楽屋に遣わされ、内大臣源雅実の子の雅定（十二歳）が胡飲酒を舞ったが、その姿が「誠に以て絶妙」で衆人は感歎したという。天皇に召されて御衣（袙）を賜わり、右大臣を介して拝領した雅定は簀子敷にてその御衣を懸けながら舞い、前庭に下りてからも同様の動作を繰り返しているが、これは感謝の意を示す拝舞である。次いで父の雅実が東の対の南庭で拝舞、それは「御衣を賜うの恩に感」じての行為であった。因みに雅定は三年前の白河上皇の五十賀の試楽でも同じ曲を舞い[21]、それが「御賀の遺味余興未だ盡きず。重て召覧あるか」ということで再演なったという。

次いで賀殿（唐楽に属する壹越調の曲で六人ないし四人で舞う）の舞の間に秉燭に及び、天皇には御膳が供せられたが、上皇は簾中におられたのでそれはなかった。その後に御遊が催され、右大臣藤原忠実が御笛を天皇に進上、天皇が笛を吹かれた。『江記』（正月五日条）に「忠教卿吹き始むと雖もこれを止め自ら吹き御う」とあり、『古今著聞集』（巻第六「管絃歌舞第七」）にも「長治二年正月五日、朝覲行幸ありけるに、（中略）お庭に、忠教卿御笛を吹かれけるを、主上とゞめさせおはしまして、みづから吹せ給ける」とある。天皇の笛に合わせて源雅定は笙を吹き、宗忠が拍子を取り、忠実の箏のほか琵琶・横笛・篳篥に合わせて歌が付いた。忠実は天皇の還御に供奉して東宮の行啓には「不参」とある。

正月七日は恒例の白馬節会の日であるが、朝から天皇は風邪を召され、おまけに強い雨が降っていたので天皇の出御可否について議定に及んでいるが、夜になって気分がよくなり、出御されて儀式に臨まれた。この日は終日の雨で手もとも暗かったと見えて混乱が多かったという。[22] 天皇は九日後の踏歌節会、その二日後の賭弓にも出御されている（『中右記』『殿暦』『永昌記』正月十六・十八日条）。

三月初めには殿上の賭弓にも顔を見せ（『中右記』長治二年三月四日条）、翌日夜の清涼殿和歌管絃会では御製を披露する（『殿暦』『中右記』長治二年三月五日条）など元気なところを見せている。それは堀河殿に遷御後初のことであり、歌題は大江匡房が献じた「竹、色を改めず」である。夜の十時に天皇が昼御座に出御され、召された公卿ら二十余人が中殿（清涼殿）東庇の菅円座に着座した。和歌会に先んじて東簀子敷において管絃の遊びがあり、藤原宗忠の拍子に合わせて「執柄殿下」こと内覧右大臣藤原忠実の箏以下、琵琶・和琴・笛・篳篥・笙の合奏が行われたが、天皇は加わっていない。

和歌会

続く和歌会では天皇の御座所の南辺に切燈台を立て、御硯筥の蓋を取り御座の南に置いて文台として臣下の和歌を地位の低い人から順に置き、蔵人頭源重資を講師（披講で詩歌を朗詠して披露する人）、左大臣源俊房を読師（披講の折に懐紙や短冊を整理して番の次第に従って講師に渡す役）として披露して撤去した。そこに天皇の御製を置き奉り、講師をつとめた宗忠がまず題を読み、ついで和歌を披露し、それを臣下が声を揃えて詠じたという。その後、忠実が御製を携えて下がっている。終わったのは子の刻とある。因みに『殿暦』には、

主上御歌書様、
詠竹不改色和歌
、、、、、、、、、、、、、、、、、
、、、、、、、、、、

とあって肝心の和歌が省略されているが、勅撰和歌集に採られている。

長治二年三月五日内裏にて、竹色を改めずといへる事をよませ給へる　　堀河院御製
千代ふれどおも変《がは》りせぬ河竹《かはたけ》は流れてのよの例なりけり

(千年を経ても様子を変えない川竹は、時が流れて久しく続く御代の先例であるよ)

河竹は呉竹とともに清涼殿東庭の御溝水《みかわみず》の傍らに植えられており、皆それを目にして詠んだのである。この歌会で天皇はもう一首詠んでいることが『続後撰和歌集』(巻第十七「雑歌」)から知られる。(25)

長治二年三月、中殿にて竹色を改めずといふ題を講ぜられ侍りけるに、
御製をうけたまはりおよびて奏し侍りける　京極前関白家肥後
河竹の流れてきたることの葉はよにたぐひなきふしとこそきけ
御返し　堀河院御製
神代より流れたえせぬ河竹に色ますことの葉をぞそへつる

中殿は紫宸殿の異称。京極前関白家とは藤原師実のことで、そこに出仕していた肥後という女房は天皇と関わりがあった人であろうか。ここで注目されるのが『金葉和歌集』(巻第九「雑部上」)に採られている次の一首である。

肥後内侍をとこに忘られて嘆きけるをご覧じて

よませ給ける　　　　　　　　　　　　　　　　　　　　　　堀河院御製

忘られて嘆く袂を見るからにさもあらぬ袖のしをれぬるかな

（恋人に忘れられて嘆いている人の涙にぬれた袂を見るにつけて、関わりのない私の袖までが同情の涙のため、濡れしおれてしまうことよ）

恋人に去られて打ち沈む女性を天皇が慰めるほどに距離の近い肥後内侍とは「京極前関白家肥後」に相違あるまい。

2　天皇の病

病に悩まされる

和歌会が挙行された同じ日に清涼殿の昼御座において疾疫退散を願って大般若・法華経の読経を行い、東大寺においては千僧御読経が執り行われた（『中右記』長治二年三月五日条）。一ヵ月後においても疾疫は収まらず、内覧藤原忠実は「世間静かならず」と記し、予定されていた相撲使の発遣を取り止め、十日間を期して百座仁王講を修している（『殿暦』四月十四・二十三日条以下）。疾疫の凄まじさは「近日、天下閑かならず。路頭の病人勝《あ》げて計《かぞ》うべからず。河原の辺りの死人充満す、と云々」（『中右記』四月二十四日条）の状況で、その退散を期して朝廷では紫宸殿において大般若経の読経を三日間に亙って行っている（『殿暦』『中右記』四月二十七日条以下）。

それも影響しているのであろうか、天皇が体調を崩している。先の和歌会が行われた六日後の十一日に天皇は風邪気味となられたけれど大事に到らなかったらしいが（『中右記』『殿暦』三月十一日条）、四日後には「主上、御風気なお快よからず御す。……不例に御すにより、今夜、免物あり」と五十人ほどの軽囚を免じている（『殿暦』三月十六日条）。

さらに三日後の『中右記』には「夜に入り人告げて云く、主上、玉躰不予、頗る更に発《おこ》らしむ御気色、といえり。夜半ばかり内に馳せ参り宿侍す。去る十一日より以後、時々不例に御すなり」とあって（『中右記』三月十九日条）、十一日の不調を引きずっていたらしいが、翌日には「主上御気色宜しく御す」、その明くる日には「今日、御気色宜しく御すなり……鶏鳴に及び宿所に下る」とあるので（『殿暦』三月二十・二十一日条）、長引くことはなかった。

数日後には早朝に参内した藤原宗忠に対して天皇は簾中で雑事を仰せられるほどになっていたが（『中右記』三月二十三日条）、その翌日には天皇の病気平癒を願って非常赦を行い、藤原忠実は宿所に来た典薬頭丹波忠康に天皇が服すべき薬のことを尋ねている（『殿暦』『中右記』三月二十四日条）。そして二日後には、

鬼間の辺に於て内大臣密に語り給いて云く、玉躰不予の事、例の御風に似ず。去る十一日よりすで

に今日十（「廿」の誤記か）六日に及ぶ。或は宜、或は否。此の如きの間、御神心屈せしめ御うなり。就中、此の一両日、弥よ以て快からず。此の事を承り、誠に神心迷乱、といえるなり。

という状態であった（『中右記』三月二十六日条）。天皇の寝所に近い鬼間において内大臣源雅実が内々に申すには、この十日ほど続いている天皇の病状は良かったり悪くなったりし、原因は風邪ではなく心身を病んでいるらしく、この一両日は重いということである。この日の昼頃に天皇の御前に伺候した藤原忠実は数時間後に宿所に下がり、夜の十一時ごろに御前に参り、夜明け近くに宿所に下がっている（『殿暦』）。

翌日の夜も御前に伺候した藤原忠実は「今日、別事御さず。主上小二禁御す。薬を付けしめ給う。別事御さず」（『殿暦』三月二十七日条）と天皇が二禁を患っていることを吐露している。二禁とは主に腰や背中にできる「おでき」のことである。(26) この間、平癒を願って読経（孔雀経・寿命経など）供養や仁王講を修し、二十二社奉幣を行ったりしている（『中右記』『殿暦』三月十八・二十三〜二十六・二十八日、三十日条）。

月が替わってすぐに「玉躰、此の四、五日指せる事御さざるの由、女房達談ぜらる所なり。去月十一日より玉躰不予の事あり。種々の御祈あるにより已に以て平癒す。天下のために誠に以て大慶なり」と御祈の効果があって天皇の病悩が減じたとあるが、翌日には不調となり、しばらくして落ちつくといった具合で（『中右記』四月三日条）、その翌日、蔵人からの「玉躰不予の事、頗る御気発こらしむあり」の報告を得て馳せ参じた藤原宗忠は「此の申の刻、数度物を反《かえ》さしめ御うなり。其の後、指せる事御さず。大略御風発らしめ御うか」（『中右記』）ということを女房たちから聞いている。どうやら風邪が慢性化したらしい。一週間後には御湯殿のことがあり、昼御膳に着御されるなど宗忠をして「仁恵の君、宝祚定めて延長か。四海（天下）皆咲《わら》いを含むや」（『中右記』長治二年四月十日条）と言わしめている。慈しみ恵み深い天皇の在位は長く、天下は栄えるであろう、とそんな意味か。

鴨川

疾疫の流行に加えて大雨が人々に追い討ちをかけた。「去る二十七日以後、雨脚滂沱、河水氾溢す。毎日大雨」（『中右記』五月三日条）と記すように大雨が降り続いて河川の氾濫が見られた。そのため藤原忠実は、検非違使をして鴨河原の様子を巡検させたところ、一条大路北方の堤防が決壊して法成寺近くまで水が迫っているとの報告を受け、検非違使別当で権中納言藤原能実と同車してそれを実見し、その後に京極殿（土御門殿）へ参っている。賀茂と桂の両河川が氾濫し、邸宅の庭は池と変じ、道路は川と化すなど往反の煩い甚だしく、とりわけ院の御所、鳥羽殿の被害は大きかった（『殿暦』五月十一日条、『中右記』同十四日条）。こうした災害は国政の頂点に立つ者の不徳のいたすところと見なす当時のこと、天皇の心痛もいかばかりであったかと思う。

マラリアに罹患か

堀河殿の焼失については先に述べたが、十年ぶりに堀河殿に遷御して十ヵ月後のこと、天皇は堀河殿から内裏に還幸、中宮篤子内親王も還啓された（『中右記』『殿暦』六月八日条）。いっけん体調を戻したかに見えた天皇は、その一ヵ月後に不調に陥っている。『中右記』七月二十六日条によると、内裏から「主上の玉躰不予に御すなり。是れ去る二十二日より聊か

法成寺跡（先に見えるのは京都御苑の東側の塀）

法成寺跡の碑

不例に御す。世人知ること無し。是れ日ごとに発らしめ給う。瘧病の如くなり。凡そ世間、此の病近日競い発る、と云々」と知らせてきたが、藤原宗忠は右足を痛めていて出仕することが叶わなかった（『殿暦』七月二十五・二十六日条参照）。天皇は瘧病つまりマラリアに罹っているらしく、この病気が流行していたという。その後も天皇は一進一退の状況で『殿暦』七月二十九日条には次のようにある。

今日始めて内に参る。直衣を着け蜜々の儀なり。北陣より参り入る。主上、去る二十二日亥の時ばかりより御身心不快に御す（大略御発心地欤）。而るに日次なし。仍て今日、始めて御占を行わる。御悪、身に治まる。御邪気鬼霊か。御占形院に進む。未の刻ばかり大僧正（増誉）参り入る。酉の刻ばかり御前に参る。今日、主上発らず給う。但し昨日の早旦より主上、左御手御足行歩叶わざるの由仰せられ不快に御すなり。増誉、輦車を免《ゆる》さる。而るに返し申して云く、牛車に於ては望むところなり。輦車に於て然るべからざるの由申すなり。頗る非常なり。思いに任かせて申す条如何。余亥の時退出す。

右大臣藤原忠実は内々に天皇のところへ赴いている。天皇の病気を占わせたところ「邪気鬼霊」が取りついていると出た。そこで大僧正増誉をして平癒を祈らせたところ御悩は治まり、増誉は輦車（皇族・摂関・大臣など天皇の宣旨を得たものが乗れる車）を聴《ゆる》された。ところが増誉は牛車を所望してきたので忠実は呆れている（『中右記』『殿暦』七月二十九日条）。

一時的に御悩は治まったものの前日より左の手足が不調となり歩行もままならぬ天皇は終夜、不快（不例・不予の語も散見、いずれも病気のこと）に悩み、夜中の二時に密々に馳せ参じた藤原忠実に不調を訴えている。忠実は日記に「夜前、重ねて御占う。御竈神上の鬼霊か。去る春ごろ不例に御す。また秋に臨み此の如く御すの条、返す返す不便なり」と記し、天皇の病気は一年余り前から兆候があって今に到っており、原因は鬼霊によるものか、と語っている（『殿暦』八月一日条）。足の具合がよくなったので参内した藤原宗忠は鬼間《おにのま》（清涼殿西廂の南隅の一室）において女房から聞いた話として「毎日発らしめ御う事、昨日より彼僧正の験しにより止めしめ御うと雖も玉躰なお動かしめ給わず。不例に御すなり」と天皇の病状を記し、「事の躰誠に以て便ならざるなり。右大臣殿（忠実）・内大臣殿（源雅実）候さしめ給う。院より御使、数度往反す。終日祗候す。今夕宿侍す」と白河上皇も気が気でない様子で、宗忠も宿侍している（『中右記』八月一日条）。

病気平癒を祈って

その翌日には南殿（紫宸殿）において六十口の僧による大般若経の転読が三ヵ日に及んで行われ、御殿（清涼殿）においては二十口の僧による孔雀経および千手経の読経、さらには法華経の読経も挙行されている（『中右記』『殿暦』八月二～五日条）。

いっぽうで伊勢・八幡・賀茂・稲荷・平野・春日・祇園・日吉・吉田の九社への奉幣も行っているが、これらの神社は、天皇の不予の原因を占ったところ祟りと出た方角にある社という（『中右記』八月八日条）。六日前のこととして「辰巳丑寅方の神、祟りを成す。主上御悪身に治まり鬼霊の致す所、といえり」(『中右記』八月二日条)とあり、上掲の『殿暦』(七月二十九日)の「御悪身に治まる。御邪気鬼霊か」の記事にゆきつく。

天変および天皇の不予のために内大臣源雅実をして伊勢神宮へ奉幣のことがあり、公卿勅使の発遣は近例がない(『殿暦』八月二日条)ということから、この派遣が重大事と見なされていたかが知られる。『中右記』には「伊勢勅使、大臣を奉らる事全く見えざるなり。昔聖武天皇の時、造東大寺として橘諸兄大臣、伊勢に奉らるなり。其の時宣命見えず。此のほか大臣の使儀なし」とあって(八月十三日条)、近例どころか三世紀以上も遡る奈良時代の橘諸兄のほかにないという。

勅使の源雅実が京都を発ったのは八月十三日のことで、その日の早朝に天皇は御湯殿の儀に臨み(『殿暦』『中右記』)、数日後の源雅実の参宮にあわせて天皇は三日間にわたって御拝を行わなければならなかった。『殿暦』八月十七日条には「今夜戌の刻ばかり御拝あり。須く南殿に於てあるなり。然りと雖も御心地なお快からず。仍て石灰の壇にて此の事あり」とあり、翌日の御拝では天皇不例により藤原忠実は屛風の後ろに控えており、最後の夜も天皇は不例であったが何とか行うことが出来たという(『殿暦』八月十八・十九日条)。

このあと十日ほどは調子がよかったけれど月が替わったその夜に天皇は「頗る快からず御す」と御悩み重く、それを聞いた藤原忠実は急いで参内したが御物忌のため御前に参ることが叶わず、その夜は侍宿して翌朝に参っているが、この日の天皇は終日、夜御殿で過ごされた(『殿暦』九月一・二日条)。

このようなことで二日後の御燈は御湯殿を取り止めたことで中止しており、上皇が鳥羽殿から天皇のおられる大炊殿に御幸、また中宮の篤子内親王も不例であった（『殿暦』九月三日条）。そして二日後の『殿暦』には以下のようにある（九月五日条）。

辰の刻ばかり御前に参る。また申の刻ばかり御前に参る。主上頗る落ち居り御う。戌の刻ばかり宿所に下る。……今夜侍宿す。神事により僧尼参らず。而る間、御悩極めて便ならざるなり。今日、院より度々御使あり。中宮、此の間、頗る御心地、気色御すなり。世間神民大衆術なき事か。

僧たちが病気平癒の読経に参れない神事とは二日後に挙行の祈年穀奉幣を指している。それが行われた日の記事に「今日、主上御当日なり。然りと雖も今日発らず御す」（『殿暦』九月七日条）とあるが、これは「主上、去る朔日より隔日不例に御すなり。すでに心地発すなり。神事の間、僧参り能わざるのころ誠に以て不便なり。未の刻ばかり発らしめ御うなり。晩頭退出す」（『中右記』九月五日条）に符合するものである。天皇の病は隔日に襲ってくるというもので、五日が当たり日で予定通りになったとある。一日おきの発熱という症状から天皇は瘧病（マラリア）に罹っていたのではなかろうか。

祈年穀奉幣が行われる当日、天皇は病の当たり日であったが、そうならなかったことは先の『殿暦』が語るとおりである。また『中右記』同日条には祈年穀奉幣に際して諸社への宣命詞と別に御悩平癒のことを記載したとあり、「今日、主上発らしめず給う。奉幣の日、平復せしめ給う。神感を知るや」と病が起こらなかったことを神の加護か、と述べている。その後、天皇は斎院（令子内親王）御方へ渡御されるなど元気なところを見せ、月が替わって風邪をひかれたが長引くことはなかった。

藤原忠実は『殿暦』長治二年九月十八日条に「今日始めて主上、斎院御方に渡り御う」と記し、妻の源師子が病気であることを書き添えている。妻は一週間ほど前から病に罹り、月末まで不調であったことが連日の記事からわかる。十月一日条には「戌の刻ばかり内に参る。今夜、主上頗る御風気、然りと雖も今日退出し了んぬ。病者あるによるなり。大略なお去る八月ごろ御病気御し座《ま》させ給うか。返々《かえすがえす》便ならざるなり」とあって天皇の「御風気」で本来なら宿侍するところであるが妻の病で退出したという。因みに天皇は八月ごろから調子を崩されていたことも知られる。また「二日、主上なお今夜も御風気、と云々」「三日、今夜、余侍宿す。午の刻ばかり主上なお不快に御すなり。仍りて為隆に仰せて大僧正増誉を召さしめ、申の刻ばかり二間に参る」とあり、『中右記』十月二日条には「夜前、聊か御風気と雖も今朝、指せる事御さず、悦びながら退出す」とある。

東宮着袴

その月末には天皇は皇子で三歳の宗仁親王の東宮御所に行幸されて着袴の儀に臨まれたが、東宮着袴に天皇が行幸した例はないという。「着袴」とは「袴着」とも書き、幼児から児童に成長することを祝い初めて袴をつける儀式で三歳から七歳に及んでいる。『中右記』『殿暦』などからこの時の様子を追ってみよう。(27)

東宮御所はすでに述べたように十ヵ月前に高松殿から移った土御門亭（内大臣源雅実邸）であり、いずれも上皇御所となっていた。その土御門亭の西の対を天皇の御所、東の対代廊を東宮御所、北の対を上皇御所に当てたのである。[28]

藤原宗忠が参内した寅の刻（午前四時）に天皇の御輿は公卿以下が列立するなか紫宸殿の南庭東の日華門をぬけて陽明門から大内裏を出て大宮大路を北上して土御門大路を東へ。そして「院御所の西門に到り暫く御輿に留る」とあるから高倉小路を北へとって土御門亭には西門から入ったことがわかる。

申の刻（午後四時）に直衣姿の天皇が西の対から寝殿にお渡りになり、東の対廊から東宮が参上して着袴のことが行われ、天皇が腰紐を結ばれたのである。そして東宮に御膳が供せられた。これらは簾中で挙行されたので宗忠のところからは子細は見えなかったという。ついで天皇が中央の間に出御され、東の簾中に居られた東宮に諸卿たちから献物が奉られた。ついで秉燭後に天皇がお出ましになって御膳が供せられた。

その後、管絃の御遊が催され、右大臣藤原忠実が箏、参議右大弁の藤原宗忠が拍子、参議左大弁の藤原基綱が琵琶、参議左中将の藤原忠教が笛を演奏し、蔵人藤原宗能が歌を付けた。また右近少将源雅定が笙を吹いたが、「年少の恐れあると雖も殊に失なきなり」という吹きぶりであった。終わって天皇は入御された。ついで左大臣以下の公卿が南庭を東へ、東宮の殿上の饗饌に着座し、学士藤原敦宗を召して朗詠に興じ、「佳辰令月を詠むの句、誠に是れ文の面目、道の光華なり」というものであった。その後、寝殿において天皇と上皇の対面があった。因みに東宮着袴の装束は天皇と上皇からの進上であり、天皇からのは内蔵頭藤原基隆が調進した織物御直衣、白御衣、紅打衣、紅御袴というものであった。

このように着袴に寄せる熱い思いから東宮への期待という点では、白河上皇と堀河天皇父子の利害が一致していたことが察せられる。

このあと年末にかけての二ヵ月余り天皇は病むこともなく年を越したようであり（『殿暦』『中右記』の長治二年十一・十二月には「不快」「不例」の記事が見あたらない）、その間の特記すべきことは右大臣藤原忠実の関白就任と天皇の御願寺である尊勝寺の新堂供養であろう。

忠実の関白就任

藤原忠実の関白就任は、父の関白師通の死去（三十八歳）の二ヵ月後に二十二歳で内覧となって六年後のことである。[29] 天皇の意を呈して訪ねてきた参議右大弁藤原宗忠から関白昇進の沙汰があったことを知らされた藤原忠実は、その報告を兼ねて氏社である春日社への奉幣を思い立っている（『殿暦』十一月九・十三日条）。月が替わって十二月二十三日、天皇に召されて直々に関白の仰せを蒙った忠実は、恐悦して御前を退出し、京極殿に居る北政所（祖母の源麗子）に報告している（『殿暦』）。忠実の悦びようは、内々に藤原宗忠に語った「今朝、内に候するの間、御気色に云く、明後日、万機に関わり白《もう》すこと仰せ下すべし、といえり。悦びながら退出し了んぬ。誠に感悦の由、内々申し合せ了んぬ」との本人の言葉から窺い知れる（『中右記』）。

関白就任の前日の早暁に忠実は摂関家の公的な建物である東三条殿に還御し、公卿以下がやってきて明日に控えた就任の詔や慶賀の沙汰のことを行い、その間に酒肴が振る舞われた（『殿暦』『中右記』十二月二十四日条）。そして迎えた当日は戌の刻（夜の八時）に齎された関白の詔草（草案は忠実の命を受け右大弁藤原宗忠が執筆）に忠実が目を通し、清書は持参せずともよいと仰せた。その後に参内し、関白就任の一連の儀は承保二年（一〇七五）の祖父師実のそれに倣って行われた。

関白となった忠実は天皇・中宮・東宮・太皇太后藤原寛子・北政所源麗子のところへ赴いて慶賀を申している（『殿暦』『中右記』十二月二十五日条）。二日後、忠実は鳥羽殿へ参上して白河上皇に慶賀を申し上げ、京に戻って戌の刻に一条殿へ赴き母の藤原全子と対面して慶を述べている。その後、参内して吉書のことを行っているが、これは関白に就任したことに関わる儀礼的な要素の強いものである（『殿暦』『中右記』十二月二十七日条）。

この忠実による母への拝賀について、全子の甥に当たる藤原宗忠は「執柄殿下、悉く大宮右丞相の家に生まる。早く博陸に昇り、己の任を総べ、誠に是れ一家の光華、万代の面目なり」と記している。執柄も博陸も関白のことで忠実を指し、大宮右丞相とは全子の父の藤原俊家[30]のことである。時に四十六歳であった藤原全子はこのあと半世紀近く生きて九十一歳という破格の長寿を保った。

後年、祖母にあたる全子の死を父の禅閤（仏門に入った摂政・関白）藤原忠実から使者を介して知らされた左大臣藤原頼長は日記に「巳の時を以て一条殿入滅す従一位、准三宮、年九十一、。弟禅閤（忠実）すでに籠り御う、と云々。即ち消息を奉る」と記し、二日後の記事には「親隆朝臣来り談《かた》りて曰く、昨日、一条殿の御事により、宇治に詣ず、禅閤仰せて云く、摂政すでに父子の義を絶つ、仍りて喪事を行う、彼衰日を避けるべからず、ただ左大臣の衰日を避ける」と、記している（『台記』久安六年十一月五・七日条）。鳥羽院政下で忠実は嫡男忠通を義絶して弟の頼長を贔屓にしており、六年後の保元の乱で頼長は敗死する。全子は天永三年（一一一二）十二月十日に四位を経ずに初めて従三位に叙せられたが、上東門院（藤原道長の娘で一条天皇中宮の彰子）の例があり、「摂政・関白の母無位の事未だ曾てあらさるなり。仍りて一度に三位に叙し給うなり」（『殿暦』）という次第である。また太政大臣の母儀として「昔より見ず。此の一条殿、初めて大相国（忠実）の母儀と為す。希代の事、一家の面目なり」と宗忠は一族の栄誉と讃えている（『中右記』）。

尊勝寺新堂供養

話を戻して、同じ十二月に堀河天皇御願の尊勝寺の阿弥陀堂・法華堂・准提堂の供養が行われた。その二ヵ月前、阿弥陀堂供養に供えて桂芳坊（内裏のすぐ北）を楽所として万歳楽・地久舞ほか楽所始があり、一週間後には阿弥陀堂に仏像が安置された（『中右記』十月十九・二十六日条）。因みに尊勝寺阿弥陀堂に仏像が安置されたその日、「院の女御と号《よ》ぶ人」、つまり白河上皇の寵妃、祇園女御が祇園社の東南に金銀珠玉で飾りたてた御堂を建立して丈六の阿弥陀仏像を安置している。その御堂の荘厳さは筆致に尽くし難く「天下の美麗過差、人の耳目を驚かす」ほどであった（『中右記』）。

供養の当日、鐘が打ち鳴らされ、諸卿らが阿弥陀堂の座につき、導師の大僧正増誉と三十人の讃衆によって供養が行われた。増誉と讃衆はすべて園城寺（三井寺）の僧であり、「真言供養」で行われている。奉仕した僧侶たちが勧賞に与ったことは言うまでもないが、木仏師の院助が法橋から法眼に、同じ木仏師の長円と絵仏師の定助が法橋に叙せられている。加えて阿弥陀堂を造作した備中守高階為家と准提堂・法華堂を造作した近江守平時範が重任されているが（『中右記』『殿暦』十二月十九日条）、これぞ院政期に盛行した成功《じょうごう》である。准提堂の供養で導師をつとめたのは法印賢暹で二十人の讃衆とともにすべて延暦寺僧であった。この三堂の建立は創建から三年近くを経ていた。

御堂供養の願文は、阿弥陀堂・法華堂は中納言大江匡房、准提（胝ヵ）堂は藤原正家が作成し、准胝堂は東宮御祈として「公家（天皇）作らしめ給うところなり」とある（『中右記』十二月十九日条）。願文によると阿弥陀堂は金堂の西にあって「三十三間四面瓦葺」からなる御堂で、中には金色丈六無量寿仏（つまり阿弥陀仏）九躰、八尺観音・勢至・地蔵・竜寿菩薩像が各一躰、六尺四天像各一躰が安置されていた。また准胝堂の北に一間四面のお堂を造り、五尺の多宝塔一基ほかを安置した(31)。

年が明けて長治三年を迎えたが、「天変奇星」「去春、彗星西方に出ず」つまり災異を理由に初夏には嘉承元（一一〇六）と改元された（『中右記』『永昌記』嘉承元年四月九日条）。改元に至る詳細が知られるので見ておこう。

大宰権師大江匡房、文章博士菅原在良・藤原実義、藤原正家の四名が各自いくつかの年号を勘申し、その中から在良の嘉承が採用された。星の異変記事は、『殿暦』嘉承元年正月四日条に「今夜、彗星西南に出ず長六七丈許」と見え、二日後に藤原忠実は天文博士安倍宗明を召して星のことを問うたところ「公家（天皇）重く御し慎しむなり。また東宮、御病を慎み給うべきや」ということであった。夕刻に西南に現れた星が西山に入ろうとする間、その光が白雲のように棚引いて天を渡り、「万人見る者大怪と為すや」とは藤原宗忠の言であり、翌夜・翌々夜も観察され、日を追うごとに長くなっていったという（『中右記』四～六日条）。そして翌七日の『中右記』には「奇星天に出で日の如し、といえり。雲晴れて天末（空の果て）、星茫（星の光）、漢（天の川）に渡り、見る者驚歎せざるなし。（中略）連夜天に渡り、人以て大いに怪しむ」と記している。その後、「夜より雨甚だ降る。……酉の時ばかり天晴れ雨止む。星なお変を成す」（『殿暦』十一日条）、「今日辰の時ばかり震動す」（同、十二日条）、「今夜、星の光極めて長し、と云々。去る四日より星出ずる所なり。今に散らず」（同、十六日条）、「今夕、奇星天に亙る。日は天変頻りに以て見る」（『中右記』十六日条）、「今夜、天晴れ、日はこの奇星殊に見る。御出あるごとに此の星正に現る。人々怪しむ気あるや」（同、十八日条）、と災異のことが見える。しかし「今夕、奇星頗る減る気あり。毎夜、西南の天に当り此の星正に現る」（同、二十四日条）のあと奇星の記事はほとんど見えない。

公務のなかで

天皇は小朝拝、元日節会、白馬節会、踏歌節会、賭射《のりゆみ》（賭弓）などの催しに顔を見せるなど新年を元気に迎えられた（『殿暦』『中右記』嘉承元年正月一・七・十六・十八日条）。しかし賭射から子の刻に還御された翌日、天皇は不調に陥り、藤原宗忠は日記に次のように記している（『中右記』正月十九日条）。

主上、俄に御風発らしめ御う。禁中甚だ物騒、といえり。驚きながら先ず殿下に参る。仰せて云く、今夕、学生、賀に参る。内の御風の躰に随いて一定すべし。先ず汝、内に馳せ参り、御在様に随いて告げ示すべし、といえり。車を飛ばし馳せ参る。而るに今明御物忌なり。仍て無名門の辺に於て相尋ぬの所、人々談じて云く、此の申の刻ばかり俄に御風発らしめ御う。玉躰頗る不予なり。御乳母三位（藤原家子）・三人（マヽ）宰相中将顕雅・右少弁師時・蔵人弁為隆、御前に祇候す。御衣・御誦経の使々走り去る、と云々、但し御誦経の事、女房の為すところなり。頗る甘心せざる事なり。消息を以て殿下に申す。則ち殿下並びに内大臣参入せらる氏院歩学生参賀之前被止、殿下遅参之由所被仰也、。其の後、人々多く以て集参す。上皇、鳥羽殿より俄に御風の事により大炊殿に御幸す、と云々。但し秉燭以後、御躰指せること御さざるなり。

そもそもこの日は、勧学院の学生たちが藤原忠実の関白就任の慶賀に参上する勧学院歩[32]が予定されていたので、夕刻に藤原宗忠も東三条院に参入しようとしていた。そこへ使者が天皇の病を知らせてきたので、宗忠は関白藤原忠実邸へ赴いたのである。そこで関白が申すには、勧学院歩は天皇の病状次第で考えることにして、宗忠が参内して天皇の様子を知らせて欲しい、と。そこで宗忠は急いで内裏に向かったが、この一両日は天皇が御物忌で参上が叶わなかったので無名門（紫宸殿北西廊の西に位置し、東の明義門と相対する）のところで尋ねたところ、午後四時ごろから俄かに風邪の症状があり、かなり不調に陥られ、傍には御乳母の藤原家子や参議らが付き添っていること、女房が御誦経を行ったのは甘心しない、といったことなどを宗忠は消息で関白に報告している。一方で関白は内裏の女房や右大弁から得た情報として「極めて大事に御す」、つまり天皇は重病と受け止めている。これによって関白が勧学院歩を中止したことは言うまでもない。

上皇も心配して駆けつけているが、灯りが入る夕刻には一旦は落ちついたけれど回復とまではいかず、上皇のもとでは百躰御仏の造作を始めた。また寺院での百万巻寿命経御読経、延暦寺では千僧御読経、神祇官においては御祈りを、と天皇の平癒を願って挙行している（『殿暦』正月二十一・二十二日、二月十八日条、『中右記』正月二十〜二十二日条）。そのようなわけで県召除目は延引となっている。[33]

そうしたなか「主上、御物気渡らる、去る十九日より此の事あり」（『殿暦』正月二十三日条）、つまり天皇の病が物の怪によるものとのことで、上皇は易占いを進め、快尊をして行わせしめたところ宗廟（先祖）の祟りと出た。当の天皇は二日ほど落ち着いており、種々の御祈りの験によるものか、とは関白の感想である（『殿暦』嘉承元年正月二十四・二十六日条）。

祖廟の祟りか

祖廟の祟りについては『中右記』嘉承元年二月十九日条に「近日、公家玉躰不予の間、祖廟祟を成すの由御卜に見る。仍りて右衛門権佐（藤原）実光を遣して実検の所、事すでに実なり」とあり、その前段に「また小松山陵使立てらるべき日時・使、右大将定め申さる来廿八日、。是れ仁和寺法親王（覚行）去年坊舎を造らるの間、西築垣より件山陵の四至内に入り、頻りに掘り破られ了んぬ。其の後、彼山陵頻りに鳴るなり。法親王また入滅す」と見える。つまり後田邑陵（小松山陵）こと光孝天皇の御陵の一部を破壊したことで鳴動が起こり、祟りとなったという次第。覚行法親王は堀河天皇の異母兄で仁和寺の第三代門跡で長治二年に仁和寺の一子院の北院（喜多院）において薨去している（『殿暦』『中右記』十一月十八日条）。祟りを鎮めるための山陵使には参議藤原宗忠が任命され、定めどおりに嘉承元年十月二十八日に発遣されている。それを伝える『中右記』によると次のようなことである。

宗忠は御陵前でまず二拝して告文を読みあげ二拝して幣物を焼いた。そこへやって来た仁和寺別当の権大僧都覚意に対して山陵の破損を実検するようにとの天皇の命であるが、夜分のため東西も分別できないので空しく樹木のもとで別当に破損の様子を聞くしかなかった。その様子は次のようなことであった。

覚意僧都申して云く、故覚行法親王、北院僧坊を作らるの時、山陵と彼坊西築垣相構の間、下人頗る其の土を犯す。人々見付けて制止し了んぬ。但し延喜式の如し、といえり。件の山陵の四至また分明ならざるなり。仍りて前日、右衛門権佐実光を遣して実検せしむの所、四至分明ならざる由注申し了んぬ、といえり。此の旨を以て奏聞すべし、といえり。今日、告文の趣、破損の疑ありと雖も未だ一定あらざる由、仍りて且《かつ》は謝り申さるるなり。深更に及び帰参す。且は此の旨を奏し了んぬ依無蔵人弁、付蔵人知信奏了、。今夕、宿侍す。

すなわち北院の僧坊の西築垣を建造する際に小松山陵の地を掘り破ったという二月の記事を裏付けるものである。「下人頗りに其の土を犯す」とあるが、「犯土」とは陰陽道にいうところの「掘土・起土に伴う土気の禁忌」、具体的には「陰陽家の説で、土中には神（土公＝つちぎみ）がおり、土を掘ったり動かしたりする時期をあやまると、そのたたりを受けるとされたところから生じた語」である(34)。結論として山陵の四至がはっきりしていなかったようである。いうまでもなく仁和寺は発願主の光孝天皇（八三〇〜八八七）が建造なかばで崩御し、皇子の宇多天皇が仁和四年（八八八）に完成させた勅願寺である。仁和寺の西に葬られた光孝天皇の御陵は後田邑山陵と称した(35)。

二、三日落ちついていた天皇は数日後には不調に陥り、その後は長引いている（『殿暦』嘉承元年正月三十日、二月一・二・十五日条ほか）。藤原宗忠の日記には「内に参り宿侍す」といった記事が多いけれど不予により天皇に拝謁するということはなく、それが叶った時には大いに喜んでいる（『中右記』二月六日条）。そして十日後の『殿暦』には、

> 主上、御不快の由、辰の時ばかり人々の許より示し送る、といえるなり。同じ刻、内に参る。主上なお不快に御す、と云々。仍て馳せ参ると雖も御物忌により御前に参らず、宮（中宮）の御方に候す。女房に付けて御有様を尋ね申す所、頗る御咳病の気御すの由示すところなり。大略不快に御す、と云々。数日の御悩の上、御咳病の条極めて便ならざるか。返々便ならざるなり。

とあって、天皇のところへ駆けつけた関白藤原忠実は御物忌のために御前に参ることが叶わず、中宮の女房を介して得た情報では咳病に悩まされているということであった。天皇の病気を案じた白河上皇は鳥羽殿から土御門第へ還御されている（『殿暦』二月十六日条）。

その後の天皇はといえば、四月に入ってすぐに首が急に腫れたものの薬をつけたら治まり（『永昌記』四月六・七日条）、それ以降は平静に推移したようである。いっぽう関白の藤原忠実も四月二日の「今日不例、温気あり」を初見として月の下旬まで病が長引いている(36)。政治の頂点にある二人が病とあっては何かと不便をきたしたことであろう。

さらには疫病の流行が世情の不安を煽った。『永昌記』四月十二日条に「天下の疾疫間競《マヽ》い起るに

より、四角四堺祭を行わる」とあって春から流行していたようで、「近日、天下の疾疫遍《あまね》く満ち、道路に骸骨を積む。仍て御祈あるなり。但し下人多く病む、といえり。未だ高きに及ばずなり」といった様相を呈していた（『中右記』五月九日条）。疾疫の流行を関白藤原忠実は「世間静かならず」「世間極めて静かならず」という言葉で言い表しており、祇園御霊会が行われる七日間に亙って大般若経を転読し、二十二社奉幣を挙行している（『殿暦』六月七・八・二十・二十二日条、『中右記』六月二十日条）。それによる死者は「凡そ夭亡の者勝《あ》げて計《かぞ》うべからず。京中の路頭河原の辺り、近日、骸骨を積む大疫と謂うべし」「炎極の天、瘴煙競い発り、都人士女多く以て夭亡す」という凄まじいものであった（『中右記』六月五日条、『永昌記』六月六日条）。

この疫病の流行について『続古事談』（巻第五「諸道」）では「嘉承元年の夏、世中さわがしくて、東西二京に死ぬるものおほかりけり」と平安京で多くの死者が出たことを冒頭で述べ、病死した能筆家が蘇生し、かつ冥途の様子が語られる。

そんなさなか関白藤原忠実が初度の上表を行っている。先に述べたように忠実の関白就任は前年末であったから半年以上経ってからの上表ということになる。そのことについて忠実は「今日上表、関白初度なり。今に献ぜざるの条、尤も奇事なり。然りと雖も連々障りある遅々たり」と述べており、藤原敦宗作成の上表草を頭弁をもって白河上皇に奏上し、勅答草は文章博士藤原実義が作成していることなど藤原宗忠の日記に詳しい（『中右記』『殿暦』『永昌記』七月二十九日条）。一ヵ月半後に関白は第二度の上表を行っている。(37)この翌日の天皇は「御風六借気御」（お風邪にてむつかる気おわす）という状態にあり、それ以前、夏の終わりから秋口にかけて天皇は時おり風邪の症状に悩まされている。(38)

長引く病

天皇は「六借（むつか）」った翌日も「主上なお不快」、「玉躰不予昨日に同じ」と不例が続くので、父の白河上皇の沙汰により仁寿殿において五壇の御修法を始めており、一方で「今日、御物気渡らる。頗る温気御すと雖も卜筮のところ邪気を告ぐ、といえり。仍て御物気渡らるなり」とあって邪気も取りついていたが、祈願の効あってか翌日には調子を戻しているが長くは続かなかった。(39)天皇の病気について『中右記』九月三十日条には次のようにある。

昨今の間、主上、御風頗る宜しく御すの由、帥三位御乳母、談ぜらる所なり。此の事を聞くに心中大慶何事かあらんや。但し去年三月のころより御風気連々絶えず、倩此《つらつら》の事を思うに、神心春の如く、身躰権(マヽ)の如し。践祚の後、すでに二十一年を過ぐ。末代の君、誠に是れ希有の運数なり。但し仁君は天善を与う、といえり。心中これを憑む。かつまた惟《おも》う所なし。然りと雖も近日、天下頗る乱れ、恠異頻りに呈《あら》わる。なお畏れなきにあらず。彼此の間、心、万端を緒《きわ》むなり。

藤原宗忠は、帥三位こと藤原家子から天皇の調子がとても宜しいことを聞いて、一年半前から風邪に悩まされ続けている天皇のことを慮り安堵している。彼は言う。天皇は今年で在位二十一年目となり、末代の天皇としては希有の年数である。長い在位ではあるけれど近年は天下が乱れ怪異が多発している。こうした不穏の時代にあって天皇は万端に心を砕かれた、と。この文章に続けて「今日、終日祗候す。夜に入り退出す」とあり、ことさら天皇の病を案じる宗忠であった。

ここで在位について桓武天皇から後鳥羽天皇まで平安時代の三十三代を通覧すると、醍醐天皇の三十四年（享年四十六歳）を最長として桓武天皇（享年七十歳）と一条天皇（享年三十二歳）が二十六年、ついで後冷泉天皇（享年四十四歳）の二十四年で、堀河天皇はこれに次ぐ長さである。院政という政治体制を考慮すると摂関期と同一視することはできないが、白河から後鳥羽までの院政期十一代のなかで二十年を越すのは堀河天皇ただ一人であり、宗忠の観察は正鵠を得ている。

月が替わって早々に天皇の病を鎮めるべく伊勢神宮はじめ石清水・賀茂・松尾・平野・稲荷・春日・祇園・日吉・北野の十社に臨時の奉幣を行っている（『中右記』『永昌記』『殿暦』嘉承元年十月三日条）。それを述べる『中右記』には「主上、去月十九日より玉躰頗る不例に御す。仍て御卜を行わるの所、件の方角の神社祟を成す。仍て殊に此の奉幣あるなり」とあって御卜によって祟りのある方角（巽・乾つまり東南と北西）の神社へ奉幣している。さらに未断軽犯者三十人余を減免するという措置を講じ、諸寺において丈六不動像を供養している（『殿暦』『永昌記』『中右記』嘉承元年十月六日条）。しかし天皇の容態は芳しくなく、関白藤原忠実や参議・右大弁藤原宗忠の参内、侍宿が頻りである。(40) 藤原宗忠は夜更けに呼び出された時のことを以下のように記している（『中右記』嘉承元年十月十八日条）。

天　皇	生　年	践　祚	年　齢	譲　位	崩　御	在位期間	享年・院政
㊿ 桓　武	737	781/4/3	45		806/3/17	26	70
51 平　城	774	806/3/17	33	809/4/1	824/7/7	4	51
52 嵯　峨	786	809/4/1	24	823/4/16	842/7/15	15	57
53 淳　和	786	823/4/16	38	833/2/28	840/5/8	11	55
54 仁　明	810	833/2/28	24		850/3/21	18	41
55 文　徳	827	850/3/21	24		858/8/27	9	32
56 清　和	850	858/8/27	9	876/11/29	880/12/4	19	31
57 陽　成	868	876/11/29	9	884/2/4	949/9/29	9	82
58 光　孝	830	884/2/4	55		887/8/26	4	58
59 宇　多	867	887/8/26	21	897/7/3	931/7/19	11	65
60 醍　醐	885	897/7/3	13	890/9/22	930/9/29	34	46
61 朱　雀	923	930/9/22	8	946/4/20	952/8/15	17	30
62 村　上	926	946/4/20	21		967/5/25	22	42
63 冷　泉	950	967/5/25	18	969/8/13	1011/10/24	3	62
64 円　融	959	969/8/13	11	984/8/27	991/2/12	16	33
65 花　山	969	984/8/27	16	986/6/23	1008/2/8	3	41
66 一　条	980	986/6/23	7	1011/6/13	1011/6/22	26	32
67 三　条	976	1011/6/13	36	1016/1/29	1017/5/9	6	42
68 後一条	1008	1016/1/29	9		1036/4/17	21	29
69 後朱雀	1009	1036/4/17	28	1045/1/16	1045/1/18	10	37
70 後冷泉	1025	1045/1/16	21		1068/4/19	24	44
71 後三条	1034	1068/4/19	35	1072/12/8	1073/5/7	5	40
72 白　河	1053	1072/12/8	20	1086/11/26	1129/7/7	15	77・44
73 堀　河	1079	1086/11/26	8		1107/7/19	22	29
74 鳥　羽	1103	1107/7/19	5	1123/1/28	1156/7/2	17	54・28
75 崇　徳	1119	1123/1/28	5	1141/12/7	1164/8/26	19	46
76 近　衛	1139	1141/12/7	3		1155/7/23	15	17
77 後白河	1127	1155/7/24	29	1158/8/11	1192/3/13	4	66・34
78 二　条	1143	1158/8/11	16	1165/6/25	1165/7/28	8	23
79 六　条	1164	1165/6/25	2	1168/2/19	1176/7/17	4	13
80 高　倉	1161	1168/2/19	8	1180/2/21	1181/1/14	13	21・1
81 安　徳	1178	1180/2/21	3		1185/3/24	6	8
82 後鳥羽	1180	1183/8/20	4	1198/1/11	1239/2/22	16	60・24

平安時代の天皇

注：(1) 33代の在位期間の平均は，14年ほど。(2) 践祚年齢の平均は，18歳ほど。(3) 摂関期（清和～後冷泉まで15代）の践祚年齢の平均は，19歳ほど。(4) 院政期（堀河～後鳥羽まで10代）の践祚年齢の平均は，8歳ほど。(5) 33代の享年の平均は，43歳ほど。(6) 院政期（白河～後鳥羽まで11代）の享年の平均は，38歳ほど。(7) 生没年の月日は和年号の月日。ゆえに西暦年にすると1ヵ月前後ずれる。(8) 宇多・崇徳・堀河・後鳥羽天皇は立太子と践祚が同一日。(9) 堀河以前の在位中崩御の天皇は『中右記』嘉承2年7月19日条参考。

夜、深更に及んで一寝の後、蔵人少将宗能、書状を送りて云く、内の御悩頗る危急の気御す、といえり。ただいま馳せ参るべきの由答え了んぬ。則ちまた殿下御書に云く、馳せ参るべし、といえり。驚きながら内に参る。然りと雖も御物忌の間、牛〔午ヵ〕一以後、御前に参り能わず。驚きながら無名門の辺りに於て尋問の所、亥の時ばかり主上、御湯殿に御す。則ち昇らしめ御うの後、頗る玉躰動かず御う。僧侶参上し祈り申すの後、落居せしめ給う、といえり。外宿と雖も直廬に候す。

ひと眠りしたところへ子息で蔵人の藤原宗能(41)から天皇の病気の危急を知らせる書状が届き、関白からも書状で参内を促してきた。宗忠が急いで参内してみると御物忌で御前に上がることはできなかったので、無名門（紫宸殿北西から西へ清涼殿東南を結ぶ廊の清涼殿側の門）の辺りで尋ねると天皇は御湯殿で倒れられたということであった。そこで僧侶が参上して祈申したところ落ちつかれたという。

書きぶりからみて天皇は入浴されて不調になったようであるが、少し前にもそのようなことがあった。藤原為隆が日記に「夜に臨み、内に参り宿侍す。聖体、御風御沐浴の後、更に発る、と云々」と記している（『永昌記』十月十二日条）。堀河天皇は風呂好きであったとみえる。この日の冒頭に「今日、始めて出仕す。先ず殿下に参る。御前に召し所労の趣きを問わる。籠居の子細を申さしむ。良久《ややひさし》くして罷り出ず」とあり、藤原為隆は関白藤原忠実を訪ねて病気の具合を報告している。為隆は数日前から「風痾脚病」で蟄居していたのである（『永昌記』十月九日条）。このあと数ヵ所を廻って参内したのは夜であった。

十一月に入って間もなくのこと、宿侍していた藤原宗忠は天皇の召しによって「御殿北御所方」で龍顔を拝し、終夜、御前に祗候した。「御風の後、去る九月十九日以後、玉躰を見奉らず」とあるから四十五日ぶりのことで「心中欣び感じ、天下大慶なり」とは心底からの感情であろう（『中右記』十一月四日条）。時に天皇は内裏に居られたようである。(42) なお藤原宗忠が天皇を拝顔した「御殿北御所」とは清涼殿の北面御所にほかならず（『中右記十一月十一日条）、藤原忠実は「北面於御所」「北面御所」などと表記している（『殿暦』十一月九・十一日条）。

雪見を楽しむ　この時から天皇は持ち直したようで師走に入って雪が降り、それをご覧になられた。『永昌記』嘉承元年十二月三日条には次のようにある。

今日夜より雪降る、深さ六寸に及ぶ。早旦、内に参るなり。主上、紫宸殿に於て深雪を覧る。朝餉壺並びに藤壺前庭に雪山を作らる（雲客幷滝口所衆各競作之、予候宮御方、同令営之）。殿上人八、九輩、船岡に遊放す。初雪を覧るためなり。上皇、桂河の胡賀辺りに於てこれを歴覧す。近日、鳥羽に御すなり。……上御壺禰御所に於て淵酔の事あり。夜に入り帰り畢んぬ。

この初雪は一晩で二十センチ近く積もり、堀河天皇は紫宸殿にお出ましになって雪見を楽しまれ、朝餉壺つまり天皇方の雪山は殿上人や蔵人所の役人である滝口・所衆らが作っている。『殿暦』十二月三日の記事によると、滝口たちは屋上に昇ったとあるから屋根の雪下ろしをしたのである。いっぽう中宮（篤子内親王）の方でも雪山を作ったが、藤壺つまり中宮方のそれは関白藤原忠実の随身・侍らが従事した、と『殿暦』にある。降雪の朝に雪山を作って観覧することは『枕草子』はじめ王朝文学にも見え、冬の風物詩として興じられた。

大納言源師忠は蔵人の藤原為隆（時に権右中弁中宮大進）を介して辞状を奉った。これに関して天皇が藤原宗忠に内々に、師忠の辞状を上皇に献じたこと、師忠は出仕しなくなって七年にもなるから辞状を提出するのは当然、と申された。(43) 病であったことなどを述べた源師忠の辞状が今日に伝えられているので以下に掲げておこう（『朝野群載』巻第七「公卿家―申罷所帯職状」所収）。

所帯の大納言を罷らるを請うの状

右師忠、誤りて愚を以て賢に先んじ、猥に少を以て老を超す。天譴畏れありて鬼瞰避け難し。加之《しかのみならず》、病日を逐いて倍し、耄年を迎えて及ぶ。避けんとすの懐、露徂霜来、徒に唯だ私廬に眠る。久しく天闕（皇居）に趁《おもむ》かず、若しくは此の喉舌の職に擺《なら》び、試して寿命の期を全うせざるか。伏して乞う。□皇鑒（天皇の考え）、早く哀憐を垂れ、屛営の至りに堪えず。謹みて状を修し以て聞く。

師忠誠恐誠恐謹言。

嘉承元年十二月十六日

正二位行大納言兼中宮大夫源朝臣師忠

謙譲語に満ちたものであるが、それはこの類の文の常であるからある程度割り引いて考える必要があろう。賢人を差し置いて高官に昇った自分は天罰を恐れ、魔が差す(44)のを避けられない。加えて病が日を追ってひどくなってゆく。歳をかさね辞官の思いが強くなり、私邸で過ごすことが多くなった。いっぽう久しく朝廷へ出仕せず、喉舌の職、つまり国の重臣としての勤めも果たしておらず、不安の日々を過ごすことに堪えられない。願わくば、天子の寛大なる心にすがって、辞職をお許しいただきたい、と。

天皇が師忠の辞状に拘ったのにはそれなりの理由がありそうで、そのことは師忠の経歴が教えてくれる（『中右記』永久二年九月二十五日条）。

裏書に云く、中宮大夫師忠卿薨去す（年六十一）。彼の卿は土御門右府の第四子、母堀川入道右大臣殿の女なり。後冷泉院の御時初めて昇殿し、侍従少将並びに五位中将を経て上皇立太子の日権亮を兼ね、即位の初めに蔵人頭に補す。承保元年、参議兼中将に任じ、後に中納言兼左衛門督に任じ別当に補す。応徳三年、権大納言兼中宮大夫に任じ、康和二年七月以後、全く出仕せず。今に十五年、先ず大納言を辞し了んぬ。数月病に悩み、今日出家す。知足院辺りの小堂に薨ず。

土御門右府とは源師房、堀川入道右大臣は藤原道長の子の頼宗を指す。つまり師忠は白河天皇の即位に際して蔵人頭となり、二年後に参議に転じ、堀河天皇の践祚直前に権大納言に昇任している。なお中宮大夫を兼任とあるが皇太后大夫（永保元年権中納言の時に兼任）の誤記であり、中宮大夫となったのは堀河天皇代に入っての寛治七年、篤子内親王立后の日のことである。

知られるように師忠は白河・堀河天皇父子と近く、加えて先に詳述した源俊房・顕房が兄弟ということも相俟って堀河天皇の信頼が厚かったのも頷ける。師忠は大納言は辞したものの中宮大夫の方は八年後の永久二年（一一一四）に六十一歳で亡くなるまで在官している(45)。堀河天皇が源師忠の辞状に関心を向けた直接の理由は中宮大夫にあったと思う。

注

（1）『帝王編年記』に「長治二年、康和六年二月十日改元、依天変地震也、」とあり、改元の動きは前年の夏からみられ（『本朝世紀』康和五年四月十四日、六月二十九日条、『殿暦』同、八月二十一日条）、改元当日のことは『中右記』『為房卿記』『殿暦』長治元年二月十日条に詳しい。

（2）『中右記』長治二年正月五日、三月十四日、六月十三日、八月五・十九日、十月二十七日、嘉承元年四月二十七日、九月十七日、十二月二十八日各条。東宮が高松殿から土御門亭へ移った理由は、長治元年正月三日の天皇の朝覲行幸を述べた件で高松殿について「此の亭の寝殿・西対代廊・西中門ばかりなり。また東二段ばかり小屋あり、一町に作り満たず。仍《すなわ》ち行幸あり、頗る以て軽々や。仮東築垣前栽翠竹小屋を隔つ棟なり。西対代廊、東宮御所と為すや。西車屋宿、暫く御輿宿所と為す」と、一町に満たない邸宅で西対代廊を東宮御所に当てていたことによろう（『中右記』）。土御門亭は左京北辺四坊三町に所在。因みに前年の秋のこと、上皇御所・高松殿を御所としていた東宮（二歳の宗仁親王、後の鳥羽天皇）の御所造作のことを上皇が仰せられ、三ヵ所の地を候補として挙げられた。それを天皇に奏上したところ閑院と故大納言藤原忠家の大炊御門地には賛意を表わしたが、もう一ヵ所については煩いがある、と。この天皇の御意を上皇のところへ持ち帰ったところ民部卿を召して沙汰したらよろしかろうと申された。三日後に上皇の召しがあって参上すると「なお重ねて御気色を取るべし、といえり」との仰せがあり、参内している。天皇と上皇の中使は藤原宗忠が行っている（『中右記』長治元年七月二十六・二十九日条）。その後、話は沙汰やみに終わったようで実際には土御門亭になった次第である。そして嘉承二年正月十五日条に到って「此の両三年、内大臣の土御門亭を以て上皇並びに東宮御所となすなり」と言わしめる。なお、東宮御所全般の動静については中町美香子「平安時代の皇太子在所と宮都」（『史林』八五巻四号所収、二〇〇二年）参照。

（3）『公卿補任』該年条。権中納言となったのは天皇崩御の前年の嘉承元年のことで、その後の宗忠は保安三年に権大納言（六十一歳）、天承元年に内大臣（七十歳）、保延二年に右大臣（七十五歳）となりこれを極官として八十歳で薨じている。

（4）手向山神社は東大寺八幡宮とも呼ばれ、八世紀中ごろ東大寺の大仏守護神として宇佐八幡宮を勧請したことに始まる東大寺の鎮守社（前掲『平安時代史事典』〈竹居明男筆〉）。手掻祭つまり「手掻会《てがいえ》」については『平安時代史事典』〈小栗栖真弓筆〉に「手向山神社の祭礼。本来は碾磑会、転害会とも記す。諸費用を記した『寛平年中日記』が初見。勅祭で南都の祭礼においては最古且つ盛儀。宵宮に田楽・舞楽、九月三日（現在は十月五日）早暁には東大寺僧を会僧とする七僧法会が行われる。行列が神社より大仏殿、転害門等を経て、旅所で田楽・細男舞等を奏しつつ練り歩く。八幡神を宇佐より勧請した行列を再現した祭礼」とある。

（5）『殿暦』康和四年九月七・十三・十四・十九日条以下。月末には東大寺の大衆が神輿を担いで東寺まで来ているとの風聞があり、事実ではなかったが大事に備え検非違使を陣に伺候させており、数日後には大衆が実際に入京している（『殿暦』九月二十八・二十九日、十月二日条、『中右記』九月二十八・九日、十月三・九日条）。

（6）『中右記』康和四年十月十九日条。この件に関しては同二十・二十一日条参照。十九日条に見える「新御願庄事」とは天皇御願の尊勝寺の新立庄園目録のことである（十月二十二・二十三・三十日条）。

（7）平安京左京の大炊御門北、東洞院西に所在の大炊殿は、伊予守藤原国明の造進によるもので、建物のみならず調度類も進上しており、長治元年（一一〇四）の冬に棟上があり、翌月には移徙するといった異例の早さである（『中右記』長治元年十一月十日、十二月二十七日条）。藤原国明（一〇六四〜一一〇五）は白河上皇の寵臣であって受領の歴任によって得た財力で大きな奉仕をした。堀河天皇御願の尊勝寺の薬師堂ほかを造進している。朧谷「藤原国明論」（『古代文化』第二十五巻第二・三号所収、一九七三年）参照。

（8）長治二年に入って間もなく相博（交換）に際し土地売券の取り交わしが行われ（二月二十日条）、造作に取りかかっている（二月二十八日条）。その場所の表記に「上渡」とあるが、これは『今昔物語集』（巻第二十九　第六）にみえる「上辺」と同義で、ほかに「下辺」（巻第二十八　第三十、巻第二十九　第十五・第二十一）「下京辺」（巻第二十七　第三十）の名辞が見られる。上辺と下辺の境界は二条大路（平安京南北路の朱雀大路に次ぐ広さで東西路では最大）であり、後に「上京」「下京」と呼ばれるようになった。宗忠一家がこの亭に初めて渡ったのは初冬のことであるが、この時点ではまだ完成していなかったので北の対に渡っている（十月三日条）。

（9）『中右記』長治二年五月十九日、康和四年十一月八日、康和五年十一月七・八日、長治二年十月二十一日条。伝言の仲介役は因幡内侍こと藤原惟子（康和四年十一月七日、長治二年十二月十二日条）、女房遠江こと藤原実子（長治元年八月二十三日条）らがつとめている。封書の例として「御返事、御物忌により宿侍〔紙ヵ〕に書き、封を加え進覧す」（長治元年八月十三日条）がある。

(10)『殿暦』康和五年十月二十八日条参照。なお叙位の儀でも天皇が内覧藤原忠実を召すときには「コナタニ」と発せられ、忠実が左大臣を召すときには「左ろオイ丁チ君」、内大臣を召すときには「内ろオホイ丁チ君」と発している（『殿暦』康和四年正月五日条）。

(11)『中右記』嘉保二年正月二十七日条に「秉燭以前、除目始む。公卿、昨日の如く功課定めあり。左大弁帳を読み、新宰相中将宗、定文を書き、江中納言見合わす依無人数也。経敏旧国相模の帳なり。また顕官挙あり。亥の時ばかり事了んぬ」とある。『中右記』長治二年正月二十六日条参照。

(12)『後二条師通記』寛治七年二月五日条には除目入眼の納言の行為について「弓場殿に到る常の如し。納言三人これに立ち、御前に参る。納言各莒を執り、円座の前に置く。……事了りて払暁、公卿分散す。左大臣御前に於て清書上卿新中納言を召す。初夜、諸宮申文など下し給う。参議これに因准し、長押子に居し笏を揷《さしはさ》み、莒を下し給う。大間を殿上で披き見了わりて予帰宅す」とある。

(13)入眼について『中右記』嘉保二年正月二十八日条によると、前日の功課定が奏上されたが相違することがあり、大間書にも誤記が見つかるなどスムーズに事が運ばなかったという。この入眼に備えて白河上皇は鳥羽殿から六条殿に還御しており、民部卿（権中納言源俊明）が勅使として上皇との間を往来しているうちに時間が経ち清書は翌日に及んでいる。その後の下名は延引が重なって二月三日になった。康和五年十一月一日の除目入眼で藤原宗忠は「朝の間、御使として院に参入す。除目の間の事、度々申し合わせにより御うなり。亥の時ばかりまた院に参ること二ヵ度、帰り参りて御返事を申す」と天皇と上皇間を何度となく往き来している。受領の中文を左大臣から閲覧し末座の参議のところまで見終わったところで撰申し、執筆は左大臣源俊房、これを左衛門督（権中納言源雅俊）が（大間書に）清書し、奏覧に供している（『中右記』『殿暦』）。『中右記』長治二年正月二十七日条参照。

(14)『中右記』嘉保二年二月三日条には「晩頭秉燭の程内に参る。除目下名あるによるなり。上卿治部卿通俊卿・参議左大弁季仲、仗座に参らる。少納言家俊これに祇候す。蔵人右衛門権佐時範、下名を行うべきの由仰す。上卿、外座に移り着し、外記を召して下名を進めしむ。……時範仰せて云く、太皇太后宮大進正五位下源清実、権大進従五位上藤原仲実、還着、大炊允高階忠季斎院去年御給、成し加うるなり。左大弁をして清書の中に書き加えしむ。次いで時範をして内覧せしむ。殿下内に御すなり。次いで弓場殿に進み、上卿蔵人宮内丞宗仲をして奏せしむ。返給の後、仗座に帰り着き、二省の丞を召す。式部・兵部丞参入し小庭に立つ。先ず式部を召し、下名を給う。次いで兵部、共に給い了りて後退出す」とあって下名の動きの一助となる。

(15) 延引のことは『中右記』康和五年十一月一日（その理由は王相方忌）、十九日および長治元年年二月六日条から知られ、行幸当日のことは『中右記』長治元年年二月二十七日条に詳しい。

(16)『中右記』長治元年二月二十二日条。なおこの日の記事に「今日、定文堀川殿御渡の雑事、院字を改め殿字に成される。是れ人々の議定によるなり」とある。天皇とともに内裏にあった中宮は藤壺を居所としており、方違行啓先として藤原基隆の三条大宮宅をよく用いていた（『中右記』二月十八日、三月三日、四月二・六日条）。

(17)『中右記』四月二十七日条。『百錬抄』十二月五日条には「中宮御所堀川院に遷幸す去八月十一日中宮先移徙、元是関白領也、被譲進之、」とあるが、八月十一日は四月の誤記とみなされる。

(18)『永昌記』長治二年正月一日条。四方拝が終わったあと藤原為隆は帰宅し「楚々束帯に改め着巡方魚帯」して他所に参ったとあるから「正束帯」は格別なものであったことを知る。時に為隆は正五位下で蔵人（五位蔵人）の任にあったから四方拝にも奉仕したのである。そもそも藤原為隆は堀河天皇受禅の日（応徳三年十一月二十六日）に六位蔵人に任じられ、翌年に従五位下に昇叙して退任、十二年後の康和元年に五位蔵人となり、九年後の天皇崩御の日をもって退任している。その後、鳥羽天皇の蔵人頭を一年つとめて参議に昇任している。ちなみに父の為房は後三条（六位蔵人）・白河（五位蔵人）・堀河（五位蔵人）・鳥羽（蔵人頭）天皇の蔵人になっているので（市川久編『蔵人補任』続群書類従完成会、一九八九年）父子で院政期前後の天皇に近侍したのである。

(19)　前出の堀河天皇が嘉保元年十月二十四日に遷御された大炊殿（左京二条三坊三町）とは異所で、この方は「大炊御門北、東洞院西一町なり」つまり左京二条三坊十五町に所在し、両所は二五〇メートルほど離れていた。この時期の白河上皇の御所についてみると（『中右記』）、長治元年五月二日に鳥羽殿から高松第へ、七月十一日に高松第から内大臣源雅実の土御門亭へ遷御とあり、この夜に東宮宗仁親王も高松第から同じく内大臣亭へ行啓とある。その後、上皇は短期日で鳥羽殿や高松第などに滞在することはあったけれど土御門亭を主たる居所としていた。そして十一月十日には上皇御所となる大炊殿の棟上があり、伊予守藤原国明の造営によるものであることが知られる。同じ月の二十八日には上皇が鳥羽殿から大炊殿へ御幸して造作を御覧になり、大炊殿について「件の御所、法の如く一町の家なり。伊与守国明朝臣造営す。去る十日上棟、十余日を経るの後、今日大略出来《しゅったい》するなり。不日の勤め万人感歎す。晩頭、東宮御所内大臣土御門亭に還御し了んぬ」とある。東宮は祖父の上皇と居所を同じくしていたのである。そして年末の十二月二十七日に遷御と相成ったのである。造進者の藤原国明は白河上皇の院別当になるなど白河院庁の重職にあった。本章注（7）参照。

(20)　「御出家後、年来、簾中に御す。今年初めて御簾を上げる」（『中右記』）、「御出家後、院、今日始めて出で給うなり」（『殿暦』）、「御出家以後、未だ簾外に出で御わず。先日、拝観の時庇の御簾を下し、今度院宣により庇の御簾を上げる法皇露れ給うなり」（『永昌記』）とあるから白河上皇は永長元年（一〇九六）の落飾（法皇）以降の十年間は御簾越しでしか対面されなかったことになる。

(21)　白河上皇の五十賀についてはすでに述べたが、康和四年三月七日の試楽で源雅定は内裏の中宮の上御局で胡飲酒を舞ったが、その舞ぶりは「優妙」で、人々は感嘆したという（『中右記』『殿暦』）。二日後の試楽の折には（『中右記』『殿暦』康和四年三月九日条、『古今著聞集』巻第十三参照）三人による童舞が披露され、九歳の源雅定は、父の内大臣源雅実をはじめ権中納言雅俊・国信（雅信の弟）、参議顕通（雅実の子）と師頼（雅実の従兄弟）ら「一家公卿」が傍で見守るなか胡飲酒を舞い「一曲誤たず、万人感歎す。生年九歳、年少の恐ありと雖も全く其失なし。誠に是れ神妙というへきか」と讃えられた。この胡飲酒に関して「去々年、多佐忠父子共に殺害せらるの後、此の舞すでに絶え、内大臣治暦三年、九歳にて此の曲を舞う。今日初めて世に伝うは勝事と謂うべきか」とあり、多資忠の横死で絶えていたが（序章注（8）参照）、こんにち源雅実が子の雅定に初めて伝えたのは素晴らしいことである。治暦三年（一〇六七）に九歳で胡飲酒を舞うなど舞楽に長け、この秘曲を伝授している雅実に対して天皇は、多資忠が殺害された時にそれを資忠の子の忠方に伝授するよう命じたという（前掲『平安時代史事典』「源雅実」〔橋本義彦筆〕）。話を試楽に戻して、胡飲酒を舞って賞賛を浴びた雅定を召して天皇は身に着けていた袙を脱いで賜り、右大臣藤原忠実が介添えをしている。

（22）『中右記』長治二年正月七日条に「今朝、主上御風発らしめ御の間、今日、御出あるべきや否やの条、議定遅々たり。また雨脚殊に甚しく、人々遅参す。此の如きの間、光景推移し、漸く晩天に及び御出あるべし、といえり。（中略）雨脚濛々、次第に違乱か。暗に臨むの間、多く以て省略す」とある。『殿暦』同日条には「酉の刻、内に参る。主上御風気宜しく成り給い、出御あるべし。御風の事院に申さしむ。御返事に云く、躰に随うべし、と。同刻ばかり出御す。束帯を着け御後に候す。出御の儀常の如し。（中略）白馬渡る後、主上入り御い本殿に還御す。余帰りて御後に候す」とあって天皇の出御に関して上皇の意見も聞いており、忠実は終始、天皇の後ろに付き従っていたのである。

（23）源俊房が和歌序と一首を献じたことが『本朝続文粋』（巻第十「和歌序」）に所収の「暮春中殿に侍りて竹色を改めざるを詠ずる製に応えて和歌一首并序」によって知られ、「夫れ今日は、是れ　聖上、好客和歌を献ぜしむ。詠吟に寄せ諷諭を求むの良宴なり」で始まるその文には「公卿・侍臣時に逢いて叡慮（天皇の御心）の深きこと、楽に応じ悦に応ず。夫れ禁庭に竹を洗うを観る、色を改めざるを賞す」とあって宮中の庭の竹を歌題にしたことがわかる。「白髪颯然、遍に樵路を訪ねて聊か王道を聞くに、我君の徳、八埏に載き、高く黄帝々堯の跡を継ぐ」と述べ、中国の伝説上の名帝を引き合いに出して堀河天皇の徳を讃えている。天皇に仕える俊房は時に七十歳、まさに白髪である。因みに彼は八十七歳という破格の長寿を保った。

(24) 白河上皇の院宣をうけて源俊頼が撰者となって作られた第五番目の勅撰集の『金葉和歌集』(巻第五「賀部」)に載る。歌意は川村晃生・柏木由夫・工藤重矩校注〔新日本古典文学大系〕『金葉和歌集・詞花和歌集』(岩波書店、一九八九年)による。

(25) 後嵯峨上皇の院宣により藤原為家(定家の子)が撰集した第十番目の勅撰和歌集。

(26) 服部敏良『王朝貴族の病状診断』吉川弘文館、一九七五年。

(27) 『中右記』『殿暦』長治二年十月二十七日条。着袴については鈴木敬三編『有職故実大辞典』(吉川弘文館、一九九六年)「袴着」〔倉林正次筆〕参照。

(28) 本章注(2)参照。着袴当日の『中右記』には「院並びに東宮近日共に内大臣土御門亭に御すなり」とある。

(29) 『公卿補任』承徳三年条参照。承徳三年は八月二十八日に康和に改元、この日付で権大納言藤原忠実の内覧宣旨が出ている。

(30) 『尊卑分脈』第一篇「頼宗公孫」の俊家の尻付に「大宮右府」とある。右丞相も右府も右大臣のことで彼は大宮大路に面したところに邸宅を所持していたところからの称である。崇徳天皇代の保延二年(一一三六)の秋の除目のところで「大宮右大臣の末葉七人公卿の中にあり、希代の勝事なり」とそこに連なる筆頭の内大臣藤原宗忠が『中右記』に記しているように俊家の子、宗俊の子および孫の四人、宗通の子三人が同時に公卿に在籍していたのである。

(31) 『大日本史料』第三編之八所引の『江都督納言願文集』による。阿弥堂に納める仏像は前々年に造りはじめ、供養の二ヵ月前には安置している(『中右記目録』康和五年七月五日条、『中右記』長治二年十月二十六日条)。なお、前年に堀河天皇は尊勝寺に行幸されて結縁灌頂を行わせているが、内裏から尊勝寺までの行程や曼荼羅堂・灌頂堂・金堂などの配置が知られる(『中右記』長治元年三月二十四日条)。

（32）藤原氏出身の大学寮学生のための寄宿舎を勧学院と称し、「恒常的財源となったのは勧学院領荘園と藤原氏出身の大臣・皇后・中宮が寄進する封戸であった。この寄進に謝意を表する意味で、任大臣・立后など一族出身者の慶事には、院の職員・学生がその邸へ参賀することが恒例化した。これを勧学院の歩みという」（『平安時代史事典』「勧学院」〔久木幸男筆〕）。勧学院歩（藤原氏院歩・氏院歩とも）の説明もある。その実例を『御堂関白記』から拾ってみると、一条天皇中宮藤原彰子の立后の二日後に「勧学院歩」が見え（長保二年二月二十七日条）、三条天皇中宮藤原妍子が勧学院と施薬院に封戸を寄進した翌日に勧学院の学生らが中宮のもとを訪ねて拝礼（長和二年十一月二十二・二十三日条）、道長が外孫、後一条天皇の摂政となったことへの慶賀（長和五年十二月二十一日条）、頼通の摂政への慶賀（寛仁元年八月二十一日条）、道長の太政大臣拝命（寛仁元年十二月二十一日条）などである。

（33）『中右記』嘉承元年正月二十二・二十九日、二月十六日（「除目三カ度延引の条、世間怪と成すか」）条、『殿暦』正月二十八日、二月十六日条。この除目が追行されたのは三月八日のことであり入眼は天皇の風邪によって一日延引となり、終わったのは十二日のことであった（『殿暦』『中右記』嘉承元年三月八〜十二日条）。恒例では三日間。

（34）前掲『平安時代史事典』「犯土」（小坂真二筆）および小学館版『大日本国語大辞典』「犯土」参照。

（35）前掲『国史大辞典』「後田邑陵」（戸原純一筆）。

（36）『殿暦』嘉承元年四月二日条。以下自らの日記『殿暦』四月の三〜六・十三・二十二日条。その後は快方に向かったようで二十七日の改元後の政始には出席しており（『中右記』同日条）、五月七日条には「今日始めて沐浴す」とある。いっぽう『中右記』には四月三日条に「殿下……後に頗る不例に御坐《おわ》す由御使あり。是れ御咳病の気、と云々」、五日条には「早旦、殿下に参る。御悩の躰頗る増気あり」とあってかなり重病になっていたようで、翌六日には「大般若読経僧卌口、東の対南面これを行う。また興福寺・法成寺・平等院御祈など種々始め行う」と仏神の加護に託している。しかし芳しくなく四日後において「殿下の御悩今日頗る増気御坐す、といえり」の状態で、「御所を改めらるべき、といえり。また御所一両を占わるの所、高陽院吉なり、といえり」との卜占にしたがって病をおして早暁に東三条殿から高陽院に遷っている（十三日条）。また「長者殿（忠実）御祈の寺僧ら各丁寧に致す。御社の金堂・東西御堂・南円堂種々の御祈禱を成す。寺に満つ人々各心力を盡す、といえり。また法成寺・平等院此の如し。定めて有験の徳あるや。今朝、見参の次、見奉るの所、頗る御気色宜しきなり。喜悦誠に以て千廻満廻、藤氏長者の器に堪えるの人、近日、ただ殿下一人なり。昔より今に及び、相並ぶの人絶えず。而して近代、我が殿下ただ独りなり。氏の明神定めて冥助を垂れるか。……今頗る減気御坐す。すでに愚案に叶うなり」（十六日条）と、宗忠は摂関家と関わり深い寺社が挙って病気平癒の祈願を行った結果、快方に向かったと喜んでいる。それに続けて忠実の氏長者としての徳を讃えているが、いささか感傷にすぎよう。このあと一ヵ月ほど経供養や造仏などの行為が見られる（十八・二十七・二十九日条）。一ヵ月余り後には「今夜、関白殿初めて内に参り宿仕し給うなり。御所労平復の後、初めて出仕給うなり」（六月十四日条）と病後の初出仕が語られる。なお『殿暦』と『中右記』では病の軽重の記述がやや異なっている。『永昌記』四月二・五・十二・十九日、六月十四日条参照。

(37)　『殿暦』『中右記』『永昌記』嘉承元年九月十八日条。上表草の作者は初度と同じ藤原敦宗であるが、勅答草の作者は大内記藤原敦光に代わっている。その理由は初度の勅答を作成した文章博士藤原実義が九月十一日に四十歳で死去していることによる。藤原実義の死について藤原宗忠は「（白河）上皇の御時、学問料を給う。秀才の後、侍中（蔵人）に補す。上皇脱履の刻、院の判官代に補す。漸く四品に至り、病を受けて十余日、遂に以て卒去す。一家の間殊に悲歎する所と聞くなり」と記している（『中右記』九月十二日条）。

(38)　『殿暦』嘉承元年九月十九日条。『中右記』同日条には「主上御風頗る発らしめ御うの由、只今、其の聞こえあり。仍りて殿下（関白忠実）忩ぎ参り給う。扈従して内に参る。此の午時ばかりより温気御す、といえり。人々済々参集す。院より頻りに御使あり。今夜宿侍す」、『永昌記』には「主上、御風更に発らしめ、頗りに温気ある。御躰去春の如し、と云々」とある。実は前日からその兆候はあった（『中右記』十八日条）。三ヵ月ほど遡る夏の終わりからの天皇の病は「主上聊か不例に御すなり。大略少し温気御すか」（『殿暦』嘉承元年六月十一日条）、「今日、主上なお御風気御す、と云々。然りと雖も指せる事御さず。仍りて参らず」（同、六月二十九日条）、「午の刻ばかり御前に参る。一昨日、御心地大略発り御う心地や。仍りて今日、当り日に御すなり。仍りて御殿に於て昨日の如く六十口御読経。主上、御心地並びに御加持の条卜筮を行わる」（同、七月二日条）、「……是れ主上、隔日、不例に御す事あり」（『中右記』（七月二日条）という状態であったが、それ以降の二ヵ月あまりは平穏に過ぎたようである。

(39)『殿暦』『中右記』嘉承元年九月二十・二十一日条。『殿暦』九月二十二日条に「今日、主上頗る宜しく御すなり」、『中右記』同二十四日条に「御風昨今、頗る減気御す、といえり」とあるが翌日の夜には「主上今夜、増気御すなり」「主上頗る不快」（『殿暦』二十五・二十六日条）と一進一退をくり返している。

(40)『殿暦』嘉承元年十月七・八・十三・十五・十六・二十五・二十八日条、『中右記』同八・十一・十二・十三・十六・十七日条。藤原宗忠が天皇に近侍していることは度々述べたところであるが、承徳二年（一〇九八）十二月に左中弁から右大弁になって間もなく蔵人頭に任じられ、その任にあること一年で参議となり、嘉承元年十二月に権中納言に昇任している（『蔵人補任』『公卿補任』該当年条）。

(41)藤原宗能は宗忠の長男で長治二年（一一〇五）正月に堀河天皇の五位蔵人に任じられ、嘉承二年（一一〇七）七月、天皇の崩御で止められ、鳥羽天皇の践祚にともない三ヵ月後に五位蔵人となるも間もなく従四位下の昇叙で去任。大治四年（一一二九）十月に崇徳天皇の蔵人頭（左中将）となり翌年、参議となったことで去任している（『蔵人補任』該当年条）。

(42)天皇は嘉承元年九月十一日に内裏から朝堂院へ行幸されて伊勢例幣に臨まれ、その日に還御されて（『中右記』）以降は動かれた形跡がない。

(43)『中右記』嘉承元年十二月二十三日条に「夕方、殿下に参る。次いで内に参り宿侍す。主上密々に仰せられて云く、中宮大夫（源師忠）只今大納言を辞すの状、為隆に付けて奏する所なり、仍りて院に献じ了んぬ、件の人去る康和二年秋ごろより出仕せず、すでに七年に及ぶ、辞し申すの旨もっとも然るべし、といえり。其の次いでに御気色宜しきなり。心中大いに憑む悦極りなし、但し全く口外に出さず、深く心中に銘《しる》すばかりなり」とある。『殿暦』同日条参照。なお『永昌記』同日条には辞状提出について「自ら近く曽《すなわ》ち辞退の由世以て風聞。或は所職を辞し子族を挙げ申さるるあり。或は内々に献ぜらるるあり。次いで所望の輩互いに実なきを称すか」とある。

(44)「鬼瞰」の意味が不鮮明ながら『角川 大字源』（尾崎他編、角川書店、一九九二年）に「鬼瞰㆓其室㆒（おにそのしつをうかがう）」を挙げて「鬼が高貴の家をうかがう。貴顕の家に魔がさすこと。鬼瞰之禍」とあるのが参考となろう。

(45) 二十一歳で参議となって公卿の仲間入りをした源師忠は嘉承元年十二月に大納言を辞し、翌年以降の『公卿補任』には「散位」の項に「前大納言正二位……中宮大夫」と記され、永久二年条に「九月廿九日薨（六十一）、号壬生大納言」とある。因みに師忠薨去の翌日に中宮の篤子内親王が堀川殿で崩御（五十五歳）している（『殿暦』『中右記』永久二年十月一日条）。

第五章　早すぎる最期

1　病のなかの奏楽と和歌

不例のなかでの年始

年が改まって嘉承二年（一一〇七）を迎えた。年末に権中納言に昇進した（『中右記』嘉承元年十二月二十七日条）藤原宗忠は元日の昼に高陽院へ赴き公卿・殿上人らと関白藤原忠実に拝礼した（関白家拝礼）。その後、関白はじめ公卿以下とともに院の御所、土御門亭に赴いて白河上皇に拝謁（院拝礼）、この様子を東宮の宗仁親王が簾中からご覧になったという。

その後、一行は内裏（堀河殿）へと向かい、秉燭に及んで小朝拝が行われた（『殿暦』『中右記』正月一日条）。この時の内裏が堀河殿であったことは、六日前の雪の降る夜に内裏から堀河殿への行幸が見られ、中宮も行啓された（『殿暦』『中右記』『永昌記』嘉承元年十二月二十五日条）ことから知られる。天皇と中宮は堀河内裏で越年されたのである。

　小朝拝とは元旦に清涼殿の東庭において公卿・殿上人が天皇に拝賀する儀をいい、朝賀（朝拝とも。元旦に天皇が大極殿に出御して百官の拝賀を受ける儀式で十世紀後半に廃絶）を簡略化したものである。

　天皇は左右に御灯が供された南殿の御座に出御された。御膳が供され、「天皇御箸を鳴らし、群臣箸を下す。御飯を供え、臣下に賜い、御箸を下す。三節を供う。一献を供え、……二献を供う。御酒の勅使顕実朝臣、三献を供え、雅楽を奏す。……（見参の宣命を奏す）、公卿南庭に下り立ち、……公卿拝舞す。……公卿また昇り、天皇還御す。公卿中門に向い祿を取り、一拝了りて退出す于時及亥四点、。後に聞く、此の暁、四方拝常の如し」、と『中右記』は行動の様子が具体的である。天皇は、この日の早朝に四方拝にのぞまれた。寅の刻に挙行のこの儀式は天皇が関わる一年の年中行事で最初のものである。

　天皇は一日おいた三日、父の白河上皇の御所、土御門亭へ朝覲行幸された（『中右記』『殿暦』『永昌記』『長秋記』正月三日条）。午後二時に南殿に出御された天皇は、階に寄せられた鳳輦の御輿に乗り、南庭に列立の公卿の前を通って西門から堀河殿を出られた。神鏡・御剱・神璽といった三種の神器を御輿に乗せ天皇と同道していることが注目される。

　その経路は堀川大路を北進して大炊御門大路を東へ東洞院大路まで進み、これを土御門大路まで北進して東へ、高倉小路を少し北へ進んで土御門亭へは西門から入られた。天皇は中門内で御輿から下りられて西の対の休息所に入られた。ついで寝殿に渡られ、午後四時ごろに御拝の儀が行われたが、これに関して『永昌記』には「御簾を巻かず。簾の中此の儀あり。御身躰なお以て違背の故なり。御袍を召すの例なり」とあり、天皇が不例であったため御簾を下ろしたままで挙行されたので、その様子は見えなかったという。

終わって天皇はいったん御休息所に下がられ、寝殿庇の御簾を褰《かか》げるなど御装束を改めた後に再び渡御された。そこでは舞楽があり、御膳が供され、公卿以下に賜禄があった。ご対面が数刻におよび還御されたのは子の刻であった。この時の天皇方の殿上人の座は寝殿南階の西砌、院方の殿上人の座は東砌、東宮方のそれは東の対代廊の南砌であった。

上皇とともに土御門亭に居住の東宮は行幸してきた父、天皇のもとへ行啓している。『長秋記』によると「庭燎を供う。東宮、簾中に御す。長実に仰せて主殿松を召す。是れ幼主の御遊物具と為すか」と五歳の東宮の遊具のことが見え、天皇の命であろうか、内裏から遊具を取り寄せたのに御遊はなかったという。微笑ましい話である。

行幸の際に狼藉があったことを『殿暦』のみが記している。「今夜、行幸の還御に左大将参られず。其の障り無く頗る便なかる事か。行幸路極めて狼藉なり。仍て検非違使らに仰せ了んぬ。然りと雖もなお極めて狼藉なり」がそれで、狼藉が起きたゆえに左大将の還御への不参が問題視されているのである。左大将とは内大臣源雅実のことで土御門亭の家主にほかならない。

この行幸を関白の妻源師子と故師実妻の源麗子が車から見物しており、「道路の見物の車勝げて計うべからず」（道路に並んだ見物の車は数え上げることが出来ないほど多かった）といった状況であった。

このあと天皇は踏歌節会《とうかのせちえ》（天皇が紫宸殿にて踏歌を御覧になり、五位以上の者を召して宴を賜る年中行事）に姿を見せ、秉燭から八時ごろまでおられ（『中右記』正月十六日条）、五日後の賭弓《のりゆみ》（賭射とも。天皇が弓場殿に出御され、左右の兵衛・近衛府の舎人らが弓を射るのを観覧し、勝方に賭物を賜り、負方には罰酒を課した年中行事）にも臨まれた（『中右記』『殿暦』正月二十一日条）。天皇が弓場殿にお出ましになったのは午後四時ごろである。堀河殿では西中門廊を射庭とし、西の対南砌を公卿の座、その東南に出居の座を設けた。灯りが入り、天皇が奏文を下して始まった。まず上卿が射手の障りを蔵人頭を介して奏上し、天皇の勅許があり、参上した射手たちが的を狙って射た。おりおりに舞楽があり、子の刻近い時間に終わって還御された。

二月に入って伊勢大神宮への奉幣があり、早朝に昼御座において神宝御覧、ついで東庭で神馬御覧があり、天皇の手になる（宸筆）宣命と幣物などを携行して勅使の内大臣源雅実が伊勢へと向かった（『中右記』『殿暦』二月十一日条）。

遊興を楽しむ

ひと月後の晩春のこと、堀河天皇は思い立ったように朝覲行幸を敢行され（『中右記』『殿暦』三月五～八日条）、「数日宸遊」（『百錬抄』三月五日条）とあるから遊興を楽しまれた。時に父の白河上皇は洛南の鳥羽殿におられたが、行幸に備え諸国に命じて南御所を修理させている（『殿暦』二月二十七日条）。権中納言藤原宗忠は体調を崩していたが夜の七時ごろに参内している。

天皇が南殿に出御されたのは夜の十一時ごろ。南庭に列立する公卿。天皇の御輿（鳳輦）はその前を通って堀河殿を西門から出て堀川・三条・大宮・七条の各大路を南へ、さらに西へととり、朱雀大路を南下して九条大路を渡って鳥羽作道（朱雀大路の京外南への延長路）に出ようという時、京中の東北方で火の手が上がった（『殿暦』には「造路京方に焼亡あり」とある）。暫らく御輿を留めて、その場所を尋ねさせたところ大炊御門富小路の小屋ということであった。当時の平安京東北部のこの辺りには天皇・上皇はじめ皇族の邸宅の存在は確認されない。

やがて御輿は鳥羽南殿の西中門に到り、奏楽が流れるなか入御されている。この時点で日が変わっていたであろう。『中右記』に「今夕御対面あるや。深更に及び人々帰洛の輩あり。予上野前司邦宗直廬に宿す」とあり、御対面がある今夕とは翌六日のことと解すべきである。

六日の朝、関白藤原忠実は直衣姿で天皇の御前に参上し、上皇からの召しによって上皇のもとを訪ね、再び天皇のところへ戻り、昼ごろにはいったん宿所に下った。

夜になって和歌の興が寝殿の南庇において行われたが、その室礼は東西南の三面の御簾を巻き上げて母屋の御簾は下し、南庇の中央に御座を設けて左右に御燈を供し、南簀子に菅円座を敷いて公卿の座とした。関白は束帯を着けて御前に参り、暫らくして天皇が直衣姿でお出ましになり、関白藤原忠実が伺候した。天皇の御座の傍らには釼璽が置かれていたが、御直衣の時には釼璽を置くべきか否か「頗る議定あるや」と宗忠は訝しがっている。

蔵人頭源道時の召集（「其詞に云く、人々召せ」）で十七名の公卿が座に着いた。そこで関白は蔵人左少弁源雅兼に命じて文台を持って来させ、蓋を取った御硯筥とともに天皇の御前に置いた。その先には明かりを供する切灯台が立ててあった。

ここで人々が認《したた》めた和歌を置いたが、その作法は、左右二方の殿上人二十人ほどが六位、五位、四位、内・院両所の殿上人そして上達部と、いずれも下臈から順に置いていったのである。その際に多くの人は「笏を置き歌を奉」って席に戻ったが、民部卿だけは御前に進み、「笏を指して歌を置き、笏を抜き揖」して座に帰ったとある。民部卿とは大納言源俊明のことで六十四歳の彼は左大臣源俊房の七十三歳についで高齢であり、経験豊富で作法にも通じていた。宗忠は「人々の作法尋ね知るべし」と俊明の行為に賛意を表しているが、両者は極めて親しい間柄にあった(1)。

集まった和歌を関白は笏で取り副え、膝行して笏を置き、和歌を取り回して置いた。ここで蔵人頭源道時が講師として召されて御前に進み、民部卿源俊明が読師となって和歌の序代（宗忠作成）を講じ、権中納言源基綱・参議左大弁源重資を講師の座の近くに召して臣下の歌を詠ませ、講じた後に撤収した。ついで天皇が懐中より御製を取り出して置かれた。これを関白が開くのが筋だけれど離れていたので民部卿が開き、左大弁が講師として読み上げ、一同が声を合わせて詠み、座にあるもの皆が感気したという。御製は関白が取って退下し、皆がもとの座に戻って和歌の興は終わった。
この時の天皇の御製が『金葉和歌集』〔巻第五「賀部」〕に採られている。白河上皇の院宣で成ったこの勅撰和歌集は大治元年（一一二六）ごろに奏覧されているから天皇崩御後のことである。

嘉承二年鳥羽殿行幸に、池上ノ花といへることをよませ給ける　　堀河院御製
池水の底さへにほふ花桜見るともあかじちよの春まで
（池水の底にまで咲き映えている桜の花は、見飽きることはないだろう。千年後の春までも）[2]。

水量豊富で澄みわたる鳥羽殿の池に桜花が映るのを船から観賞された天皇の喜びが溢れている一首といえよう。しかし、天皇がふたたび観桜を楽しむことはなかった。
関白藤原忠実と権中納言藤原宗忠の詠歌も勅撰集に採られて今日に伝わっているので掲げておこう。関白そして宗忠の詠歌は以下のものである[3]。

嘉承二年鳥羽殿にて、池上花といへることを　　富家入道前関白太政大臣
千世を経てすむべき池の水なればうつれる花のかげものどけし
嘉承二年三月鳥羽に行幸侍りける時、池上花といへることを講ぜられ侍りけるに

千世を経てそこまですめる池水にふかくもうつる花の色かな

中御門右大臣

天皇は詠歌のあと管絃の御遊を楽しんでいる。「御遊物具」つまり管絃具は関白が源雅兼に命じて持参させて各人に渡し、天皇の御笛は関白がみずから渡された。関白は箏、権中納言藤原宗忠は拍子、同藤原宗通は付歌つまり歌謡、同源基経は枇杷、ほかに笙・篳篥・和琴などが加わっている。演奏の具体的な様子は「次いで双調、安名尊三反、桜人一反、席田二反、鳥破急、賀殿破急、或は歌い或は楽《かなで》る。かつ仰せに随うなり。次いで平調、青柳二反、万歳楽、五常楽、更闌人定、絲竹の調べ自然絶妙なり」というものであった。

御遊が終わると、関白は笛筥の蓋を取って天皇のもとへ進み「御笛を入らしめ給」い、もとのところへ置いた。ついで天皇は公卿以下が平伏するなか入御され、関白は座を立って御簾を褰げ、御釼などを内侍に授けて宿所に下がった。一連のことが終わったのは子の刻であった。このあと北面御所（院の御所）において小御遊が行われているが、それは感興の余韻によるという。関白以下多くの公卿らが招かれ、いささかの盃酌が振る舞われ、終夜にわたって今様の朗詠があり、「興幽玄に入り、天明を知らず。是れ良宴の遺味なり」とある。人々が退下したのは翌朝の六時ごろであった。この様子を白河上皇は内々に御簾の中からご覧になった。

『古今著聞集』巻第六「管絃歌舞」には「堀河天皇鳥羽殿に行幸ありて御遊の事」として「嘉承二年三月五日、鳥羽殿に行幸ありて、六日和歌の興ありける。序代は中納言宗忠ぞかゝれける。次御遊、主上笛をふかせおはしましけり。殿下箏・宗忠卿拍子・宗通卿付歌（中略）、糸竹のしらべことに面白かりけり。法皇、簾中にてぞきこしめしける。感興のあまり密々に北面の御所のかたに、中納言顕通卿以下をめされたりけり。殿下もまいらせ給けるとぞ。盃酌、朗詠、今様などありけり」とみえる。

鳥羽殿の見納め

翌七日も御遊が予定されていた。関白は昼に直衣を着けて御前に参り、北廊において内々に御遊が行われたが程なく終ったという。ただ夜の北面御所（院の御所）での御遊は明け方まで及んだと記す。この日、天皇は風邪気味であったという。夜の御遊について権中納言藤原宗忠は「陰雲四合、雨脚滂沱、今日、種々の遊興あるべしと雖も終日雨止まず、仍て北面方の簾中で近習公卿六、七人ばかり、雲客五、六輩直衣、管絃の遊あり。或は朗詠、或は雑芸、すでに暁更に及ぶ」と記している。

天皇のお風邪を案じた関白は、翌朝に御前を訪ね「主上、御風邪気別事なし」と安堵している。この日は鳥羽殿の池での船遊びが予定されていて、朝から近習者が直衣姿で参上して来た。午前十時頃に出御された天皇は、御釼（野釼）を携行する参議を前行に関白はじめ公卿・殿上人を従えて、南中門廊に寄せられている「檜皮葺の河船」いわゆる屋形船に乗り込まれた。乗船者は十人ほどである。この御船の左右には屋形のない船が二艘付き従い、公卿三人、両蔵人頭、殿上人十人が分乗していた。

『融通念仏縁起絵巻』に描かれた鳥羽殿（禅林寺蔵）
（『よみがえる平安京』より）

「龍舟」つまり天皇の御船の棹は二人の蔵人が当たり、「鳳池を廻り、眺望を恣にし、而して遊興を催す」と、水に恵まれた鳥羽殿の晩春の景色を満喫されたことであろう。この後、堀河天皇の鳥羽殿行幸を見ることはないので、これが鳥羽殿の見納めとなった。船中では御遊が催され、上達部の管絃を聴きながらひと廻りして還御、天皇は昼御座に入られた。ついで女房たちが乗船の興を楽しみ、午の時（昼の十二時）には事が終わったという。

そののち公卿たちが殿上に参集し、天皇が寝殿にお出ましになられた。玉座の傍らには璽釼が置かれていた。簀子に移った関白が蔵人頭をして十六人の公卿を簀子に伺候させた。ここで楽行事に任命された左右の近衛少将二人が楽屋に向かった。楽屋は南庭東頭にあって「左大鼓一面を立て、其の南北に左右鉦鼓各一面を立て、左右桙各八本を立つ」と楽器の所在を記す。乱声とともに舞人が登場。振桙についで喜春楽、地久が舞われ、御膳が供せられた（陪膳は権大納言藤原経実）。ついで皇麞（「童六人、八幡舞人なり」）、春庭楽（この間に秉燭）、延喜楽など、そして納蘇利を舞い納めとし、引き出物、贈物があった。

簾中で父の白河上皇と対面された堀河天皇は勧賞（昇叙）を仰せられ、入御された時と同様に西中門で御輿に乗られて還御された。戌の刻に鳥羽殿を発たれて堀河殿へは亥の刻に着かれている。洛南から二条まで二時間ほどかかっている。この行幸について宗忠は「凡そ今日の儀、毎年春の朝覲の如し。抑も今度の行幸、かつ御対面と為し、かつ春花を賞すため遊興を遂げらるなり」と記しており、その目的が父との対面と春の花の賞玩、そのもとでの遊興であったという。

こうして鳥羽殿での四日間は終わったのであるが、この四ヵ月後に天皇が崩御されるということを誰が予測できたであろうか。

天皇が還御された翌日には院の殿上人たちは蹴鞠に興じ、前斎院の令子内親王は船に乗って興を楽しんでいる。これらのことは天皇が還御された余興によるものという（『中右記』三月九日条）。なお、前日に前斎院の女房たちが「乗船興」を内々に行っている。

月末には内裏において「雨中藤花者」の題で和歌の披講が行われ、「深更に及び内に参り宿侍す。今夕、殿上人十余輩、御前に於て和歌を講ず」とあるが（『中右記』三月二十八日条）、御物忌の天皇は顔を見せなかったのではないかと思う。いっぽう関白忠実は白河上皇に召されて夜に大炊殿に参上し、上皇の命で今様を歌っている（『殿暦』三月二十八日条）。二日後にも権中納言源国信以下十余人の殿上人が御前において和歌の興を催し、「是れ当座の乱題」の語が俄かの挙行を暗示している（『中右記』三月三十日条）。

世上不安と病

貴族たちが御遊に耽っている一歩外の巷では疫病が蔓延していた。「春の間、頗る疾疫の聞えあり。下人の中、夭亡者多し、と云々。去年此の如し。春の比《ころ》また其の聞こえあり。此の両三年来、神の假と称し、京中の人の宅俄かに他所に移る。甚だ心を得ざる事か」（『中右記』嘉承二年三月三十日条）という状況で、この数年というもの「神の仮」と称して転宅するものが多いけれど弁えのない行動だ、と宗忠は批難している。

この疾疫は「近日、天下疾疫の聞こえあり」（同、二月二十七日条）と一ヵ月前に遡って流行していたことが知られ、夏になっても収まる気配はなかった（同、五月十三日条）。夏の風物詩である賀茂祭に備えての斎王（天皇同母妹の禎子内親王）御禊の日に貴賤を問わず老いも若きも咳病に罹って多くの人が悩まされたといい、そう記す宗忠は不調で出仕せずに、御禊を一条殿の桟敷から見物したが、行列が来たのは秉燭以後であった（同、四月十四日条[4]）。

五月に入って天皇は、造営中の中宮篤子内親王の御願寺である京極御堂の仏壇に用いる高欄や柱などを持参させてご覧になられた（『殿暦』嘉承二年五月二日条）。証菩提院と称するこの御願寺は一年前に上棟のことがあり（『中右記』長治二年六月二十六日）、天皇がご覧になった四ヵ月後には「すでに以て過半造営の勤、漸く成功し了んぬ」（『中右記』）の状況で、完成するのは二年後のことであり（『殿暦』天仁二年六月二十九日条）、天皇が落慶を目にされることはなかった。

京極御堂の用材をご覧になられた八日後に天皇は不例に陥り、関白藤原忠実は夜に参内して侍宿している。そのことで翌日の諸社奉幣の御拝はなかったが、「御心地別事なし」「御風指せる事御さず」とある（『殿暦』『中右記』『永昌記』五月十・十一日条）。諸社奉幣とは疾疫の鎮静を祈願しての二十二社への奉幣であった。

十日後、天皇は十九日から始まった最勝講の結願の日に鬼間にお出ましになられた[5]。時に内裏は堀河殿であり、西の対を「中殿」つまり清涼殿としていたから（『中右記』五月十九日条）その一郭に設けられた鬼間ということになる。因みに中宮（篤子内親王）も二間御所にお出ましになり、東の格子は下ろし、南障子は取り払って几帳を立て、女房たちが出衣をしていたという（『永昌記』五月二十三日条）。そもそも最勝講とは、五月の吉日から五日間に及ぶ清涼殿で行われる年中行事で、東大寺・興福寺・延暦寺・園城寺の僧侶を召して金光明最勝王経を講じさせ、国家安穏と天皇安泰を祈るものであった。今回は疾疫蔓延と天皇の病ということがあったので殊更に頼むところが大きかったにちがいない。

ところで最勝講の結願の日の記事に、巷では下人たちが辻つじで飛礫つまり小石を投げあって殺害に及ぶということがあり、検非違使をして制止させている。春ごろから起こっているといい（『中右記』『百錬抄』五月二十三日条）、不穏な世情への民衆の怒りの現われであろうか。

清涼殿での最勝講の結願に臨んだ天皇は翌日の夕刻から風邪気味となり、次の日の朝に関白が馳せ参じた時にも不快でおられた。そこで関白は上皇御所（大炊殿）に参上して御占を進言し、五位蔵人の藤原為隆をして陰陽師の安倍泰長を召し、占わせたところ「土公御邪気」と出た（『殿暦』『永昌記』五月二十五日条、『中右記』五月二十五～二十七日条）。土公とは土公神《どくじん》のことで、陰陽道で土をつかさどる神が土中にいる時期に土を犯したり、この神の遊行の方角に向かって土木工事を行うことを忌むのである。春は竈、夏は門、秋は井、冬は庭に在るので、五月ゆえ門の造作や土を動かすことを忌むことになる。

御占に関わった藤原為隆は天皇の不快の状態を「昨日、夕より御風気。半夜、殊に煩わしめ給う。咳気、数日の後、なお御霍乱の如し。然れども晩に及んで尋常に復せしめ給う」と記している（『永昌記』五月二十五日条）。霍乱という病は下痢・嘔吐・腹痛をともなう急性胃腸炎のことをいうが、風邪が胃腸にきたのであろうか。二日後に「昨今、聖躰平安」（『永昌記』五月二十七日条）とあるから天皇の不例は長引くことはなかったが、疾疫の方は収まりを見ない。この二日後には「疾疫頻りに発り、天下静かならず」のために南殿（堀河殿の寝殿）において臨時仁王会を挙行している。御所も設営されたが御物忌により天皇の御出はなかった（『永昌記』『中右記』五月二十九日条）。

月が替わって御願寺の修理にともない天皇は堀河殿（「堀河内裏」）から本内裏に方違行幸された（『中右記』『殿暦』六月七日条）。亥の刻（夜の十一時ごろ）に西門を発った御輿（鳳輦）列は、北接の二条大路を西へ大宮大路まで進んで北行し、大内裏には陽明門から入って西へ、内裏の建春・宣陽門を通り、日華門から南庭を通って南殿（紫宸殿）に寄せられた。距離にして一・五キロメートルほどであるが、その途次の「大宮大路の西頭に穢物あり」つまり陽明門の近くに穢物があったことで、検非違使が道路の清掃を怠ったのはけしからぬ、と咎められている。また行幸に鳳輦を用いたことについて、この輦輿は正月・春日・日吉社の行幸以外は殊に用いず、本来なら葱華輦を用いるべきなのに装束使の弁はどうしたことか、先例を調べるべきだ、とは宗忠の弁。

翌日には「宮漏頻りに動き、遠鶏漸く報《しら》す。未だ遅明に及ばざるの間、南殿に出で御うこと夜前の如し。右大将以下列立す。還御の儀常の如し。堀河院の西門に於て神祇官、御麻を奏す。少納言時俊、鈴奏常の如し。人々退出の間、東方漸く明け、残星光希」とあり（『中右記』六月八日条、『殿暦』同日条参照）、宮中の水時計が時を知らせ、鶏鳴すなわち午前二時ごろに天皇は内裏を出立されて堀河殿に還御された。前夜、内裏に着かれて一、二時間しか経っておらず方違そのものであった。

神祇官による御麻奏と少納言による鈴奏は行幸にはつきものであったが、内裏に着いた時に鈴奏がなかったことについて、天皇が不審に思われ、関白が諸卿に問うたところ、不要ということで入御されたとのことであった。これに対して関白は、「余能く思い量ること尤も候うべし（鈴奏が必要）、是れ大失なり、万事失なり、不覚なり」と日記に怒りを露にしている。

天皇の体調について『中右記』嘉承二年六月二十日条に「此の夜半より頗る御風気御すなり」とあるもののこの日は「然りと雖もまた指せる事御さず」の状態であったので藤原宗忠は夕刻、退出の途次に関白邸に立ち寄って天皇のご様子を万事報告している。しかし四日後には不例に陥り、「年来の御邪気」のしからしむるところと語っている（『中右記』六月二十四日日条）。夜半から早暁にかけて不例となることが多いのも邪気との関わりを物語るものであろう。翌日の早暁に物の怪に取りつかれている（『殿暦』六月二十五日条）。

そのさなかに大きな落雷によって京極殿が焼失しているが、その様子を書き留めた藤原宗忠の日記を要約すると以下のようなことである（『中右記』六月二十一日条、『殿暦』参照）。

昼から急に空が暗くなり激しい雨となって大きな音とともに雷電が数十度みられ、みな大いに驚いたという。しばらくすると、雷が京極殿の一郭に落ち、火柱が高くあがって堂舎が炎上した。宗忠が馳せ参じると、煙が充満して門から中に入ることができなかった。東へ拡がった火の手は法成寺の西大門のところで鎮火したけれど北政所御堂、南北廊中門、西大門は悉く焼失し、仏像だけは運び出せたという。ここにいう北政所とは関白忠実の祖母の源麗子のことで、その御堂は先ごろ高階泰仲が伊予守の時に造営した[6]もので、「荘厳過差、記し盡すべきにあらず」とあるほどに豪華な御堂であった。それが雷火で煙と化したのは「誠に哀しいかな」と嘆く宗忠は、聞いた話として「雷所々に落ち、多く以て人を損《そこな》う。或所樹折れ、或所人を損う。此の如き事数十ヵ所に及ぶ、と云々。皇居堀川院の南山の大樹折れ損う。疑うらくは是れ雷の為すところか。凡そ未だ此の如き事あらず。誠に以て希有なり」と記している。雷はこの時だけで収束せず、さらに炎旱が追い討ちをかけた。

月替わりの朝に「主上なお不快に御す」の知らせを聞いて参内した関白忠実は、昼過ぎに雷電があり急いで天皇の御前に参上、「雷声極めて甚だし」き情況で、紀伊守藤原有佐宅に落雷したという（『殿暦』七月一日条）。藤原宗忠も日記に「申の時ばかり暴風俄に吹き、埃塵天に連なり、雨脚遍く灑《そそ》ぎ、雷声遠く振う」と記し、三条町尻の兵衛佐藤原忠長宅に落雷があったとし、また炎旱続きのため関白は蔵人藤原清隆を神泉苑に遣わして池を掃わせている（『中右記』同日条）。

炎旱は疫病が流行した五月ごろからその傾向にあり、久しぶりの雨を「甘雨」と呼んで民家の人は歓喜したという（『中右記』五月十四日条）。七月には二週間後にも蔵人清隆に神泉苑の池を掃わせており（『殿暦』『中右記』七月十四日条）、旱魃続きが察せられる。

政治の頂点にある天皇にとっては内患外憂の日々であったわけで、病も一進一退であった。夜に参内し宿侍した権中納言藤原宗忠は、天皇の症状を「主上、御風の気、此の七、八日指せる事御さずと雖も、また尋常の儀にあらざる由」と、近侍する因幡内侍から聞いている（『中右記』七月三日条）。どうやら六月の下旬あたりから日替わりで不快状態に陥り、それは風邪というよりも御邪気のせいであるらしい（『中右記』六月二十八日条、『殿暦』二十八・二十九日条）。

そして月が替わって三日あたりから様相が変わり、「夜に入るの間、玉躰なお以て不快」「亥の時ばかり玉躰頗る温気に御すなり」というぐあいに熱が出たりして良い状態が失せている（『中右記』七月四・五日条）。

2　悲泣のなかの崩御

ここで、一人の女性が天皇の病気に深く入りこんだ記述を残しているので紹介しよう。

『讃岐典侍日記』

六月二十日のことぞかし、内は、例さまにもおぼしめされざりし御けしき、ともすればうちひしがちにて、「これを人はなやむとはいふ。など人々は目も見たてぬ」とおほせられて、世をうらめしげにおぼしたりしものを（中略）かくて、七月六日より御ここち大事に重らせたまひぬれば、たれも、月ごろとても、例さまにおぼしめしたりつることは、かたきやうなりつれども、これがやうに苦しげに見まゐらすることはなくて、過ぐさせたまへる、かくおはしませば、いかならんずるにかと、胸つぶれて思ひあひたり。（六月二十日、天皇は気分がすぐれぬご様子で、ともすれば臥しがちになられ、「これを人は病気というのだな、どうして皆は気がつかないのか」と仰せになり、身の上を恨めしくお思いになられた……。こうして七月六日から病気が重くなられた。この月ごろでも調子がよいと思うことは殆どなかったようではあるけれども、今のようにお苦しそうに見えることはなく過ごしておられたが、このように重態になられると、この先どうなるのかと、誰もが胸がつぶれる思いでいる。）

これは天皇に親しく仕えた女性の手になる回想の記録、『讃岐典侍日記』である[7]。作者の讃岐典侍は名を藤原長子といい、生没年は明確でないが、藤原道綱（道長の義兄、母は『蜻蛉日記』の作者）の孫で歌人の讃岐前司藤原顕綱を父に持つ。日記に「堀河院の御乳母子」とみえるが、姉の伊予三位藤原兼子が堀河天皇の御乳母だったことによっている[8]。そんなところから兼子の養女説、堀河天皇と同年生まれ説などがささやかれる。作者は姉の縁で康和二年（一一〇〇）に堀河天皇のもとに出仕し、翌年には典侍となっている。

すでに見てきたように中宮篤子内親王は天皇にとって父の実妹で、十九歳年長の叔母であったから、天皇の愛の対象が同年輩の作者へ向かったとしても無理はない。女御の藤原苡子が皇子（鳥羽天皇）を出産してすぐ二十八歳で死去しているから特にである。作者は幼帝、鳥羽天皇のお傍に臥しながら亡き天皇（堀河）に思いを馳せ、「宮のぼらせたまはぬ夜などはさぶらひしか」、中宮が参上しない夜などには天皇に添い臥した。「その夜、御かたはらにさぶらひしかば、もろともに具しまゐらせて」早朝に揃って雪見をしたとある。このような描写は、天皇の寵愛を得ていたことを暗示するのではなかろうか。

寵愛を得ていた天皇の死に遭遇した作者は深い悲しみに打ち沈み、いったんは退下したけれど白河上皇の命によって、五歳で即位した鳥羽天皇に仕えることになる。

「思ひいづれば、わが君につかうまつること、春の花・秋のもみぢを見ても、月のくもらぬ空をな

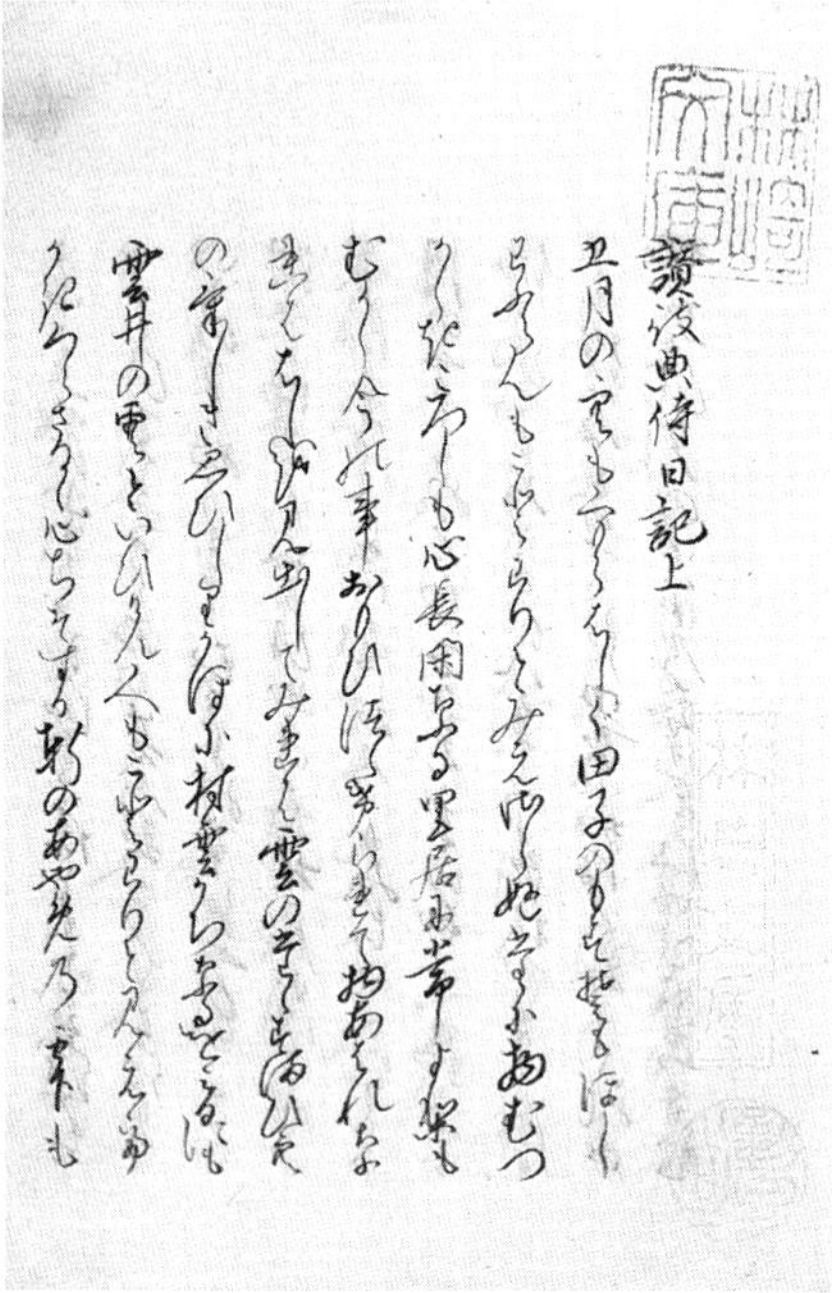

村井敬義奉納本『讃岐典侍日記』（神宮文庫蔵）
（『新編日本古典文学全集 26 和泉式部日記 紫式部日記 更級日記 讃岐典侍日記』小学館，1994 年より）

がめ、雪のあした御ともにさぶらひて、もろともに、八年の春秋つかうまつりしほど、常はめでたき御こと多く、あしたの御おこなひ・ゆうべの御笛の音忘れがたさに……」、と書き出したところ涙が溢れて目がかすみ、筆を下すところも覚束なく、という調子で日記がはじまる。二巻からなるそれは、天皇の発病から崩御にいたる間の看病の模様を詳しく記した上巻に対し、下巻は鳥羽天皇に出仕しながらの回想の描写に費やされている。

作家の竹西寛子氏は讃岐典侍の人間性を以下のように分析する。(9)

「日本古典全書」ではじめて『讃岐典侍日記』を読んだ時、日本にも、天皇に関するこういう看護、追悼日記があったのかと目をみはる思いをしたが、今度読み改めてみて、この日記はやはり貴重だと思った。作者の資質の文学性の高さについては、他の三人（筆者注――和泉式部、紫式部、菅原孝標娘）と必ずしも一律には論じられない面もあるかと思う。時代が下っているということもあろう。しかし天皇と典侍という関係にとどまらず、一人の男性の生から死へのうつりゆきを、女の目で見続けたこの作者は得がたい人である。

死期迫る

上掲の『讃岐典侍日記』に、天皇は嘉承二年七月六日に重病に陥ったとあるように、この日、関白は「頗る不例（病気）」のうえ「堅固の物忌」で籠もっていたが、蔵人藤原仲光から「主上重く御す」と告げられたので急いで参内して御前に伺候した。聞けば、天皇は樋殿（便所）に行かれる途中で不覚になられたという。その夜、関白は内裏に侍宿した。

宗忠のところへも仲光から連絡が入り、驚いて駆けつけると多くの人が参集していた。そこへ関白から呼び出しがあって高陽院に赴き、夜になって再び参内してみると「甚だ以て禁中物騒なり。是れ頗る増さしめ御うなり」と天皇の病状は予断を許さぬ状態にあり、多くの公卿・殿上人が駆けつけ、上皇も俄かに皇女の前斎院、令子内親王の御所へ渡御された。それは「是れ皇居と近隣の間、万事□相叶い申さしめ給うなり」とあり、いざという時に備えての御幸であったことがわかる。

ちなみに白河上皇が渡られた令子内親王の御所は播磨守藤原基隆の造進によるものであった。そのしつらいは、「御装束・御帳度など、女房装束、内より或は別貢物を募り、或は殿上受領らに仰せられ儲けらる所なり。前斎院令子、今上同産の姉、偏に我が君殊に沙汰申さしめ御うところなり」（『中右記』嘉承元年三月二日条）とあるように、一歳上の実姉のために天皇が差配されたものであった。その所在地は病臥にある天皇の堀河殿（内裏）と二条大路を隔てて真北である。(10) 因みに藤原基隆は、『讃岐典侍日記』では「大弐の三位」の名で登場する堀河天皇の御乳母であった藤原家子（師三位とも）を母に持ち、諸国の受領歴任で得た財力によって白河上皇の院の御所の造進をはじめ経済的な奉仕を盛んに行った典型的な近臣受領として知られる。

この夜、天皇の平癒を願って臨時免物つまり左右獄囚の中の未断軽犯者を免じ、清涼殿の昼御座において等身大の五大尊像の供養を行っている。しかし夜半になって俄に危険な状態に陥ったので非常赦を行っている（『殿暦』『中右記』嘉承二年七月六日条、『為房卿記』七月七日条）。また翌朝五時から軒廊御占（御卜）を行っているが、これは叡慮によるとあるから、天皇の意志で譲位についての御卜を行ったものである（『殿暦』嘉承二年七月七・十日条）。

昼御座では法華経・仁王経・大般若経・千手経などの転読が行われ（『殿暦』『中右記』七月八・九・十一日条）、あらゆる手を尽くしている様子が宗忠の「凡そ昨今の間、御修法御祈など種々万々なり。記し尋ね能わず」の言辞から窺い知れる（『中右記』七月七日条）。

一方で造仏も行われ、関白忠実は天皇のために丈六の不動尊像を、上皇は丈六の五大尊像を、北政所つまり源麗子（関白の祖母）は等身大の仏像三躰を、それぞれ造作している（『殿暦』『為房卿記』七月九日条）。また播磨・丹波・備前・武蔵・出雲・加賀の六ヵ国の殿上の受領たちには各一躰ずつ丈六の六観音像を造らせている（『中右記』七月八日条）。女房たちの語ったこととして「主上、内大臣に仰せられ、丈六弥勒尊像作り始めらる、といへり。是れ誠に大善根の事なり。定めて願あり、意趣を思し食すか。喜に随い承るところなり」とあり（『中右記』七月十日条）、天皇から弥勒菩薩像を造作するようにとの命を受けた内大臣源雅実は大善根（大きな果報を招く行為）と喜んで造仏に取りかかったという。

十日に入ると上皇の肝いりで一日をかけて大般若経の書写供養が見られた（『殿暦』『中右記』『為房卿記』七月十日条）。夜明け前に人々に分担して書写させて午後二時ごろには出来上がり、昼御座において御仏を安置し、鐘を合図に六十人の僧によって供養と転読が行われた。この日の夜、女房を介して天皇に召された宗忠が御前に参上してみると、天皇のご様子は「今の間、臥せしめ御うなり。龍顔の気色頗る屈せしめ御うなり。見奉るに心神迷乱、言語に能わず」と、異常な精神状態で会話もできないほどであった（『中右記』七月十日条）。

心配のあまり父の上皇は、後三条天皇が眠る円宗寺山陵[11]に権中納言藤原宗忠を遣わして告文を奉り、天皇の病気平癒を祈願している（『中右記』七月十二日条）。上皇は、大宰権帥大江匡房が書いた草（下書き）を自ら檀紙に清書して封をした、その告文を宗忠に渡しながら、山陵の前で読み上げた後に清火をもって焼くように、と申された。

告文を携えて宗忠は三人の共と「冷泉院堀川辻」、つまり堀河殿の西北の辻で殯榔毛《びろうげ》の車に乗って西へと向かい、「円宗寺北大門大路」を北行して一町ほど進んだところで下車した。「往還の間、北野の前に於て車より下る」とある。そこからは歩いて円融院の僧の案内で山陵へと向かった。山陵は円融院の敷地にあったので円融院別当の沙汰下にあり、道案内の僧も別当の差配によるものであった。

歩を進めると山陵はひっそりとして物寂しく、松や柏といった常緑樹は高く繁り、円融天皇以後の五、六代の天皇陵の所在がわからなかった。そこで後三条天皇陵への案内をねがい、荊棘を払いながら進む僧に導かれて西向きの後三条天皇陵の前に来た。そこに畳一枚を敷き、両段再拝（四度の礼拝）して告文を読み、終わって両段再拝して告文を焼却している。続いて心静かに詞を申上し退帰している。この行為は、「早く後三条院山陵に参り、告文を読み申すべく申す所の趣、且つまた詞うべく申すべきなり」との上皇の仰せに従ったものである。帰る時には、日暮れの風が冷たく颯々と松を揺らしていたという。中御門富小路の自邸にたどり着いたのは夜で、暫らく休息、深夜になって参内し宿侍している。

ここで『中右記』に引かれている告文を紹介しておこう。

維れ嘉承二年歳次丁亥、七月十三日丙申、恐《かしこ》み恐き後三条院の山陵に太上法王申給く。近日、公家（天皇）不例に御す。若し御祟ならば、早く平癒せしめ給うべし。抑も七八年前に中宮女房、聖霊御託宣と称して云く、円宗寺の事、陵遅（次第に衰え行くこと）甚だ多く、怨み思し食すと示し給う事ありけり。諸堂の破損は早く修理を加えるべし。修正国忌並びに法華最勝二会の時、行事上卿以下、或は参らず、或は法の如くならず、と云々。是は知ろし食さざる事なり。今より以後、誡の如く勤めしむべきなり。凡そ公家の御薬、悪霊・邪気・風熱・相剋為（病ィ）なりとも早く風前の塵の如し。気分なく平癒せしめ給うべし由を。従二位行権中納言藤原朝臣宗忠、散位従五位下藤原朝臣宗国を差して申し給う状を、慥《たしか》に聞こし食すと申す。

「十三日」が「十二日」の誤記であることは干支などから推して明らかである。七、八年前の中宮女房の託宣なるものを記録で確かめることはできないが、円宗寺の衰退（陵遅）が激しく、破損している諸堂を早く修理し、また法会はきちんとつとめるように、との託宣があったという。とにかく天皇の病を一刻も早く平癒させて欲しい、といった内容である。

十六日の昼に参内した宗忠が前夜から今朝にかけての天皇のご様子を尋ねたところ、さして悪くも良くもならないけれど数日間、高熱が下らないという。そこで、夜から様々な御修法を行い、これは亡くなる時まで続行している。発熱は風邪によるもので翌日にはひどくなっている（『中右記』七月十六・十七日条）。

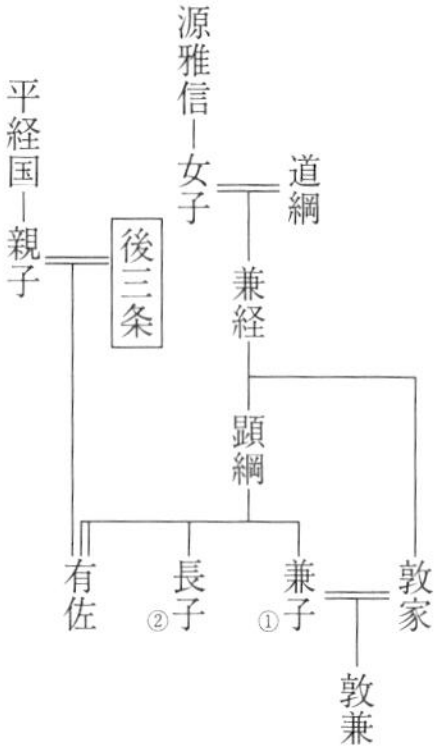

①堀河院御乳母、讃岐典侍、藤三位、伊予三位
②『讃岐典侍日記』作者、讃岐典侍

『讃岐典侍日記』の作者の家系

讃岐典侍の看病

七月に入ってから半月ほどの天皇の病状を関白と卿相の日記からたどると、ほぼ上述のようなことになるが、近侍した讃岐典侍（藤原長子）は、天皇の病をどのように受け止めていたのであろうか、日記から探ってみよう。なお、お傍近くに侍って天皇を看病したのは大弐の三位（乳母の藤原家子）、大臣殿《おほいどの》の三位（乳母の藤原師子、内大臣源雅実の妻）、作者の三人であったという。

読経による仏だのみも思わしくなく、物怪を追い出すべく憑坐《よりまし》を呼んで乗り移らせたところ少し落ちつかれ、お粥を召しあがられたという。天皇は関白を呼んで、上皇のもとへ参上して、「もう何をしても効果はない、して欲しいのは尊勝法での九壇の護摩と懺法である。しておいた方がよいことはすべて今夜済ませておかねばならない。明日、明後日まで生きているとは思えない」と、奏上するように申した。天皇のお言葉の中に譲位のことがあり、関白が上皇にそれを伝えると、上皇からは「一年前のご病気の時にもそういうご意向であったけれど、なにぶん東宮宗仁親王（三歳）が幼少だったので今日までそのままにしてきたのです」とのお言葉であった。これを天皇に奏上すると「何ごとも、とにかく今夜定めておかねばならぬ」」、と仰せられた。

誰もが寝ずに見守っていると、「御けしきいと苦しげにて、御足をうちかけて、おほせらるるやう、『われはかりの人のけふあす死なんとするを、かく目も見立てぬやうあらんや。いかが見る』と問はせたまふ」とある。天皇は苦しくて作者の身体の上に足をのせ、「天皇である私が今日か明日にも死ぬかも知れぬというのに、このように気付かずにいてよいものであろうか、どう思う」と仰せられた。それを聞くと涙に咽んでご返事もできない。死に直面して平静さを失った天皇の姿を彷彿とさせる。作者はかた時も離れずに乳母のように添い臥して泣くしかなかった。このままお亡くなりになってしまったら、まことに恐れ多く、「ありがたくつかうまつりよかりつる御心のめでたさ」、もったいないほどお仕え易かった天皇のお心遣いのおやさしさ、など次々と思い出されて眠れなくなったという。

「なげしのきはに、四尺の御几帳たてられたり。御まくらがみに大殿油近く参らせて、あかあかとあり。それにそひふしまゐらせたり。はしたなきここちすれど、えのかず」とあり、作者は病の天皇に添い臥して過ごすことが多いが、とりわけ明るい中でのそれは恥ずかしいが、退くこともできない、と。中宮が再々渡って来られるので、その思いは募るばかりであった。

ある時お食事を差しあげようと、大弐の三位が天皇の後ろから抱きかかえるようにして起き上がれたお姿を見て、臨終が近い、と作者は思ったという。天皇が重態になって作者の添い臥しが多くなり、夜昼怠りなく御前に参上する関白に気兼ねするので、単衣を引き被って臥す作者を、天皇は膝を高くして隠してくださるのであった。

「参らせたまへば、昼つかたになるほどに、道具などとりのけて、みな人々、うちやすめとて、おりぬ。されど、もし召すこともや、と思へば、御障子のもとにさぶらふ」。中宮の篤子内親王が参上されることで、周りを取りかたつけて皆は御前を下っているが、作者だけは召されることもあろうかと、天皇の部屋を出て障子（今日の襖）の近くに侍っていた。中宮が何を申しあげているのか知る由もないが、暫らくして御扇を打ち鳴らして天皇からお呼びがかかり、物を取って差し上げた。夕刻になって中宮がお帰りになると、皆が参上して来た。

「ほどさへたへがたく暑きころにて」とあるから晩夏の暑い日であった。天皇は金の鉢に氷がたくさん入っているのをご覧になって「気持ちが爽やかになる。大きな氷を提《ひさげ》（提子、持ち手が弦で注ぎ口のある金属製の容器）に入れて皆を集めて食べさせ、その様子を見よう」と仰った。招集されたのは天皇の叔父たち五人の公卿で、中心は病の天皇に近侍していた叔父の内大臣源雅実である。その妻が「大臣殿の三位」と呼ばれた御乳母の藤原師子で、その子の権中納言顕通（天皇と従兄弟）も招かれていた。御乳母たち（作者も）は、夜御殿に入って戸口に御几帳を立て、その綻びのところから、雅実が氷を取って各人に配り、自らも一つ取った様子を眺めていたが、このことで、先年のように天皇の病状がよくなって欲しい、そうなったらどんなに嬉しいことであろう、と思ったという。

こうした儚い希望をよそに夜には天皇は苦しまれ、関白たちが急いで参上して増誉僧正（三井寺の長吏）を呼び入れて加持を行わせた。これは十五日のことと思われる、とあるが、関白の日記にはその記載はなく「太内に候す。御心地なお以て快からず。今夜侍宿す」とあって関白も不調であったようで翌朝に退出している（『殿暦』七月十五・十六日条）。十七日には天皇のお身体が浮腫《むく》み、耳もはっきり聞こえなくなられ、ご自身で「今度の病は逃れられない死病と思う。それが証拠に一心不乱の加持祈禱も、かえって苦しさが増すようだ」と口にされる。十七日のことで注目されるのは造立した等身の七仏薬師像を運び込んでいることで、七名の発願者は上皇、中宮、前斎院、関白、内大臣源雅実・雅俊・国信（この三名は兄弟で天皇の叔父）と何れも天皇に近い人ばかりである（『殿暦』七月十七日条）。

十八日つまり崩御前日のこと、作者は天皇に氷を差しあげる。天皇は受戒のために手を洗い浄めねばならないが、起き上がれないので髪を濡らして拭いて差しあげる作者は言いようのない悲しみにくれている。『殿暦』同日条によると、天皇は重態で施す手だてがなく、さまざまな御祈に頼るほかなかったという。天台座主の仁源が二十人の番僧を率いて加持を行い、亥の時つまり夜の十時ごろになって天皇が受戒を申しだされ、護持僧である法性寺座主の賢暹法印が戒（『中右記』によると「菩薩大戒」）を授けられた。その夜、関白は御前に伺候している。

いっぽう『中右記』同日条には「今日、主上御風また増さしめ御うの由、殿下告げ送らる所なり。昨日より御身所々頗る腫《は》れて御す、と云々。初めて此の事を聞き大いに驚くや。数日、病者此の如き事あり。世間恐れる所なり。夕方よりまた増さしめ御う」とあり、風邪がひどくなって身体の浮腫みが現われた天皇の病状を初めて知って宗忠は驚いている。御几帳の傍では大僧正増誉が祈念し、二間《ふたま》

（清涼殿の夜御殿の東、東庇にある部屋）の方では十四人の阿闍梨による御修法（尊勝陀羅尼・不動呪を念じる）が行われ、その高い声が聞こえてくる。

漸く夜も明けようとするころに天皇が念誦される法華経のお声が高々と響いてくる。この時に備えてであろうか、天皇は年来、法華経の暗誦に心がけ、第一・二巻はすでに覚えておられたという。そして迎えた十九日に天皇は帰らぬ人となるが、その日のことを関白藤原忠実は次のように記している（『殿暦』七月十九日条）。

崩御

天晴、寅の時ばかり主上、御冠を着けしめ給い、法華経を読ましめ給う。希有の事なり。人々涙を流す。卯の時ばかり宿所に下り、また参仕を企てる間、新中納言顕通卿来りて云く、今程術なく御す。仍て急ぎ御前に参り入り見奉る。実《まこと》に術なく御す。極めて重く御すなり。仍て御修法僧ら凡《すべ》て御読経僧参入すべき由仰せ下す。院より御使頻りにあり。極りなく重く御す由、御返事申す。此の間、御前に近く僧候す……、而る間、実に重く御す。辰の時ばかり御念仏並びに御経宝号、実に能々唱え給い崩じ給う此間余候御前、。内府これに同じ。事一定すと雖も暫く僧らに此の由を示さず。巳の時ばかり僧ら皆悉く退出し了んぬ自今朝民部卿被候、。午の時ばかりに及び院に申さず。是れ御歎極りなきによるなり。午の了りばかりに内府（源雅実）並びに民部卿（大納言源俊明）・余相示して云く、今に於ては院に申すべし、といえり。仍て此の由、申せしむ。其の次いでに御譲位の由同じくす。然りと雖も御返事なし。数度此の由を奏す。然りと雖も全く御返事なし。余、力及ばず。仍て暫く宿所に下り、暫く休息の間、酉の時ばかりに及ぶ。而る間、民部卿宿所に来りて云く、法皇云く、摂政として御譲位の事勤行すべし、といえり。また内府相共に先帝の後の沙汰量り行うべし、といえり。余直衣・冠などを着して相合い、敬しく申し承る由、奏し了んぬ。

先に述べた天皇による法華経の念誦は前日ではなく崩御当日の明け方のことであった。天皇は御冠を着けるなど身なりを整えて臨まれ、その場に居合わせた人たちの涙を誘ったという。その後、関白はいったん直廬に戻り、再び参上しようと思っていたところへ、源顕通がやって来て「為す術がない」と伝えた。馳せ参じた関白は天皇が危篤状態であることを察知し、御修法ならびに御読経僧を呼ぶように命じている。いっぽう頻りに使者をよこして情報を求めてくる上皇には重篤との返答をしている。

辰の刻（朝の八時）、天皇は苦しい中にも御念仏・御経宝号を念入りに唱えながら彼岸へと旅立たれた。御前に伺候していた関白と内大臣源雅実は暫らくは崩御を伏せ、僧らは退出している。悲嘆の大きさを慮って崩御のことを上皇に奏上したのは数時間後のことであった。ついでに譲位のことをも申し上げたけれどお返事がない。何度か申し上げてもお返事がないので、関白忠実は力の及ぶところではない、と宿所に戻った。暫らくすると民部卿（大納言源俊明）が「摂政として譲位のことを行使するように」との上皇の命を伝えてきた。これはとりもなおさず堀河天皇の関白であった藤原忠実が鳥羽新帝の摂政に任じられたことを意味している。

白河上皇は譲位にともなう一連の流れを余りご存じなかったのか、天皇の崩御の衝撃で当惑していたのか、判断が鈍っていたかのような印象を受けるが、そのことは『中右記』同日条の「法王（白河）凡そ前後知り給わず。左右仰せなきの由、下官（宗忠）に付して殿下（忠実）に申さる。仍て万事仰せ下されざるなり。予殿下に申して云く、天下は重器なり。王位を空しくすべからず。先例一日のうち釼璽を渡さるは如何。法王、左右を仰せられざる前、我独り沙汰すべからざる由、其の仰せあり。尤も然るべきか」から察せられる。しかし、時間をおいて上皇自ら任摂政と釼璽渡御については沙汰を下しており、それは後に触れることにする。

ところで藤原宗忠が書きとめた天皇の崩御の様子はどうであろうか、関白が記していない点に注目して見ておこう（『中右記』七月十九日条）。

当日の朝の六時ごろ天皇の御病気が危急ということで陰陽師を召して占わせたところ「御運事を極めるなり。助あるべからざるか」との占申であった。その後、大極殿において千僧御読経が挙行され、多くの公卿たちが参集してきた。いっぽう邪気の疑いあり、ということで僧らは御加持を奉仕している。その間の巳の刻（十時）、関白が鬼間の障子口に駆け寄って密々に語った天皇の崩御に到る様子は次のようなことである。

主上、辰の刻ばかり御気色すでに断ち給うなり。但し先ず自ら大般若法華経号並びに不動尊宝号を唱え、次いで釈迦弥陀宝号を唱え、西方に向い給う。身躰安穏、ただ睡眠に入るが如く給うなり。然れども邪気の疑いを思うがため近く候う人々驚かしめざるを命ずるなり。予初めて此の事を聞き、神心迷い乱る。すでに東西を失う。然りと雖もまた殿下の仰せにより人々に語らず。ただ一身悩み乱れ、万事覚えざるなり。すでに未の一点（未の刻の最初の三十分）に及ぶ。大僧正退去され、御修法御読経僧侶漸く以て分散す。すでに崩ぜしめ給うの由、禁中遍く聞く。男女近習の人々、悲哭の声忍ぶに勝るべきにあらず。殿下より始め諸人に至るも、哀慟の心殆ど魂を消さんとす。

もはや生人の顔色にない天皇は、宝号を唱えながら西方を向かれ、穏やかなご様子で眠るように彼岸に向かわれた。二十九歳という若さである。関白以下、見守る人々の悲嘆は甚だしい。当の宗忠は「今生見奉るべきの刻、ただ此の度にあり」と、御簾の下に走り寄り、左衛門督源雅俊（天皇の叔父）の手を取って悲泣しながら今一度、天皇のご尊顔を拝したいと切望して、御簾の隙間から拝顔させてもらった。それは「容顔変らず、寝に入り御うが如し。凡そ悲流の涙を呑み、帰る方を知らず。独り御簾の下に付し、ただ魂を鎖《とざ》し了んぬ。しばらくして殿上の方に帰る」というもので、涙に咽び魂を閉ざされ、しばしその場を動けなかったという。そして、この日から四十九日（七七日）の間、堀河殿に伺候して亡き天皇の旧恩を追慕し、暫らく出仕を控える、と述べている。

在位中に崩御された天皇

藤原宗忠は、平安時代の初代の桓武天皇から堀河天皇まで二十四代で在位中に崩御された桓武・仁明・文徳・光孝・村上・後一条・後冷泉・堀河の八天皇を列挙し、それぞれに崩御日と場所、年齢、皇太子への奉釼璽、固関を記載している。また堀河天皇の二十一年と在位期間が同じ村上、崩御年齢（二十九歳）が同じ後一条、崩御日が同じ宇多、これら三天皇は聖代に叶っている、と指摘する。史実に徴してもその通りで、『中右記』の史料性の高さを裏づけるものである。ところで在位中に崩御の後一条天皇は九歳で践祚、二十九歳で崩御、と堀河天皇と年齢の点で酷似するが、摂関期と院政期、と政治体制の上では大きく異なる。

さらに言えば、院政期の平安時代十人の天皇の在位期間の平均が十二年余りであり、二十二年の堀河天皇が最長で、それも二十九歳という若さの在位中の崩御であった。藤原宗忠は「殿下・内大臣以下旧臣公卿ら悲歎の余り、……人々密に語りて云く、我君仁恵世に被り、衆人惜み奉り、天下男女の悲泣極まりなし、と云々」という文に続けて以下のように述懐している（『中右記』嘉承二年七月二十日条）。

予去る寛治二年春、初めて朝恩に欲し、四位の還昇を聴され以来二十年間、従二位中納言に至り、不次の恩恵・歓楽身に溢れ、栄耀分に過ぐ。況んやまた子族従類に付けて朝恩千万なり。就中、朝夕陪従の習、一言未だ逆耳の仰せあらず。慈悲の仰せ奉り、恩言心に銘ず。今斯の時に当り、我君何ぞ去り給う所か。憖生の身哀慟肝を摧《くだ》く。天に仰せ地に叫ぶ。何の益あらんや。哀哉々々、長く龍顔を隔つ。

白河天皇代に二十一歳で叙爵（従五位下に叙せられること）した宗忠は、堀河治世（白河院政というべきか）三年目の正月に従四位下に昇進し、初めて朝恩に浴す、と述べている。その後、侍従、右中弁、内蔵頭、左中弁、右大弁を経て康和元年（一〇九九）に三十八歳で参議、つまり公卿の仲間入りを果たした。七年後には権中納言（従二位）に昇進して半年ぐらいで天皇の崩御に遭遇したのである。破格な恩恵は身に余る光栄で、そのことで得られる豊かな暮らしは分に過ぎる、と。天皇には親しくお仕えしたが、申されるお言葉は一言たりとも聴いて嫌になることはなかった、と讃える。慈悲の心で接してくれた崇高な天皇がどうして去ってしまわれたのか、と宗忠の嘆きは止まるところを知らない。因みに宗忠はこの後、三十数年を生き、右大臣を極官とし八十歳の長寿を保った。その前半生は堀河天皇に寄り添う形で進んでいったといっても過言ではない。

ここで、お傍にあって天皇の死と向き合った藤原長子の『讃岐典侍日記』を見ておこう。

病で退出していた藤三位（兼子）が天皇の重態を聞いて参内してみると、苦しげな様子の天皇は大弐の三位（藤原家子）に後から抱えられ、大臣殿の三位（藤原師子）が添い臥し、作者は言われるままに天皇の足を押さえていた、という。暑い時でもあり、天皇は盛んに「汗を拭け」と仰せられたので、枕もとの陸奥紙で拭いて差しあげると、「いみじく苦しくこそなるなれ。われは死なんずるなりけり」（たいそう苦しくなってきたが間もなく死ぬのだな）と仰って「南無阿弥陀仏」を唱えられる。作者はそれを目の当たりにして涙が止まらなかった。

苦しそうに咳をされ、「苦しくて我慢できない、抱き起こしてくれ」と仰せられたのでそのようにして差しあげた。いつもなら抱き起こすのにひと苦労するのに、いとも簡単に軽々とお起しできた。大弐の三位に背中をもたせ掛け、作者が天皇の手を取ると、触れる腕が氷のように冷たく感じられた。とても暑い時分なのに言葉がない、といった調子である。

時間とともに死期が迫り、ひたすら念仏を唱える天皇のお口を、大臣殿の三位（藤原師子）が手を濡らして水で浸される。ともすれば天皇は「太神宮（伊勢神宮）、助けさせたまへ」と申されるけれど、その験もなく御目の様子などが急変していった。召されながら遅れて参上した僧正（増誉）は、常なら御几帳で隔てられているのに、この時ばかりは僧正、大臣殿の三位、大弐の三位、そして作者が、天皇と「ひとつにまとはれあひたり」、つまりひとかたまりに身を寄せあっていたという。僧正は声を張りあげて一心不乱に念仏を唱えるが効き目がなく、お念仏を唱えていた天皇のお口も動かなくなった。

こうした様子をご覧になっていた関白はお亡くなりになった、と覚って白河上皇に使いを出された。そして内大臣が天皇のお傍に寄って枕を北向きに置き直し、抱いて横にして差しあげた。関白らは退出して僧正のみが天皇の傍らに控えていた。天皇のお顔は白く浮腫《むく》んでいたが清らかで、鬢のあたりは櫛を入れたように整って見え、お休みになっておられるようであった。やがて僧正が「もうこれまで」と静かに部屋を出て行くと、居合わせた天皇の伯父、従兄弟、乳兄弟、乳母らは悲しみを堪えきれず、地震かと思わせるほどに襖を「がたがた」と揺るがし、声をあげて泣いた。

そして大弐の三位は「わが君よ」と、お休みになっておられるかのような天皇に問いかけ、「産着の時からお育てし、どんな行幸にも供奉して片時もお傍を離れずに過ごしてきたのに、この後、お目にかかれないのにどうして生きていけましょう、是非お連れください」と、亡骸の御手をとって大声で泣き叫ぶのであった。作者はといえば、天皇の汗を拭いた陸奥紙を顔に押し当てて亡骸の傍に坐っている。

やがて内大臣が参上して天皇のご様子を見るなり泣きながら退出し、近親の殿上人がやって来て、明るい日が射し込んでいるのに御格子を下ろして暗くした。そして再度、内大臣が参上し、「御ぞ、今はぬぎかへさせまゐらせて、御たたみ、今は薄くなさん」、天皇の衣服を着せ替えて畳を薄くしよう、と泣きながら申して御単衣を取り寄せて天皇のご遺体にお掛けした。

乳母たちはしばらく天皇から離れようとせず、なかでも病がちで弱々しい作者の姉の藤三位は途切れなく言葉を発しながら泣きじゃくり、それが度を越していたので、息子の藤原敦兼に内大臣が目で合図して「それ、いだきのけたてまつらせたまへ」と命じられたが、その場を離れようとはしない。

そこで、作者は姉とともに天皇のお腕をさぐると、冷たいもののまだ生きておられるようにしなやかに感じられたが、いつの間にか硬くなってしまった。それでも姉は動こうとはしないので、自分に仕える女房たちの手を借り背に負わせて強引にその場から連れ出した。

このようにして乳母たちが退出された後も作者は、朝夕お傍近く仕えていた因幡の内侍（藤原惟子）と二人でご遺体の傍に侍っていたが、暫らくして姉が気を失った、との知らせで作者はそちらへ下った。作者の局と壁一つ隔てた大弐の三位の局からは泣く声が聞こえてきた、とある。

やがて昼御座の方から、がたがたと何か取り壊すような音と多くの人の声がして何事かと思っていると、身内の女房がやってきて物も言わずに泣き、暫らくして言うには「あな、心憂《う》や。ただ今神璽・宝剱のわたらせたまふとて、ののしりさぶらふぞ。昼《ひ》の御座《おまし》の御物の具のわたり、御帳の秘器《ひき》・御鏡など取りいでさぶらふ。御帳こぼつ音なりけり」（ああ、情けないこと。たった今、神璽と宝剱を新天皇のもとへお移しする、と騒いでいるのです。昼御座にある道具や御帳の中の神璽・宝剱・鏡などを取り出しているのです。例の音は御帳を壊す音なのです）とのことである。作者は悲しさで涙が止まらなかった。

これをもって『讃岐典侍日記』上巻は終わっている。下巻は幼帝に出仕した作者の動静を記すが、幼帝のお傍に臥しながら夜御殿の昔と変わらぬ様子を見まわしながら亡き天皇に想いを馳せるなど、この体の回想描写が多い。その一つを拾っておこう。

天皇崩御の一年余り後の晩秋のこと、作者が亡き天皇の追憶に浸っていると、幼い鳥羽天皇がやって来て「われ抱きて、障子の絵見せよ」と仰せられた。そこで、お抱きして朝餉間《あさがれいのま》の御障子の絵をご覧に入れながら東接の夜御殿《よるのおとど》まで歩いて行くと、夜御殿の壁に笛の譜が貼ってあった跡が残っていた。これは亡き天皇が笛の修行のために朝夕に見て覚えようとしたもので、作者は感無量となり、「笛の音のおされし壁のあと見れば過ぎにしことは夢とおぼゆる」（覚えようと笛の譜を貼った壁の跡を見ていると、過ぎ去った昔のことが夢のように思われる）と詠んでいる。

釼璽渡御

ここで堀河天皇から鳥羽天皇への移譲を示す釼璽渡御から葬送までの動静を述べることにしよう。天皇崩御の七月十九日の『中右記』には以下のことが見える。

申の時ばかり民部卿院宣を奉り参られて云く、幼主未だ万機に親まざるの間、右大臣藤原朝臣摂政せしめ、璽釼を新君に渡せらる事、早く例に任せて沙汰すべし、といえり。則ち此の告に驚き御直廬に参る。右大弁時範朝臣仰せを奉り、大外記・大夫史・大内記を遣し召す。則ち皆参る。かつ先例を尋ねられ、或は公卿諸司に催す。卒爾たる事により仔細能わず。凡そ暗夜に向うが如し。殿下示し仰せられて云く、先ず壮年の間、摂政職に昇り、図らずも此の事あり。就中、先帝の御事、悲歎心を摧《くだ》く。新君の沙汰、迷い乱れ方を失い、優喜の所すでに前後に迷う。これを如何と為す。仰せの旨誠に以て然るべし。

崩御から六時間ほどして「五歳の幼帝は政務に全く未通ゆえ藤原忠実を摂政として速やかに釼璽渡御のことを行うように」との白河上皇の院宣が民部卿源俊明（時に六十四歳、上皇の重臣）を介して藤原宗忠に齎された。そこで宗忠は摂政藤原忠実を訪ねてそのことを伝えている。さっそく先例の考勘や詔勅の起草、宣命・奏文の作成などに関わる大外記・大内記らが招集され、関係の公卿諸司にも伝えられた。摂政が申すには、なにせ急なことでもあり、先帝の崩御で思い乱れ、先のことをどうしたものか迷っている、と。

そして夜の八時ごろには上卿の民部卿が仗座において大内記藤原敦光をして摂政の宣命を作成しているが、「其の詞院宣に載す。右大臣の摂政、忠仁公の故事の如く為すべき由作り載す。刑部卿道時朝臣をして内覧せしむ。則ち法王御所に奏すべし。帰り来りて上卿に下す」とある。鳥羽天皇が幼いゆえをもって祖父の白河上皇（法皇）の院宣の形を取っているのである。その宣命には次のようにある。(12)

太上法皇乃詔久、関白右大臣藤原朝臣は輔導年久くして朝の重臣となり、其の誠心を見るに、幼主を寄託しつべし。然るに則ち皇太子、天日嗣を承り伝え賜いて未だ万機に親しまざるの間、幼主を保輔し政事を摂り行わせんこと、一に忠仁公の故事の如くせよと詔す。御命を衆聞こし食せと宣う。

嘉承二年七月十九日

上卿民部卿

上皇が摂政の輔導に多大の期待を寄せていたことが察せられる院宣である。その摂政が差配した譲位以下の流れは以下のようなことである（『殿暦』七月十九日条）。

天皇崩御日のこと、白河上皇の命で鳥羽新帝の摂政となった藤原忠実は、内大臣源雅実とともに譲位のことを執り行っている。摂政は夜の八時ごろに内大臣をともなって夜御殿（堀河殿）に向かい、内大臣をして捧持せしめた神璽・宝剱等を御帳の前で受け取って昼御座の帳の中に奉安した。そして公卿らに「御譲位の由、先帝候《(マヽ)》仰せを蒙ると雖も非常事すでに了んぬ。今には御剱など東宮に渡すべし」と語り、民部卿以下に指示して進めている（以下『中右記』も加味しながら見ていく）。

摂政が昼御座の御帳帷を褰げ、近衛の四位の左少将藤原通季と右少将藤原信通が御剱と神璽を捧持し、摂政以下諸卿が相従い、その様子は行幸のようであったという。堀河殿の西門を出て堀川大路を北へ大炊御門大路まで進み、それを東へとって東宮御所、大炊殿(13)へは西門から入っている。距離にして八百メートルほどであるが「其路に筵道を敷き、辻ごとに幔を引く」とある（『中右記』）。

大炊殿の中門のところで暫し立ち止まり、やがて出迎えた東宮大夫の藤原公実(14)の案内で天皇の御座所へと向かっている。剱璽が清涼殿（大炊殿）の昼御座まで近衛少将の二人によって運ばれることになるが、藤原忠実は簡単な平面図「御譲位指図」を載せながらその経緯を以下のように記している（『殿暦』七月十九日条）。

然る間、次将ら（通季・信通）中門の内より昇る。余此の間、中門廊の西面戸より入り御前に参る。主上出で居し給う。内侍二人相分れて御座の前に居し、大夫二人御簾を褰《かか》ぐ。此の間、余簀子に候し、次将二人御簾のもとに進み、内侍御釼などを取る。此の間、主上昼御座に御す。幼稚《オサナク》御す。仍て入り給い了んぬ。余簀子に候し御座西間、余勅を奉りて長隆を召す坊時一臈蔵人也、。唯称し進みて砌より立つ。余蔵人を補すべきの由を仰す。仰を承り拝舞す。また同じく長隆を召し今度自簀子参進、仰せて云く、公卿・勅授・殿上、余牛車旧の如し。牛車に於ては今日始めて宣旨を蒙るなり。関白・摂政と為し、多く其の次に宣旨を蒙る。而るに余恐れあるにより未だ宣旨を蒙らず。然りと雖も今日摂政と為す。仍て始めて蒙り了んぬ。唯称し退出し了んぬ。

天皇の前には二人の内侍が控えており、大夫二人つまり『中右記』に本宮大夫とあるように東宮大夫藤原公実と権大夫源雅俊が御簾を掲げ、釼璽が近衛少将から内侍に奉渡され、幼帝のもとへ。その後に蔵人と蔵人頭の補任、摂政藤原忠実への牛車の宣旨などのことがあり、慶賀を申して摂政が帰参したのは夜明けであった。

忠実はこの日の記事の末文に「今夜渡られる物の目録」つまり累代の御物で幼帝に引き継がれるものとして「御笏筥あり、昼御座の大床子二脚御厨子二脚あり、師子形二頭昼御座なり、殿上の御椅子、時の簡、御膳棚」と列挙しており、その移譲には蔵人が関わり、このように譲位にともない三種の神器のほかに調度の類も移譲されることが知られる。

入棺

堀河天皇の入棺が行われたのは崩御から三日後の夜中のことであった（『中右記』七月二十二日条）。その日の夕刻になって内大臣以下の公卿が殿上において御葬送定めを行い、陰陽家の賀茂道言を召して日時を勘申させ、この日の子の刻にご入棺、二日後の戌の刻に御葬送を決めている。御葬送定めが崩御から三日も経って行われたのには公卿たちの悲嘆が大きかったことに加えて複日、重日が続いたことによる。(15)

造棺には行事・越前守藤原仲実らが従事し、堀河殿と至近の油小路三条坊門辺に所在した藤原基隆の年来の直廬で行われた。造り終えた棺は子の刻（夜の十二時）に堀河殿の東側の油小路を一町ほど北へ、二条大路を左折して北小門から運び込まれた。邸内では西北の対を通って中殿（清涼殿）北面の御在所の大床子の上に安置された。棺には賢暹が認めた真言経を入れ、天皇が着用された喪服（錫紵）も加え入れている。さらに「蔵人広房水を取り候う。家定朝臣これを問う。御俗御膳を供し陪膳敦兼朝臣。内府以下近習公卿両三人侍臣八人、此の事を勤仕す。予簀子の辺りに候し是れを沙汰す」の文が続き、生前と同じよう

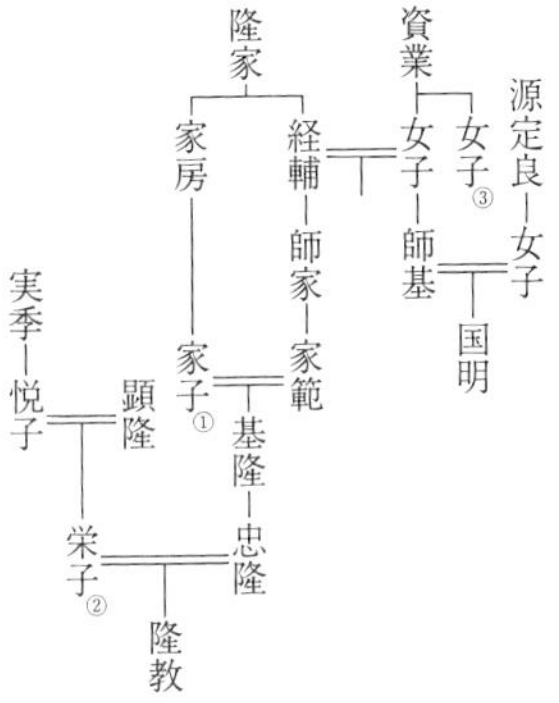

①堀河院御乳母，「師三位」，「大弐三位」（『讃岐典侍日記』）
②崇徳院御乳母
③白河院御乳母

家子－基隆系図

な形で御膳を供している。

ここに名の挙がる藤原基隆・敦兼、源家定ら八名は「御入棺所役」「釜殿役人」として名を連ねている。藤原基隆・敦兼といえば、母がいずれも堀河天皇の御乳母であったから、ともに堀河天皇の乳兄弟ということになる。前に述べたように基隆の母の家子は『讃岐典侍日記』では「大弐の三位」、敦兼の母の兼子は「藤三位」として登場している。

ご遺体がいよいよ棺に納められると男性や女房たちは「悲泣の声、旁以《かたがた》て抑え難し。再会長く隔て、また何れの日を期すや」という状態であった。

摂政藤原忠実は堀河殿での御入棺には立ち会っておらず、内裏（大炊殿）において摂政となって初めての重要任務、「吉書を覧る」の儀を行っている。吉日ではあるが崩御の後だけに先例を勧申させ、その上で挙行の可否、場所について上皇の見解を求め、細かな指示を得て実行している。時おり上皇からのお返事がないことがあり、忠実はその理由を「是れ御歎甚だしの間なり」と見ている。天皇に報告した後、直衣に着替えて上皇のもとへ参って吉書を申上している（『殿暦』七月二十二日条）。

入棺の日の朝、葬送儀礼で重要な任務となる山作所の行事の藤原基隆は、藤原有佐と陰陽師の賀茂道言をともなって葬送場の下検分に赴いている。そして二十四日の葬送を迎えることになる。

葬送

葬送に先立って諒闇（天皇が両親の崩御に服喪する期間）・御倚廬[16]（喪の期間籠もる場所、鳥羽天皇は寝殿の西北渡殿を准倚廬としている）・固関・警固・公卿らの素服着用などについて上皇の指示を仰ぎながら進めている。こういった事柄は摂政の日記から知られるもので、それ以外の記載は全くないが、そこから摂政としての葬儀への関わりが推量されるのである。したがって葬送の細部については藤原宗忠の日記などに依拠することになる[17]。

まず堀河殿の摂政の直廬において公卿らによる「大行皇帝院号」定めが僉議された。崩御してまだ謚号のない天皇の院号定めである。多くの公卿の共通認識である「冷泉院以後近代多く御所号を以て其の院号と為す。是れ常の法なり。然らば堀川院を号し奉る。何の難あらんや」との見解を内々に大宰帥大江匡房に諮って謚号を「堀川院」と決定している。御素服については天皇が幼帝で未だ束帯の着用がないので着御しないことを決めている。

いっぽう素服を給う輩として公卿、殿上人たちのほかに御乳母子の藤原基隆・家保・宗隆、女房、御乳母として帥三位（藤原家子）・伊予三位（藤原兼子）・紀伊三位（藤原師子）の三名、典侍として讃岐（藤原家子）ら『讃岐典侍日記』に登場したお馴染みの名が挙がる。以下において戌の刻（夜の八時）に始まった御葬送の様子を時間の流れに沿って見ていくことにする（『中右記』『為房卿記』嘉承二年七月二十四日条）。

御輿出御（出棺）に先立って中殿（清涼殿）の昼御座において御念仏が行われている。そのしつらいは母屋三間と東南の庇間に幡・花幔を懸け、母屋の南一間には仏台を立てて御仏――阿弥陀三尊の図絵――を懸けるなどし、近くには僧座、公卿座などを設けている。また出棺に備えて堀河殿の北築垣の一部（西北部分）を壊して路次とし御輿を寄せている。なお御輿・前火以下は堀河殿の北側の二条大路から舁き立つことになっているが、堀河殿の西北の対の北簀子敷が非常に狭少だったので仮の御車寄を作って対応している。これに先んじて前火の所役二人が続松《ついまつ》（松明のこと）を取って御座所に入り御油に火を付けて（忌火）大路に出ている。炬火《きょか》（松明）十二人のうち、この二人が前火の役である。

御輿長・殿上人十二人が御棺を舁いて御輿の中に安置しているが、携わった人は藤原基隆・季房・敦兼ら八名の入棺役と四名の竈殿役人である。出発にあたり法印賢暹が呪願を唱え、導師の権大僧正定真が磬を打って敬白、つまり葬送に向かうことを神仏に謹んで申し上げている。御輿には瓫《もたい》（酒や水を入れる口の大きな甕）を持った四人が四隅に立ち、焼香の四人がつき従った。御輿の前後左右が従者たちによって白い布で覆われていた（「行障《こうしょう》」という）ことは言うまでもない。

行列の次第は黄幡を先頭に炬火十二人（含前火二人）、御前僧二十人、歩障（竹や木枠に布を張りめぐらした移動用の屏障具）、火輿、行障（歩行時に用いる障蔽具で露見を憚って前後左右を覆った。横木に白布をたらし柄をつけて従者が持ち歩いた）、そして御輿である。さらに香輿、御膳辛櫃、挙物辛櫃と続き、その後に内大臣以下の公卿・殿上人らが衣冠に巻纓・藁沓姿でつき従った。

その経路は二条堀川を二町北へ、大炊御門大路を二町西へ進んで大宮大路（『為房卿記』は宮城東大路）に出ている。それを北上して一条大路を西へ、西大宮大路（宮城西大路）を南下とあるが、この部分は大内裏の東・北・西側を回りこむ形になっている。そして西近衛大路を西へ、左恵《さい》（道祖）大路を北行して高（香）隆寺南西の野（『為房卿記』には山作所とある）に到っている。この間、一条大路をまっすぐ西進せずに回り道をしているのは「北野の前を歴《へ》ざるによるなり」、つまり北野社の前を避けている。荼毘に到る経緯は『中右記』の文を以下に掲示しよう。

迎火殿上人十五人、……左右に相分れて進み向う。炬火の輩、火を滅《け》す。但し前火二人に至るは貴所に立つ。丑寅戌亥の角、迎火の輩、一門外に到り、各火を滅し退出す。御輿これに同じ。暫く葬場殿《号清庭》に留る舁入御棺、撤御輿、。行障〔脱アラン〕らを持ち北庭に立ち廻らす。先ず御手洗を供す前頭道時朝臣陪膳、。次いで御膳を供す……。次いで呪願導師敬白打磬了、。筵道を供う。次いで御輿長・殿上人十三人御棺を舁き、行障左右に随い、貴所に遷し奉るの間、損□前火これを付く始自艮至于乾、仍俊親朝臣付之、有賢所持之火遺上物所、此北方不渡也、。先ず殿上人八人件八人御入棺役人也、生絹を以て冠額を結び荼毘し奉る焼詞也、。行障貴所四面に立ち廻らせ、近習の公卿内大臣以下四、五人、此の所に相臨み、かつ事を行う。已講隆覚・内供斎覚・大法師覚樹ら同じく以て役送。已講定円・覚厳ら終夜、法華経を誦し、近辺に候す。

行列を先導してきた炬火は到着すると前火の二人を残して火を消して退出し、迎火の者がこれに替わっている。御輿は葬場殿で御棺を舁き下ろして撤去され、御棺は御輿長らに舁かれて貴所に遷された。いよいよ荼毘に付すことになるが、生絹で額を結んだ藤原基隆・敦兼・家保ら八名のご入棺役人

（『為房卿記』には竈役人とある）が忌火で御棺に東北からはじめて時計回りに西北に至り、北方には及ばないという遣り方で点火している。貴所の四周を白い布で覆って外部からは見えないようにしている。已講らによる法華経の読誦は夜通し行われていた。

ここに及んで宗忠は「時に河漢（天の川）星廻り、松柏風冷しく、万葉（乗カ）を留めず、……早く一夜の煙と為す。哀慟堪え難く心肝屠《ほふ》るが如し」との感慨に耽っている。空には天の川が微かな光の帯をつくり、松柏を揺らす風は清々しく、天皇は身罷って一夜の煙となってしまわれた、五臓が引き裂かれるぐらい悲しく堪えられない、と。

夜中になって挙物（上物とも書き辛櫃・御膳など供えた品物）・御調度・御輿・香輿・御膳・辛櫃などを貴所の外垣内の北東角で悉く焼き、終わるころには「遠鶏頻りに報せ、五夜すでに明ける」、遠くで鳥の声がして五夜[18]がすでに明けようとしていた。『中右記』二十四日条の葬送の流れの記載はここまでで、拾骨は翌日の記事となっている（『殿暦』も）。ところが『為房卿記』は二十四日条に「忌火を秉《と》り御棺を燃やし茶毘し奉り了んぬ。辰の刻、外戚及び御乳母子ら御骨を拾い茶垸壺に納め奉る。源中納言（国信）これを懸け、香隆寺に移し奉る。公卿・侍臣近習の者同じく御供に候す、と云々」と、一括して記載されている。実際に拾骨が行われたのは「辰刻」であるから翌二十五日のことになる。

午前八時ごろには茶毘のあと酒で火を消して拾骨を行っているが、それに関わった人として「内大臣以下、故六条右府[19]の子孫、公卿・殿上人、是れ外戚たるによるなり。御乳母子ら相加う」を挙げ、御骨は彼らによって茶垸壺に納められた。その際に書写した真言経と墓沙を入れたとあるが、これら一連の流れは七十年前の後一条天皇の葬送記事[20]によって判然とする。亡き天皇のご遺骨は中納言源国信が頸に懸けて香隆寺まで赴き、近臣の公卿・殿上人がつき従った。源国信は次のような歌を残している[21]。

堀河院かくれ給ひて後よめる　　権中納言国信
君なくてよる方もなき青柳のいとど憂き世ぞ思ひ乱るる
（院様〔天皇〕が亡くなられて、お頼り申しあげるお方もいられない今、いよいよ辛い世を思って、心が乱れることだ。）

納骨と墓所

そもそも天皇の御骨は円融院山陵に埋骨することになっていたが、「今年より大将軍方西にあり」ゆえに三ヵ年は香隆寺に仮安置することになった（『中右記』七月二十五日条。実際に円融院山陵に移されるのは六年後のことである）。近隣であったので多くの公卿・殿上人が香隆寺まで扈従し、みな涙を流し、迷い乱れて途方にくれている。宗忠はこの日の裏書に「御骨を送り奉るの間、公卿・殿上人多く以て扈従す。時の人難ず、と云々。人数少くすべきか。尤も然るべき事なり」と記し、多くの公卿らが納骨所まで扈従したことが批難され、当人もそれに賛意を表している。茶毘所までは行くけれど納骨のところまで行くのはごく僅かな人であることは諸例が示しているし、遺族も行かないのが常態であった。
正午に到るころには人々は帰り、内大臣源雅実は御墓所に留まって山陵作りを監督している。その作り様は「墓上に石の卒塔婆を立て、陀羅尼を納め、釘貫を立つ。播磨守基隆朝臣、鋤を採り土で覆う。人夫ら此の役に従う、と云々」とあるように卒塔婆を建てて周りに柵を廻らせたものであった(22)。この墓所は火葬所の跡に造られた塚のようなものである。事が終わったのは日暮れ時分であったという。初七日に当たるこの日、葬送から帰宅した宗忠は沐浴して一息入れて堀河殿に向かい、夕刻からの御仏供養に参列している。
この六日後に墓所を参詣した藤原宗忠は次のように記している（『中右記』八月二日条）。

早旦、中将並びに宗能を相具《とも》ない、先帝の御墓所に参り詣ず。而るに山陵頗る狭少なり。誠に以て便ならざるなり。其の後、御骨所香隆寺に参り小念誦。但し日次宜しきを以て弥陀呪百万遍を念じ始む。先帝御滅罪生善往生極楽のためなり。凡そ仏前に於て心中此の願を立つるの間、恋慕の涙覚えずして下る。抑も香隆寺はもと蓮台寺と号し、もと是れ寛空僧正の私坊。村上御時、堂舎と成し、御願を寄せるの由を申す。寺僧談ずる所なり。今日より此の寺に於て光明真言護摩を修せらる。

弟の右中将藤原宗輔と嫡男の宗能をともなって墓所に立った宗忠は、余りの狭さに驚いているが、実は内大臣も同じ思いを抱いていた（『中右記』七月二十九日条）。その後、宗忠は御骨を安置する香隆寺（僧坊）に赴いて念誦し、先帝の滅罪と往生極楽を祈願する読経を聞きながら涙を流している。そして、この夜に先帝の夢を見ているが、このたびの崩御は宗忠に計り知れない衝撃を与えたようである。

奇しくも上掲の文中に寺僧が語った香隆寺の由来が見える。平安初期の創建と伝える真言寺院の香隆寺は、十世紀中期に宇多法皇の勅願として寛空（八八四〜九七二）が再興し、北にあった蓮台寺も再興している。ゆえに寛空は蓮台寺僧正、香隆寺僧正と呼ばれた。しかし鎌倉時代に廃絶すると蓮台寺に合併されたようで蓮台寺の別名のようになった、という。(23) その所在地は「今昔、仁和寺ノ東ニ香隆寺ト云フ有リ」（『今昔物語集』巻第十三の第三十七話）などから仁和寺の東、現在の京都市北区小松原辺で現、等持院の東にあったと考えられている。今日その場所に堀河天皇の火葬塚がある。

ところで『為房卿記』には御乳母子たちが拾骨して茶垸壺に奉納したとあるが、『讃岐内侍日記』に作者（藤原長子）が香隆寺に参る話がみえる。崩御から三ヵ月ほどして里にいる時、いつにも増して亡き天皇のことが偲ばれて香隆寺にお参りしたという。墓所を訪ねてみると、木々の梢が紅葉してほかよりも色が濃く見えたので「いにしえを恋ふる涙の染むればや紅葉の色もことに見ゆらん」（昔を懐かしんで流す私の血の涙が染めるので紅葉の色がひときわ濃く見えるのでしょうか）と詠んだ。(24) この歌の後に次の文が続く。

一条天皇・堀河天皇陵

御墓に参りたるに、尾花のうら白くなりて、招き立ちて見ゆるが、所がら、盛りなるよりも、かかるしもあはれなり。「さばかり、われもわれもと男女のつかうまつりしに、かく遥かなる山の麓に、なれつかうまつりし人ひとりだになく、ただひと所招き立たせたまひたれども、とまる人もなくて」と思ふに、おほかた涙せきかねて、かひなき御あとばかりだに、きりふたがりて、見えさせたまはず。

　花すすき招くにとまる人ぞなき煙となりしあとばかりして
　たづねいる心のうちを知り顔に招く尾花を見るぞ悲しき
　花すすき聞くだにあはれ尽きせぬによそに涙を思ひこそやれ

御墓には白くなりきった芒《すすき》が人を招いているように立っているけれど、このような場所だけに、それがかえって哀れを誘う。ご生前には多くの人が我も我もとお仕えしていたのに、今は宮中を遠く離れた、このような山ふもとに、親しく仕えた人も誰一人おらず、ただお一人立って人を招いているのに足を止める人もいない、などと思うと涙が溢れて、見る甲斐のない跡すら涙で見ることができない。宮中での華やかな暮らしとの差の余りの大きさに寂寥たる気持ちに陥る作者であった。

堀河天皇火葬塚

香隆寺の仮の墓所から予定の円融院山陵に移されるのは六年後のことであり、『長秋記』は以下のように伝えている（永久元年三月二十二日条、『百錬抄』同日条参照）。

堀河院の御骨、香隆寺より仁和寺に渡らしめ御う。彼寺に参らんがため衣冠を着し出立の間、蔵人弁告げて云く、香隆寺に参るべからざる、といえり。是れ上皇の仰せ、と云々。仍て参らず。先朝の事、今度の例なり。参仕せず誠に以て遺恨。宗輔朝臣同じくこれに留る。後日（源）顕国語りて云く、人々早旦彼寺に参る。午の時内府参入す。人々堂庭にあり。右宰相中将顕雅御骨を懸け奉り、越後守敦兼・出雲前司家保共御乳母子、・信濃前司広房・式部大夫仲光共判官代、堂中に入り、此役に従う。件の五人、三十日の穢なり。内府此の寺より帰洛す。御供に参らず。治部卿（源基綱）・（源）通時朝臣参仕すと雖も人数に限りあるの由を聞く。また此の寺より帰洛す。源大納言雅俊・中納言宗忠・越前々司（藤原）仲実・皇后宮権亮顕国・備前介（源）顕重・少将（藤原）宗能・徳大寺法眼ら御共に候す、と云々。人々彼の山陵の溝中に入る。而るに中納言制止して云く、殿の仰せに云う、触穢外の人、溝中に入るべからず、といえり。仍て人々溝中を出ず。但し穢人五人此の中に入る。午時より酉時に及び突き埋め奉る。此の後、石塔を立て三重、其の内に法華経四巻・経種々要文・陀羅尼などを安置す。件の経など斉暹阿闍梨私房に於て供養し奉り、件塔に籠め奉る、と云々。件の経など故尊勝寺上座静明律師儲け立つる所なり。

作者の源師時が衣冠を着けて香隆寺へ出立しようとしていたら、公卿たちの香隆寺行きを阻む上皇の仰せを耳にして取り止め、藤原宗輔も思い止まっている。しかし内大臣以下の公卿らはすでに香隆寺へ赴いていた。いっぽう参議右中将の源顕雅が御骨を頸にかけ(25)、御乳母子の藤原敦兼・家保、判官代の大江広房・藤原仲光の五名が堂中に入ってその役を担ったが、そのことで三十日の穢れに触れることになった(26)。香隆寺から仁和寺へは近い距離であり、件の五名のほかに権大納言源雅俊、権中納言藤原宗忠ら亡き天皇の近臣六、七名が衣冠・藁沓姿で供奉している（このことで彼らは三日間の触穢）。

内大臣は赴かず、源基綱・通時は供奉の人数に限りがあることを聞いて帰洛している。触穢の源顕雅はじめ五名は山陵の区域内に入り、御骨を埋め奉り、その上に三重の石塔を建て、その中に法華経・陀羅尼などを納入している。この作業には昼から夕刻までかかっている。

ところで子息の堀河天皇に遅れること二十二年にして崩御の白河天皇の遺骨も、いったん香隆寺に安置されている。近臣の権大納言藤原宗忠は日記にその経緯を次のように記している（『中右記』大治四年七月十六日条）。なお、白河上皇は大治四年七月七日に院御所の「三条北烏丸西第」（三条西殿）において七十七歳の生涯を閉じ（『中右記』）、拾骨の間、人々は従者に到るまで荒垣の中に乱入してその様子を見物し、このような狼藉を制止する人がいなかったのは誠に不都合なこと、と藤原宗忠は日記に書き留めている（同、七月十五日条）。

辰の刻、仁和寺宮二人以下御骨を拾い奉る。藤宰相長実、御骨を懸け奉り、香隆寺に送り奉る。仁和寺宮二所・法性寺座主新法眼・大弐（藤原）経忠以下旧臣扈従す。治部卿（権大納言源能俊）御墓所に留まり、山陵を沙汰す、と云々。院御使出雲守（藤原）経隆参り入る。鳥羽御塔の中に収め奉るべきなり。是れ御遺言なり。而るに明年に及び大将軍南にあり。仍て往年の堀川院御時の例の如く暫らく香隆寺に御すべきなり。明年に及び御骨、件の寺に御すべきなり。久しく射山の月に遊び、常に禅門の風葷に仰す。図ずも一夜の中他霊の影を望む。

射山《しゃざん》とは上皇の御所（仙洞）を祝っていう藐《は》姑射山《こやのやま》の略で上皇・法皇の異称である。生前に白河上皇は自分の骨は鳥羽殿の御塔に奉安して欲しいと遺詔されていた。しかし、この時点で鳥羽殿は忌む方角（凶方）に当たっていたので、堀河天皇の例に倣って香隆寺に一年ほどの間、仮安置することにしたのである。

その前日に挙行の御葬送の記事によると（『中右記』七月十五日条）、御所である三条烏丸第からの出棺（北対西妻）に際して西北面の北腋の築垣を一部壊してそこから戌の刻に出御している。詳しく見たように堀河天皇の場合もそうしているが、実はこれが常態であった。葬送列は姉小路・西洞院・大炊御門・大宮・一条大路と大内裏を北へ回りこむ形で進み、西大宮大路（大内裏の西側の道）を南行し、「道祖神大路より北行し、更に一条より東行すること一町ばかり御墓所香隆寺の乾野に至る」という経路をとっているが、これも堀河天皇と同様である。ここで注目すべきは「堀川院御墓所の近辺、と云々。御墓所衣笠岳の東下諸寺参仕、」という記述、つまり衣笠山の東麓の堀河天皇の御墓所と至近のところに白河天皇の御墓所が所在したということである。

話は四十年余り下るが、近衛天皇（十二歳）の元服に際して告山陵使（各二名）の派遣の対象として「山階（天智）」、「成菩提院（白河）」、「後円教寺（堀河）」の三ヵ所が挙げられ、「成菩提院の塔、白河院の御骨を安置せらる。香隆寺、堀川院御骨を安置せらる。而して後円教寺を号するなり。但し香隆寺を称すべき由故入道右府記に見え了んぬ」とある（『本朝世紀』久安五年十二月二十五日条）。故入道右府とは藤原宗忠のことである。堀河天皇の御骨は香隆寺に安置してあるのだから後円教寺ではなく香隆寺と称すべき、と宗忠の日記に見えるという。ところが肝心の彼の日記『中右記』の永久元年条は欠巻となっているので確かめようがないが、円融山陵に移動後なら問題はない。要はどの時点で云々しているのか、であろう。

こんにち「後円教寺陵」（今は「円教寺後陵」と称している）といえば、京都市右京区竜安寺朱山の竜安寺内北東部に所在して一条天皇陵と東西に並ぶ堀河天皇陵である。周辺には後三条天皇・後冷泉天皇・後朱雀天皇陵および後朱雀皇后の禎子内親王陵、円融天皇火葬塚があり、総称して朱山七陵、竜安寺七陵などと呼ばれている。[27] いっぽう京都市北区等持院東町には「四角塚」と俗称する火葬塚があり、これは場所的にみて香隆寺跡と想定され、前者が移転後の円融院と見做される。ただ香隆寺および円融院で造られた石の卒塔婆、三重の石塔などは所伝すらわからず、今日のものは江戸末期の考定によるものである。

御陵が堀河天皇の東に隣接する一条天皇も、埋骨すべき円融寺が方忌みであったので仮に円成寺に納め、「方開くに依」り円融天皇陵近くの円融寺北方に埋骨している。その方法は御骨壺を小塔に納め、それを韓櫃にいれて四人の僧が担い埋葬している（『左経記』寛仁四年六月十六日条）。

注

（1）源俊明の薨去に際して藤原宗忠は日記に「心性甚だ直にして朝の重臣と為す。良臣国を去り、誠に哀しいかな。就中、一家の習すでに厳親の如し。仍りて暫く出仕すべからず」（『中右記』永久二年十二月二日条）と記し、十八歳年長の俊明を父親のように思っていたのである。因みに俊明の姉は藤原宗忠の祖母にあたるが、「年来の習母儀の如し」と宗忠は母のように慕っていた。このことを記す『中右記』康和四年十二月二十八日条によると、この祖母は「一条殿尼上」と呼ばれ、数日前から病重く、宗忠はたびたび見舞っている。俊明の母は左大弁源経頼の娘であり、経頼といえば『左経記』の著者として知られ、四半世紀にわたって弁官職をつとめるなど有職故実に通じていた（清水潔『類聚符宣抄の研究』（国書刊行会、一九八二年）所載の「編者源経頼の研究」参照）。俊明はこの祖父の血を受け継いでいたのであろう。

（2）第四章注（24）参照。

（3）「富家入道全関白太政大臣」こと藤原忠実の歌は『続拾遺和歌集』巻第十「賀歌」に所収。この歌集は第十二番目の勅撰集で亀山上皇の命を受けて藤原為氏が撰者となり弘安元年（一二七八）に奏覧された。また「中御門右大臣」こと藤原宗忠の歌は『続古今和歌集』巻第二十「賀歌」に所収。これは第十一番目の勅撰集で後嵯峨上皇の命により藤原基家・為家らが撰集、文永二年（一二六五）に奏覧された。この二勅撰集は『新編国歌大観　第一巻　勅撰集編』（角川書店、一九八三年）に依った。

（4）『殿暦』嘉承二年四月十四日条。翌日の日記には「天晴れ、出行せず。咳病なお快からず」と記すのみである。その日の早朝、関白に呼ばれて馳参した宗忠に対して関白は「昨日より咳病の気あり、仍りて沐浴せず。明日、賀茂詣如何。就中、明日沐浴欲んとす」と仰せている（『中右記』）。十六日には予定通りに関白賀茂詣が行われている（『殿暦』『中右記』）。翌十七日の賀茂祭当日、宗忠は出立の儀に参席しており、関白は祭列を一条桟敷で見物している（『中右記』『殿暦』）。

（5）『永昌記』嘉承二年五月二十三日条。初日が五月十九日であったことは『中右記』『永昌記』（「最勝御八講」とある）などから自明であるが、『殿暦』十八日条に「今日、最勝講始む。余参らず」とあるのは関白藤原忠実の思い違いである。最勝講の様子は「四大寺の学僧から選ばれて証義のほか講師十人、聴衆十人に任ぜられ、聴衆が問者を兼ねた。講会においては本尊の釈迦、脇侍の毘沙門・吉祥二天のほか四天王像を安置して、毎日二巻ずつについて朝夕二座で講師・問者を充てて講説・問答を行った」（前掲『平安時代史事典』「最勝講」〈曾根正人筆〉）というものである。

（6）その供養は嘉保二年（一〇九五）のことゆえ十二年前に遡る。『中右記』同年六月十八日条に「今日京極殿の御堂供養なり大殿北政所御堂、伊予守泰仲朝臣作之、。仍りて遅明、中宮行啓す。……太后（後冷泉皇后　藤原寛子）並びに冷泉院宮（儇子内親王）渡らしめ給う、と云々」とあり、大殿こと前摂関藤原師実の北政所、源麗子の京極堂である。「土御門京極堂」とも称し、洛中を憚って瓦を葺かず鐘楼も建てなかったという（『百錬抄』同日条）。この造作の功によって高階泰仲は重任の宣旨を蒙り、寺司に補せられている（『中右記』九日条）。因みにこの京極殿（左京一条四坊十五・十六町）は藤原道長の栄華の舞台となったことで知られ、頼通、師実と摂関家に伝領された。はじめは土御門殿（上東門邸など）と呼ばれることが多かったけれど頼通時代の長暦四年（一〇四〇）九月九日の焼失後の再建以降は京極殿と記載されることがほとんどである。

（7）〔日本古典文学全集〕『和泉式部日記・紫式部日記・更級日記・讃岐典侍日記』（小学館、一九七一年）による。作者および内容の把握については『讃岐典侍日記』担当の石井文夫氏の説に学んだところが大きい。

（8）『尊卑分脈』第一篇「道綱卿孫」に、「道綱――兼経「母左大臣源雅信公女」――顕綱「歌人讃岐丹波和泉但馬等守　正四位下」「母弁乳母　加賀守（藤）順時女」――兼子「堀河院御乳母　従三位　歌人」」とある。

（9）〔日本古典文学全集〕『和泉式部日記・紫式部日記・更級日記・讃岐典侍日記』（前掲）〔月報〕「四人の女性」。

（10）この御所は長治二年（一一〇五）六月二十六日に上棟があり、その場所は「二条北、堀河東一町、播磨守基隆これを作る」（『中右記』）とあるから堀河殿と南接していた。そして西は四町を占める累代の後院として知られた冷泉院の敷地である。翌年の春（嘉承元年三月二日）には新造なった御所を上皇が見て廻られたが、『中右記』に「前斎院御所、二条堀川亭造り畢んぬ。今夜、御移徙なり。先ず午の時ばかり上皇御幸ありて御覧。……関白殿車を以て扈従し給う。便ちまた南の堀川院を御覧。申の刻ばかり還御す、と云々」とあって二条堀川亭と呼ばれ、このあと南の堀川院もご覧になった。『殿暦』には「今日巳の時ばかり御幸あり。斎院御所堀河を御覧の為なり。予（関白忠実）直衣を着け、上達部これに同じ。院の殿上人或は衣冠、或は布衣。其の次いでに堀河院を御覧。申の時ばかり還御。予家に還る」（『殿暦』）とあり、大日本古記録本（昭和三十八年刊）の校訂者は頭注で令子内親王の御所を堀河院と見なしているがそれは誤りで、御所を見て次に内裏の堀川院をご覧になったことは『中右記』から確かめられる。

(11) 円宗寺は仁和寺の周辺に営まれた御願寺（四円寺と称す）の一つで、仁和寺の南東にあり、円融天皇の円融寺（円融院とも）、一条天皇の円教寺、後朱雀天皇の円乗寺に次いで最後に造営された御願寺であり、四円寺の中で最大の規模を誇ったという。後三条天皇御願の円宗寺は延久二年（一〇七〇）十二月に供養が行われ、その後も諸堂の造営を見た。はじめ円明寺と称したが、源保光建立の寺院が同名であったため円宗寺に改められた。後三条天皇は崩御にともない神楽岡の南で火葬に付され、遺骨は禅林寺（永観堂）に安置されたが、後に御室の円宗寺に改葬された。その時期は寿永二年（一一八三）以前であろう。その年の夏に関東・北陸の賊徒つまり北陸で挙兵し上洛を企てる源義仲の鎮静を祈願して山陵使を発遣しているが、その対象の中に「円宗寺、後三条院、」とあるのがその証左である（『吉記』寿永二年六月二十一日条）。因みに後三条天皇円宗寺陵は京都市右京区竜安寺朱山の竜安寺内に所在。平岡定海「四円寺の成立について」『日本寺院史の研究』（吉川弘文館、一九八一年）、『平安時代史事典』（前掲）所収の「円宗寺」（杉山信三筆）「四円寺」（竹居明男筆）など参照。

(12) 『朝野群載』巻第十二「摂政宣命」。この宣命の上卿は白河上皇の重臣である源俊明であり、その生涯は木村真美子「源俊明――院と摂関家とをつないだ〔サウナキ〕白河院別当」（元木泰雄編『古代の人物6　王朝の変容と武者』清文堂、二〇〇五年）に詳しい。この論考の中で木村氏は、宣命冒頭の「太上法皇の詔く」について『殿暦』同日条の「また難ずる者云く、疑譲に准ぜば宣命文叶わず。先帝仰せの由其の文にみるべし、而るに上皇仰せの由宣命の文に見る、先後相違するは尤も然るべし、と。然りと雖も倩《つらつら》思い量るに、先帝すでに崩じ給い了んぬ。而るに東宮御季父公実卿其の思いある由風聞。然らば慥《たしか》に上皇の仰せを蒙る。何んぞ上皇の仰せを置きながら、先帝仰せの由宣命に載すべきや。恐らく新帝の仰せを改むる事、而るに此の由を知らざる人々これを難ず、極めて愚かな事」に着目し、譲位になぞらえる以上は先帝の仰せという文言にすべきとの批判があったが、先帝はすでに崩御、いっぽうで東宮の伯父、藤原公実に「其思」（摂政になること）があるとの噂があり、それゆえに実際に上皇の仰せを受け、それを上皇に働きかけて阻止し、忠実の摂政を導いた、と述べられている。鳥羽天皇践祚時の摂政をめぐる問題については早く元木泰雄氏が『藤原忠実』（前掲）の中で『愚管抄』を引用して次のような分析をされている。鳥羽天皇の外伯父で東宮大夫（七月十九日止）の藤原公実は、未だ外祖父や外戚でない人が践祚の際に摂政となった例はない、と主張して白河上皇に摂政の地位を強望していた。たしかに非外戚で摂政に就任した例はない。「天皇の従兄弟に過ぎない非外戚の忠実の就任に疑問が呈されたのも当然で、公実からの強い要求に白河院は動揺した。こうした白河の迷いを断ち切って、忠実に摂政を与えるきっかけを作ったのが権大納言源俊明であった。……俊明は周囲の制止を振り切って院のもとに参入し、摂政の決定を催促したため、俊明の勢いに気押された白河院も結局忠実に決定した」と。この忠実の摂政就任は以降の摂政を規定することになり、外戚と関係なく代々摂関を継承してきた家の者、すなわち忠実の子孫に固定する。「忠実の子孫は摂関に昇る政治的地位を継承する家、すなわち厳密な意味での摂関家となったのである」ということになる。なお藤原公実と天皇家との深い繋がりについては本章注（14）参照。

（13）大炊御門大路北、東洞院大路西に所在した大炊殿に関して『中右記』同日条に「時に儲皇（東宮）、大炊御門東洞院亭に御す（本以寝殿為御所、以西対代廊為殿上也、西門出入内々陰陽師所申也、）」とあり、東宮が大炊殿の寝殿を御所としていたことが知られる。白河上皇の御所であったこの邸に東宮宗仁親王がこの年の正月に渡御されて東宮御所となり、東宮の践祚（鳥羽天皇）にともない内裏となったのである（前掲『平安時代史事典』「大炊御門東洞院第①」〔五島邦治筆〕参照）。第四章注（19）参照。

（14）藤原公実（一〇五三〜一一〇七）は時に五十五歳で権大納言。『公卿補任』（嘉承二年）には「七月十九日止春宮大夫（依受禅）、十一月十四日薨、」とある。妻の従二位藤原光子は「弁三位」と呼ばれ堀河・鳥羽両天皇の御乳母となり、娘の璋子（待賢門院）は白河上皇の養女となり、鳥羽天皇の中宮となって崇徳・後白河両天皇を産むが、崇徳の実父は上皇と言われている。また妹の苡子は堀河天皇の女御となって鳥羽天皇を産んでいるから公実は院政初期の近臣として大きな位置にいたことになるが、鳥羽天皇即位年に他界してしまう。

（15）『中右記』嘉承二年七月二十日条に「殿下・内大臣以下旧臣公卿ら悲歎の余り、万事を沙汰せんとす。今日複日、明日重日なり。明後日、沙汰あるべき由、内々議定す」とある。複日とは「旧暦で、その月を支配する五行と、その日の五行とが重なる日。たとえば、一月（木）の甲（木）日、四月の（火）の丙（火）日など。その日に凶事を行うと禍が重なり、吉事に用いると福が重なるという。ただし、結婚は忌むとする」、重日とは「古暦で陽が重なるという巳の日と、陰が重なるという亥の日をいう。この日を凶事に用いるとそれが重なるとして避け、また悪いことを奏聞するのを避けた。逆に吉事には、それが重なるとしてその日に用いることを利としたが、ただ婚姻は重なることを忌むので避けた」ということである（前掲『日本国語大辞典』）。葬送は凶事であるから当然、避けたのである。

（16）『殿暦』嘉承二年七月二十四日条。『中右記』同日条。なお『為房卿記』（『大日本史料』第三篇之九に所引）同日条には「戌の刻、幼主正寝を去り西北の度（渡）殿に移り御う。是れ倚廬に准ずるなり。折中の儀あり。倚廬の御装束を供せず。……日時勘文なし。陰陽師を召し、予剋限を問う。遷幸の間、大納言乳母これを抱き奉る。

掌侍仲子朝臣、蔵人頭実隆朝臣剱璽に候す。摂政殿及び藤大納言御後に候せらる。女房ら同じく以て扈従す」とあって幼帝が乳母の藤原光子に抱かれて倚廬に遷御されたことが知られる。天皇が倚廬から本殿に還御されるのは二七日（十四日）御忌の二日後のことで、開関・解陣のあと「今日、主上本殿に還り給う。余衣冠を着け、内侍二人御剱などを取り前後に候す。廊御所に於て先ず御祓あり。頭中将実隆陪膳、其の儀、主上倚廬に御す時の儀なり」と清涼殿に還御された（『殿暦』八月五日条）。『中右記』では「廊御所」を「北渡殿西面壺方」とし、還御が夜に及んだこと、しつらいを改めたことなどを記す。

(17)　平安時代の天皇の葬送の具体相や日記に登場する語義などについては拙稿「摂関期の天皇の葬送の実態」（笠谷和比古編『公家と武家Ⅲ――王権と儀礼の比較文明史的考察』思文閣出版、二〇〇六年）、「摂関盛期の天皇の葬送」（朧谷・山中章編『平安京とその時代』思文閣出版、二〇〇九年）に詳述しているのでそちらを参照願いたい。

(18)　一夜を甲夜（初更、十九時～二十一時）・乙夜（二更、二十一時～二十三時）・丙夜（三更、二十三時～一時）・丁夜（四更、一時～三時）・戊夜（五更、三時～五時）にわけた戊夜（五更）のことで、五夜が明けるとは寅の刻つまり一日の始まりを指す。

(19)　故六条右府とは十二年前に五十八歳で薨じた源顕房のことで内大臣源雅実の父。顕房の兄の俊房（七十三歳）は現任の左大臣で八十七歳で薨去する年までその任にあったが早くに政務からは遠ざかっている。それは「後三条天皇が皇嗣に擬したといわれる三宮輔仁親王と親密な関係を結んだため、朝廷における立場を困難にし、村上源氏の主流の座を顕房の子孫に譲る結果を招いた」（前掲『国史大辞典』「源俊房」〔橋本義彦筆〕）ゆえのことである。

(20)　『左経記』〔類聚雑例〕長元九年五月十九日条に「……辰の刻に及び荼毘を挙げ奉る事畢んぬ。先ず貴所板敷壁などを破却し、酒を以て火を滅《け》す。慶命・尋光・延尋・良円・済祇ら土沙を咒《まじな》い、御葬所の上に散らす。其の後、権大納言・新大納言・前大僧正慶命・権少僧都済祇ら御骨を給い、経輔・兼房朝臣ら折敷を採り祇候す。御骨一升計、を以て茶垸壺に納め奉り、咒い砂を加え納め、真言書一巻凡本、を以て壺上に結び付ける以白革縫裹壺上、以垸壺器一口為蓋壺、生絹為其緒、」とあり荼毘の後、墓所に至る詳細な記述が見える。管見のかぎりでは後一条天皇の崩御から納骨に到る記事が平安時代の天皇の中でもっとも詳しいと言ってよい。朧谷「摂関盛期の天皇の葬送」（前掲）参照。

(21) 『新古今和歌集』巻第八「哀傷歌」。歌意は峯村文人校注〔日本古典文学全集〕『新古今和歌集』（小学館、一九七四年）による。

(22) 墓所の造作については後一条天皇の「左中弁経輔朝臣これを懸け奉り、浄土寺に渡し奉る。……次ぎに式部大輔資業朝臣・美作守定経朝臣ら御葬所に向い、鋤を採り土を覆う。其の後、人夫ら此の役に従い、御墓の上に石の率都婆を立て陀羅尼を蔵《おさ》め、其の廻りに釘貫を立てる。また右衛門尉季任、人夫をして其の廻りを堀り塘《かこ》み殖樹せしむ、と云々」（『左経記』〔類聚雑例〕長元九年五月十九日条）が参考になる。

(23) 『京都市の地名』（〔日本歴史地名大系二七〕平凡社、一九七九年）所収の「香隆寺跡」、前掲『平安時代史事典』の「香隆寺」〔五島邦治筆〕、「寛空」〔佐々木令信筆〕、「蓮台寺①」〔竹村俊則筆〕などを参照。

(24) 『新勅撰和歌集』（『新古今和歌集』につぐ九番目の勅撰集で後堀河天皇の命により藤原定家が撰進、全二十巻）巻第十八「雑歌三」には「同じころ、香隆寺にまゐりて、紅葉を見てよみ侍りける　堀河院讃岐典侍」との詞書があり「いにしへを恋ふる涙に染むればや紅葉も深き色まさるらん」とあって後半が異なっている。この歌の直前に「権中納言国信」の歌三首を載せ、詞書に「嘉承のころほひ、明け暮れ思ひなげきてみ侍りける歌のなかに」とあるので「同じころ」とは嘉承（二年）を指すと見てよい。権中納言源国信といえば天皇の遺骨を頸に懸けて香隆寺へ赴いた、その人である。

(25) 当初は皇后宮権大夫（権中納言右衛門督）源顕通と決まっていたが、俄かに衰日を申して辞退したので顕雅に代わったのである。摂政藤原忠実は、顕雅が郁芳門院（白河天皇第一皇女の媞子内親王）の御骨を頸に懸ける役をしているのに「両度此の役を勤むこと如何か。皇后宮権大夫辞退の条、尤も心を得ざるや」と疑問を呈している（『殿暦』永久元年三月二十一日条）。因みに永長元年（一〇九六）八月七日に二十一歳で崩御の郁芳門院の葬送は十六日に挙行され、船岡山の北で荼毘に付された故院の御骨を右少将源顕雅が首に懸け、翌朝に故院の亡き母の中宮藤原賢子御願の醍醐寺円光院に安置している（『中右記』永長元年八月十六日条）。なお『殿暦』永久元年三月二十二日条に「今日、堀河院御骨、仁和寺山陵に移し奉る。委しき仔細、新中納言これを書く」とあるが、新中納言こと藤原宗忠の日記は欠巻となっている。

(26)　藤原頼通（九九二〜一〇七四）が少年の時のこと、源俊賢（九五九〜一〇二七、頼通の叔父）と京の北山に花見に出かけた時、ある堂に人々が入ろうとしたのを俊賢は「此ほど北の方ふさがらず。もし穢気もこそあれといひて、下人を入て見するに、中門の廊の前に車をたてたり。死人を入たりけり。御堂の内へいらましかば、触穢ありなましと自讃せられけり」（『十訓抄』第一「源俊賢察穢気事」）とあることが参考となろう。

(27)　蒲生君平（一七六八〜一八一三）の『山陵志』、谷森善臣（一八一七〜一九一一）の『山陵考』には香隆寺から仁和寺円融院への移転の経緯や場所のことなど要領よくまとめられている（『大日本史料』第三篇之十四所収）。石田茂輔「堀河天皇　後円教寺陵」「白河天皇　成菩提院陵」（前掲『国史大辞典』）、山田邦和「後円教寺陵」（前掲『平安時代史事典』）参照。

あとがき

堀河天皇の生涯を通覧して顕著なのは病むことの多い天皇像であろうか。病気に拘泥したわけではないが、その記事がいかに多いことか、それはとりもなおさず天皇の短命に結びついているのである。堀河天皇の三十年に満たない生涯を端的に言えば、政治・文化・芸能などの面においてその時々に応じて真摯に対峙し、懸命に駆け抜けた人生、ということになろうか。その間にたびたび病に臥し、とりわけ風邪が持病であった。しかし史料に照らしても、十一歳で元服するまでは健康を維持しており、病弱という印象はない。このことは、自らも医師であった服部敏良氏が『王朝貴族の病状診断』で示された堀河天皇の病状一覧からも読みとれる。それによると寛治八年（嘉保元年）、十六歳の時に「咳病」に罹って以降、毎年のように病むことがあり、「風病」「咳病」が圧倒的に多く、時に「物怪」によることもあった。とりわけ崩御の前年は病臥の頻度も高く、その兆候は一年前の三月ごろより「御風気」が連々と絶えなかったという（『中右記』嘉承元年九月三十日条）。そして風病をこじらせ崩御の一週間前後から高熱が続き、前日には身体に浮腫《むくみ》が現われ、翌日に眠るように崩御されたのである。服部氏の診立てによると、肺炎を併発して心不全をともなったものと言う。

若い中での後半生が病との闘いであったといってもよいが、それを忘れさせてくれるのが詩歌管絃への傾斜ではなかったかと思う。天皇自ら笛と笙に通じ、内裏での管絃をともなった和歌会を盛んに催した。そうした御遊に興じている時が天皇にとって最高の寛ぎであったかと思う。この方面については父の上皇も口を挟まなかったという。御遊は深夜から明け方に及ぶことが多く、蒲柳の天皇には障りになったであろうが、それを超えて楽しみが勝り、生き甲斐になっていたにちがいない。病から解放されているときの天皇は政治や物見遊山をともなう行幸など多方面に亙って積極的に行動されている。

『今鏡』にいわく、「末の世の帝、二十一年まで保たせ給ふ、いとありがたき事なり。時の人をも得させ給へる、誠に盛になりけり。一のかみにて堀河の左の大臣《おとど》俊房、物書く宰相にて匡房・通俊、蔵人の頭にて季仲ある、昔に恥ぢぬ世なりなどぞ仰せられける。道々の博士も、優れたる人多かる世になむ侍りし。この帝、三十《みそじ》にだに満たせ給はぬ、世の惜しみ奉る事限りなかるべし」（「すべらぎの中第二 玉章」）（末の世にあって堀河天皇が二十一年も帝位を保ったのは珍しいことである。加えて人材を得て盛んなものがあった。左大臣として源俊房、文章に巧みな参議として大江匡房と藤原通俊、蔵人頭として藤原季仲がいる。いにしえ——醍醐・村上・一条の聖代——と比べても恥ずかしくない御世である。諸道の博士も優れた人が多い。その御代の帝の三十歳に満たぬ崩御は惜しみても余りある）と。末の世の帝とは堀河天皇のことである。

左大臣をはじめ村上源氏の活躍は特記すべきで、たしかに優れた廷臣が輩出し、彼らの多くが和歌・管絃に堪能であった。

元服後の天皇は関白藤原師通の強力な輔佐を得て政務を押し進め、先に述べた「世間の事両方に相分かつ」、と院政を目指す白河上皇に拘束されなかったが、六年後の関白の若死により弱体化した。天皇は「慈悲の心を持ち、仏法を敬い、罪を退けて賞を旨とし、広く恩恵を施し、喜怒を顔に出さず、愛悪は穏便に、身分の上下を問わず恩恵に浴した」とは、崩御に際しての藤原宗忠の評であり、理想化は免れないが押しなべて首肯される。歴代の中で堀河天皇は名君といえるであろう。

本書執筆の契機となった、発表の機会を与えて頂いた機関に対して感謝いたします。また、前著『藤原道長』（ミネルヴァ日本評伝選）に引き続いてご助力を願った編集部の堀川健太郎氏に御礼を申し上げたい。本書を、病気と無縁でいながら四年前に癌で逝った妻の霊前に捧げる。

二〇一四年初夏

朧谷　寿

ま・や・ら行

は　行

人名索引

あ　行

か　行

さ　行

た・な行

《著者紹介》

朧谷　寿（おぼろや・ひさし）

1939年　生まれ。
　　　　同志社大学文学部文化史学科卒業。
　　　　平安博物館助教授，同志社女子大学教授を経て，
現　在　同志社女子大学名誉教授。
2005年　京都府文化功労賞受賞。
2014年　越前市文化功労者。
主　著　『藤原道長』ミネルヴァ書房（ミネルヴァ日本評伝選）2007年。
　　　　『平安貴族と邸第』吉川弘文館，2000年。
　　　　『藤原氏千年』講談社現代新書，1996年。
　　　　『源頼光』吉川弘文館（人物叢書）1989年，ほか多数。

叢書・知を究める⑤
堀河天皇吟抄
――院政期の雅と趣――

2014年11月30日　初版第1刷発行　〈検印省略〉

定価はカバーに
表示しています

著　者　朧　谷　　寿
発行者　杉　田　啓　三
印刷者　田　中　雅　博

発行所　株式会社　ミネルヴァ書房
607-8494　京都市山科区日ノ岡堤谷町1
電話代表（075）581-5191
振替口座　01020-0-8076

創栄図書印刷・新生製本

ISBN978-4-623-07147-0
Printed in Japan

叢書・知を究める

①脳科学からみる子どもの心の育ち　乾　敏郎 著
②戦争という見世物　木下直之 著
③福祉工学への招待　伊福部 達 著
④日韓歴史認識問題とは何か　木村　幹 著
⑤堀河天皇吟抄　朧谷　寿 著

ミネルヴァ通信
KIWAMERU
「究」

■人文系・社会科学系などの垣根を越え、読書人のための知の道しるべをめざす雑誌

主な執筆者
小塩隆士　佐伯順子　姫岡とし子　村田晃嗣
伊勢田哲治　瀧井一博　藤本哲也　毛利嘉孝　臼杵　陽
小長谷有紀　浜田寿美男　クリストファー・ロイド　＊敬称略・五十音順
（二〇一四年十一月現在）

毎月初刊行／A5判六四頁／本体三〇〇円／年間購読料三六〇〇円